해커스

국민건강 보험공단

NCS + 법률

FINAL
봉투모의고사

실전모의고사
1회

(NCS + 법률)

수험번호	
성명	

실전모의고사
1회
(NCS + 법률)

문제 풀이 시작과 종료 시각을 정한 후, 실전처럼 모의고사를 풀어보세요.
- NCS 직업기초능력   시   분 ~   시   분 (총 60문항/60분)
- 직무시험(법률)   시   분 ~   시   분 (총 20문항/20분)

□ 시험 유의사항

[1] 국민건강보험공단 필기시험은 NCS 직업기초능력을 60분 이내에 풀고 난 뒤 직무시험(법률)을 20분 동안 풀어야 하며, 직렬별 시험 구성은 다음과 같습니다.
- 행정직/건강직/기술직: NCS 직업기초능력(의사소통·수리·문제해결능력) 60문항 + 직무시험(국민건강보험법) 20문항
- 요양직: NCS 직업기초능력(의사소통·수리·문제해결능력) 60문항 + 직무시험(노인장기요양보험법) 20문항
- 전산직: NCS 직업기초능력(의사소통·수리·문제해결·전산개발 기초능력) 50문항 + 직무시험(국민건강보험법) 20문항

[2] 본 실전모의고사는 NCS 직업기초능력 60문항과 국민건강보험법 20문항, 노인장기요양보험법 20문항으로 구성되어 있습니다. 따라서 NCS 직업기초능력 60문항을 풀이하고 난 뒤 지원 직렬에 맞는 직무시험(법률) 20문항을 풀이하시기 바랍니다.
  ※ 직무시험(법률)은 다음 법령을 토대로 구성되었으므로 실제 시험과 출제 기준이 다를 수 있습니다. 따라서 채용공고를 통해 출제 기준을 확인한 후 실제 시험에 대비하시기 바랍니다.
   - 국민건강보험법: 법제처 법률 제20505호, 2024.10.22. (2025.04.23. 시행법령 기준)
   - 노인장기요양보험법: 법제처 법률 제20587호, 2024.12.20. (2025.06.21. 시행법령 기준)

[3] 본 실전모의고사 마지막 페이지에 있는 OMR 답안지와 해커스ONE 애플리케이션의 학습 타이머를 이용하여 실전처럼 모의고사를 풀어보시기 바랍니다.

NCS 직업기초능력

총 60문항 / 60분

[01 – 03] 다음 보도자료를 읽고 각 물음에 답하시오.

중소벤처기업부(이하 중기부)는 중소기업의 성과 극대화를 위해 제품의 기획과 개발단계에 소비자를 참여시키는 '생활실험실(리빙랩) 활용 기술개발'을 본격 추진한다고 밝혔다. 소비자의 취향과 편의를 갖춘 제품이 시장에서 성공할 가능성이 있지만, 중소기업이 기획, 개발, 실증의 전체 단계에서 소비자 선호를 반영해 제품화하기에는 어려움이 많다. 이에 따라 소비자가 기술혁신의 주체로 참여해서 중소기업에 소비자 맞춤형 제품개발을 지원하고, 중소벤처기업과 소비자의 접점을 확대할 수 있는 생활실험실 활용 기술개발 사업을 도입하게 되었다.

원활한 사업추진을 위해 생활실험실 플랫폼 구축·운영 사업에는 관련 역량을 갖춘 스타트업 및 중소기업 전문 지원기관의 컨소시엄이 지원대상이고, 생활실험실 활용 기술개발(R&D) 사업에는 관련 역량을 갖춘 「중소기업기본법」 제2조의 규정에 의한 중소기업이 지원대상이다. 생활실험실 플랫폼 구축·운영 사업의 총 지원 금액은 10억 원으로, 1개의 컨소시엄만 선정된다. 생활실험실 활용 기술개발 사업에는 최대 2년간 5억 원을 지원할 예정이며 자유공모 12개, 지정공모 2개 총 14개의 과제를 지원한다.

생활실험실 플랫폼 구축·운영 사업은 생활실험실 플랫폼 운영기관을 선정해 사용자 패널 모집 및 관리부터 아이디어 발굴, 사용자 실증, 성과 확산 등 플랫폼 구축 및 운영을 지원하게 된다. 생활실험실 활용 기술개발 사업은 소비행태 분석과 개념설계를 통해 아이디어를 구체화하는 기획단계, 소비자와 기업의 상호작용성을 극대화해 상용화 가능성을 제고하는 개발단계, 사용자 실증을 통해 제품의 수용성을 확보하는 실증단계와 축적된 소비자 선호 데이터를 활용하고 공공구매 판로를 확보하는 확산단계를 거쳐 제품개발을 지원하게 된다. 특히 개발단계에서는 소비자 피드백에 따라 개발 목표를 폭넓게 변경할 수 있는 무빙타겟형 목표관리가 적용된다.

운영기관 선정평가 항목은 운영 역량, 사용자 관리 역량, 기술혁신 역량, 성과확산 역량, 재정운용 역량 총 다섯 가지로 나뉘며, 각 평가항목의 배점은 제시된 순서대로 30점, 20점, 25점, 20점, 5점이다. 운영 역량은 운영 목표 및 중점 추진 전략의 적절성 및 전담 조직 운영 계획의 적절성 등으로 평가하며, 사용자 관리 역량은 사용자 패널·전문가 패널 모집 및 관리 계획의 우수성을 평가한다. 사용자 패널의 수요에 기반한 아이디어 구체화 역량, 사용자 기반 기술개발 요소 발굴 및 전략의 적정성은 기술혁신 역량의 평가지표에 해당하며, 생활실험실 플랫폼 지속성 확보를 위한 자립화 방안의 타당성은 성과확산 역량에, 자금 집행 계획의 적정성은 재정운용 역량에 해당하는 평가지표이다.

중소벤처기업부 원○○ 기술혁신정책관은 "다양해지고 있는 소비자의 취향에 부응하는 제품개발이 무엇보다도 중요하다"고 강조하며, "소비자와 중소기업이 함께 아이디어를 발굴하고 기술을 개발하고 실증할 수 있도록 내실 있게 사업을 추진하겠다"고 밝혔다.

※ 출처: 중소벤처기업부 보도자료

01. 위 보도자료를 읽고 이해한 내용으로 가장 적절하지 않은 것은?
   ① 확산단계는 수집한 소비자 선호 데이터를 활용하고 공공구매 판로를 구축하는 단계이다.
   ② 생활실험실 활용 기술개발 사업에서 기술혁신의 주체로 소비자가 참여한다.
   ③ 운영기관 선정평가 항목 중 재정운용 역량의 배점이 가장 낮다.
   ④ 생활실험실 활용 기술개발 사업의 지원 과제 개수는 자유공모보다 지정공모가 더 많다.

02. 위 보도자료를 통해 추론한 내용으로 가장 적절한 것은?
   ① 중소기업은 유연한 대처가 가능하기 때문에 소비자 선호를 반영하여 제품화하는 것이 수월한 편이다.
   ② 소비자 취향이 다양화되면서 제품개발 시 가장 중요한 것은 제품의 기술력이다.
   ③ 리빙랩 플랫폼의 지속성 확보에 필요한 자립화 방안이 준비된 기업은 성과확산 역량에서 높은 배점을 받는다.
   ④ 생활실험실 플랫폼 구축 및 운영 사업에 선정되는 컨소시엄은 최대 5억 원을 지원받을 수 있다.

03. 위 보도자료의 중심 내용으로 가장 적절한 것은?
   ① 중소벤처기업부는 중소기업이 소비자와 함께 기술 개발 및 실증할 수 있는 사업을 시행한다.
   ② 중소벤처기업부는 인공지능 기술을 활용한 제품개발 사업에 총 10억 원의 예산을 투입해 본격적인 지원에 나선다.
   ③ 중소벤처기업부는 중소기업의 해외 진출을 확대하기 위해 수출 지원을 강화하는 새로운 방안을 발표했다.
   ④ 중소벤처기업부는 소비자 보호를 위해 생활제품에 대한 안전성 기준을 강화하기로 했다.

[04 – 06] 다음 글을 읽고 각 물음에 답하시오.

(가) 달걀은 닭이 낳은 알로, 겉면은 단단한 난각(卵殼)으로 쌓여 있으며, 그 안에는 다시 두 개의 층으로 이루어진 속 껍질이 존재한다. 속껍질을 벗기면 흰자위와 노른자위를 확인할 수 있으며, 우리가 섭취하는 내용물이 바로 이것이다. 흰자위와 노른자위에는 단백질, 지방, 탄수화물, 비타민, 미네랄과 같이 다양한 영양소가 고루 함유되어 있어 완전식품이라고도 불린다. 흰자위는 전체의 10분의 1이 단백질로 이루어져 있으며, 단백질을 제외한 나머지는 물로 구성되어 있다. 물론 탄수화물과 지방도 일부 함유되어 있지만 거의 미미한 수준이어서 무시 가능하다. 게다가 흰자위의 단백질 속에는 필수 아미노산 9가지도 함유되어 있으므로 단순히 단백질을 섭취하고자 한다면 흰자위만 먹는 것이 효율적일 수 있다.

(나) 그러나 흰자위만 섭취할 경우 달걀이라는 식품이 가진 전체적인 영양학적 가치를 충분히 누리기 어렵다. 달걀의 노른자위에는 오메가3 지방산은 물론 두뇌와 신경조직 형성에 도움을 주는 인지질이 다량 함유되어 있다. 또한 콜린 성분이 많이 들어 있는데, 이 성분은 뇌 안의 신경전달물질인 아세틸콜린의 분비가 활성화되도록 하여 기억력 향상 및 근육의 조절 능력 증진에 도움을 준다. 이처럼 중요한 영양소는 흰자위에는 거의 존재하지 않기 때문에, 흰자위와 노른자위를 함께 섭취하는 것이 영양 밀도 측면에서 더욱 바람직하다.

(다) 달걀은 날것으로 먹기보다는 익혀서 섭취하는 것이 좋다. 달걀에는 아비딘이라는 단백질이 함유되어 있는데, 이 성분은 수용성 비타민인 비오틴의 흡수를 방해할 수 있다. 하지만 열을 가하면 아비딘의 성질이 변해 이러한 영향을 줄일 수 있으며, 다른 영양소는 파괴되지 않기 때문에 오히려 익혀서 먹을 때 체내 흡수율이 높아질 수 있다. 간혹 달걀을 삶았을 때 노른자위가 초록빛으로 변해 먹기를 꺼리는 경우가 있는데, 이는 부패로 인한 현상이 아니라 노른자위에 포함된 황 성분이 수소와 결합하면서 생기는 자연스러운 반응으로, 삶는 시간을 줄이면 이와 같은 현상을 예방할 수 있다.

(라) 그렇다면 더 좋은 달걀은 어떻게 고를 수 있을까? 시중에는 신선란, 요오드란 등 다양한 종류의 달걀이 있으며, 닭에게 어떤 모이를 먹였는지에 따라 차별화된 제품들도 판매되고 있다. 다만, 모이의 종류가 달걀의 품질에 미치는 영향은 제한적이라는 의견도 있어, 가격 차이가 크다면 꼭 좋은 모이를 먹인 닭의 달걀을 선택할 필요는 없다. 오히려 신선도가 더 중요한 기준이 될 수 있다. 신선한 달걀은 빛에 비추었을 때 투명하고 맑게 보이고, 흔들었을 때 소리가 나지 않으며, 크기에 비해 무게가 묵직한 편이다. 이런 기준을 참고하여 신선하고 영양가 높은 달걀을 선택하는 것이 좋다.

04. 윗글을 읽고 추론한 내용으로 가장 적절하지 않은 것은?
① 근육 형성을 위해 단백질 섭취를 늘리고자 한다면 달걀의 흰자위만 섭취해도 충분하다.
② 달걀 노른자위에 함유된 콜린 성분은 기억력과 근육 조절 능력 향상에 영향을 미친다.
③ 수용성 비타민인 비오틴은 아비딘에 의해 흡수가 저해될 수 있다.
④ 달걀은 흔들었을 때 소리가 나야 좀 더 신선하다고 여겨진다.

05. 윗글의 내용과 일치하지 않는 것은?

① 흰자위에 지방과 탄수화물이 포함되어 있지만, 그 양은 무시해도 될 만큼 적다.
② 열을 가하면 일부 단백질의 성질이 변하면서 비타민과 미네랄도 함께 파괴된다.
③ 달걀 노른자위에 들어있는 인지질은 두뇌와 신경조직 발달에 도움을 줄 수 있다.
④ 달걀의 속껍질은 흰자위와 난각 사이에 위치한다.

06. 윗글의 논리적 흐름을 고려할 때, 〈보기〉가 들어갈 위치로 가장 적절한 것은?

〈보기〉
그래서 다이어트 중이거나 운동을 즐겨 하는 사람들이 노른자위를 제외하고 흰자위만 섭취하는 경우가 많다.

① (가)문단 뒤　　② (나)문단 뒤　　③ (다)문단 뒤　　④ (라)문단 뒤

[07 – 08] 다음 글을 읽고 각 물음에 답하시오.

정상 수면에서 벗어나 편하게 잠들지 못하는 상태를 불면증이라고 통칭하는 경우가 있다. 그러나 제때 잠들지 못하고 밤을 새우는 불면증은 수면 장애에 포함되는 개념이며, 수면 장애는 불면증 외에도 여러 유형으로 나타난다. 수면 장애는 전 연령대에서 발생할 수 있으며, 개인에 따라 증상이 다양하다. 국제수면장애분류에 따르면 수면 장애는 크게 불면증, 수면호흡장애, 수면과다증, 사건수면 등으로 분류된다. 각 분류에는 세부 수면 질환이 포함되며, 세부 수면 질환의 원인과 경과, 심각성 등이 상이하여 적합한 의학적 평가와 치료가 요구된다.

불면증은 국내 성인의 20% 이상이 증상을 호소할 만큼 수면 장애 중에서도 가장 흔하게 접할 수 있는 유형이다. 수면의 내적 구조에 장애가 온 상태로, 잠들기까지 시간이 너무 오래 걸리는 경우, 잠든 이후에 자주 깨는 경우, 새벽에 일찍 깨서 다시 잠들기 어려운 경우, 자고 일어나도 개운하지 않은 경우 등을 통칭한다. 스트레스의 영향으로 짧게는 이틀, 길게는 한 달 정도 일시적으로 지속되고 사라질 수 있으나, 증상이 한 달 이상 지속되면 만성 불면증을 의심해야 한다. 만성 불면증은 치매, 파킨슨병, 수면성 간질과 같은 다른 질병의 원인이 될 수 있다.

수면호흡장애는 잠을 자는 와중에 호흡이 멈추거나 얕아지는 문제가 반복하여 나타나는 유형으로, 폐쇄성 수면 무호흡증이 대표적이다. 폐쇄성 수면 무호흡증은 취침 시 목 근육의 움직임이 원활하게 조절되지 않아 기도 위쪽이 일시적으로 좁아지거나 막혀서 일어나는데, 통상 한 번에 30~90초 호흡이 정지되며 수면 시간 내 최대 600번까지 발생할 수 있다. 수면 무호흡증을 보이는 환자의 약 95%가 본인의 증상을 알지 못하는 것으로 알려졌는데, 호흡이 일시 중단된 후에 크게 코를 골거나 몸을 크게 움직이기 때문에 아침 두통, 낮 시간의 피로감, 주간 졸림, 집중력 및 기억력 감퇴 등의 증상을 호소하는 경우가 많다.

일상생활을 하는 낮 시간에 주체할 수 없이 졸린 증상이 나타나는 수면과다증은 신경계 질환으로, 다른 수면 장애에 비해 드물게 나타난다. 대표적인 질환으로는 기면증을 들 수 있다. 기면증 환자들은 일반적으로 두세 시간마다 15~20분가량 잠들거나 낮 시간에 갑자기 렘수면 상태에 빠진다. 과도한 주간 졸림과 더불어 환자에 따라서 수면과 각성 상태가 바뀔 때마다 전신이 마비되는 증상이나 갑작스러운 웃음이나 분노와 같은 감정에 의해 근육의 힘이 빠지는 탈력 발작, 환청, 환각 등이 나타나기도 한다.

사건수면은 자는 도중이나 잠이 완전히 깨지 않은 상태에서 생기는 비정상적인 행동이나 사건을 말한다. 몽유병, 야경증, 수면마비, 야뇨증, 하지 불안 증후군 등 매우 다양한 질환이 사건수면에 포함된다. 하지 불안 증후군은 생소한 증상으로 여겨지는데, 이들은 잠에 들기 직전에 다리 근육을 조절하는 신경에 문제가 생기며 불쾌한 느낌이 들어 다리를 움직이고 싶은 충동을 느끼거나 다리가 마음대로 움직이는 증상을 보인다. 이때 단순히 다리가 움직이기만 하는 것이 아니라 다리에 당기는 느낌이나 통증, 가려움 등을 느끼고, 심한 경우 일상 생활 도중에도 사지가 갑작스레 움직이기도 한다.

07. 윗글의 제목으로 가장 적절한 것은?

① 불면증으로 초래되는 수면 질환의 유형
② 증상에 따른 불면증 치료법의 장점과 단점
③ 불면증을 비롯한 수면 장애의 종류별 특징
④ 충분한 수면으로 얻을 수 있는 긍정적 효과

08. 윗글의 내용과 일치하는 것은?

① 수면 무호흡증 환자는 대부분 스스로 자신의 증상을 인지하고 치료를 받는다.
② 불면증은 국내 성인 인구의 20% 이상이 경험한다고 알려져 있으며, 한 달 이상 지속되면 만성 불면증을 의심해야 한다.
③ 사건수면에는 대표적으로 기면증이 있으며, 이는 깨어 있을 때 마비 증상을 보이는 것이 특징이다.
④ 하지 불안 증후군은 잠에 들기 직전에만 증상이 발생한다.

[09 - 10] 다음 발표 내용을 읽고 각 물음에 답하시오.

(가) 예전 교과서에도 실렸던 혀의 맛지도를 기억하는 분 있나요? (청중의 대답을 듣고) 네, 혀의 특정 부분에 특정 맛을 잘 느낄 수 있는 미뢰가 밀집되어 있어서 맛을 느끼는 부위가 다르다고 배웠는데요. (사진을 가리키며) 저희가 배웠던 혀의 맛지도입니다. 입안 어디에서든 맛을 느낄 수 있지만, 특정 맛을 뚜렷하게 느낄 수 있는 부위가 따로 있다는 잘못된 고정관념을 심어 준 사진입니다. 보시는 것처럼 짠맛은 혀 전체에서, 신맛은 혀의 가장자리에서, 단맛은 혀의 끝에서, 쓴맛은 혀의 안쪽에서 잘 느낀다고 합니다. 하지만 이는 잘못된 정보입니다. 혀는 부위에 따라 맛을 느끼는 정도에 차이가 없습니다.

(나) 이처럼 하나의 맛을 계속해서 느끼면 맛의 자극이 줄어들기 때문에 요리할 때 일부러 두 가지 이상의 맛을 배합하기도 합니다. 시중에 판매되는 과자, 아이스크림 등의 음식 중에서 단맛과 짠맛을 동시에 느낄 수 있는 제품을 종종 발견할 수 있는데요. 단맛을 극대화하려면 약간의 짠맛을 첨가하는 것이 도움이 된다는 점을 이용한 제품입니다. 단맛에 순응된 미각은 짠맛에 더 민감하게 반응하고, 짠맛에 순응된 미각은 단맛에 더 민감하게 반응합니다. 즉, 혀의 한쪽은 단맛으로 나머지 한쪽은 짠맛으로 자극하여 단맛을 강하게 느끼게 만든 것입니다.

(다) 먹방 좋아하는 분들 있나요? (청중의 반응을 보고) 네, 많은 분께서 좋아하시네요. TV, 인터넷 등에서 먹방 콘텐츠는 꾸준히 높은 인기를 얻고 있습니다. 음식을 본인이 직접 먹는 것은 아니지만 다른 사람이 음식을 맛있게 먹는 모습을 보는 것만으로도 간접적으로 즐거움이 느껴지기 때문입니다. 이처럼 대부분의 사람은 음식의 맛이 주는 즐거움을 알고 있으며, 개인에 따라 선호하는 맛이 다릅니다. 맛을 느끼는 감각인 미각은 크게 짠맛, 신맛, 단맛, 쓴맛, 감칠맛으로 분류되는데, 각각의 맛은 미뢰에 의해 감지됩니다. 미뢰는 혀를 포함한 구강 전체에 분포하고 있어서 입안 어디에서든 맛을 느낄 수 있습니다.

(라) 다만, 미각은 쉽게 순응하는 성질이 있어서 혀의 어느 부위에서나 같은 맛을 계속 느끼면 해당 맛에 대한 민감도가 떨어지는데, 순응 시간이 1~5분이라고 합니다. 다시 말해 1~5분간 같은 맛을 느끼면 해당 맛을 느끼지 못하게 된다는 것입니다. 물론 순수한 맛의 화학 물질이 아닌 이상 사람이 먹는 음식에 있는 여러 미각 물질이 포함되어 있어서, 음식을 씹으면 미각 물질이 침에 계속 새로 녹아 나와서 음식의 맛을 아예 느끼지 못하는 것은 아닙니다.

(마) 순응 현상으로 둔감해지기도 예민해지기도 하는 미각의 민감도는 건강과도 깊은 연관이 있습니다. 스트레스를 받거나 피로하면 평소보다 더 달고, 짜고, 매운 음식을 먹는 경우가 많은데요, 이는 미각의 균형이 깨졌기 때문에 나타나는 현상입니다. 스트레스와 피로로 미각이 둔해지면 짠맛에 무뎌져 소금 섭취량이 늘어나고, 과도하게 단 음식을 먹어서 혈압 이상을 일으키는 등 각종 문제가 생깁니다. 여러분도 평소보다 자극적인 음식만 계속 먹고 있다면 요즘 스트레스를 많이 받거나 피곤한 것은 아닌지 생각해보고 충분한 휴식을 취하여 미각을 예민하게 유지해야 합니다.

09. 윗글을 논리적 순서대로 알맞게 배열한 것은?

① (가) – (다) – (마) – (라) – (나)
② (가) – (라) – (다) – (나) – (마)
③ (다) – (가) – (라) – (나) – (마)
④ (다) – (가) – (라) – (마) – (나)

10. 윗글의 내용과 일치하는 것은?

① 음식은 씹을수록 침에 녹아 나오는 미각 물질이 줄어들기 때문에 맛을 못 느끼게 된다.
② 특정 맛에 순응된 미각은 다른 종류의 맛 자극에 대해서도 전반적으로 둔감해진다.
③ 미각의 민감도는 스트레스나 피로와 무관하다.
④ 미각은 혀를 포함한 입 전체에 분포된 미뢰에 의해 자극되므로, 특정 부위에서만 맛을 느낀다는 생각은 잘못된 고정관념이다.

[11-13] 다음 글을 읽고 각 물음에 답하시오.

　예방접종은 감염병을 사전에 차단하는 가장 효과적인 방법 중 하나다. 이는 면역력을 형성하여 특히 면역이 약한 사람들을 보호하는 집단 면역 효과를 가져오며, 지역사회 전체의 건강을 지키는 데 중요한 역할을 한다. ㉠ 또한 예방접종은 감염병 유행을 막을 뿐만 아니라 의료비용 절감과 사회경제적 비용 감소에도 기여한다.

　생애주기별로 필요한 예방접종은 다르다. 영유아기는 면역 체계가 미성숙하므로 결핵, B형 간염, 디프테리아 등 기초 백신 접종이 필수적이다. 초등학교 입학 전후에는 수두와 MMR(홍역·볼거리·풍진) 백신을 통해 추가 면역을 형성해야 한다. 성인이 되면 소아기 예방접종으로 형성된 면역이 감소하거나, 새롭게 필요한 백신이 생기게 된다. ㉡ 따라서 성인기에는 여행 계획, 직업 환경, 만성질환 여부 등을 고려해 맞춤형 예방접종 계획을 세우는 것이 바람직하다. 예를 들어 50세 이상은 폐렴구균과 대상포진(Shingrix) 백신이 권장되며, 해외여행 전에는 황열, 장티푸스, A형 간염 등 여행지에 따라 백신을 최소 한 달 전에 접종해야 한다. 한편 독감 백신은 매년 유행 바이러스가 달라지므로 전 연령층에서 정기 접종이 필요하다.

　㉢ 건강검진 역시 예방접종과 함께 건강관리에 있어 필수적이다. 청소년기에는 시력·청력, 척추측만증 등을 점검하고, 성인기에는 혈압·혈당·지질 수치 등을 통해 만성질환을 조기 발견할 수 있다. 노년기에는 인지 기능, 골밀도, 심혈관계 등 퇴행성 질환을 중심으로 정기적인 검진이 필요하며, 특히 개인의 건강 상태나 생활습관, 기저질환 등을 고려해 검진 항목과 주기를 조정하는 '맞춤형 건강검진'이 권장된다. 건강검진을 통해 질병을 조기에 발견하면, 적절한 치료를 통해 질병의 진행을 늦추고 합병증 발생을 예방하는 데 큰 도움이 될 것이다.

　정부와 지방자치단체는 국가예방접종사업과 건강검진 서비스를 제공하고 있으며, 국민건강보험공단은 연령별 맞춤 검진은 물론 일부 예방접종을 무료로 지원하고 있다. ㉣ 일부 예방접종은 통증이나 불편감을 유발할 수 있으나, 이는 면역 형성을 위한 자연스러운 반응으로 건강을 지키기 위한 작은 대가라고 볼 수 있다. 그러나 개인의 건강관리는 이러한 제도적 지원만으로는 충분하지 않다. 개인의 상황과 목표에 맞춘 자발적인 실천이 병행되어야 하며, 이를 위해 건강 정보를 정확히 이해하는 능력 또한 매우 중요하므로 예방접종과 건강검진을 받기 전 의료진과의 충분한 상담이 선행되어야 한다. 나아가 예방접종과 건강검진 결과에 대한 기록을 체계적으로 관리하고, 정기적으로 갱신하는 습관도 장기적인 건강관리에 있어 중요한 요소라 할 수 있다.

11. 윗글의 중심 내용으로 가장 적절한 것은?

① 예방접종과 건강검진은 연령별로 다르게 실시하여야 한다.
② 예방접종은 감염병 예방의 핵심이며, 건강검진은 질병 조기 발견에 중요하다.
③ 예방접종과 건강검진은 모두 국가의 지원을 받아야 한다.
④ 예방접종은 개인의 선택사항이며, 건강검진은 의무사항이다.

12. 윗글의 내용과 일치하는 것은?

① 성인은 면역력이 충분히 형성된 시기이므로, 예방접종보다는 정기 건강검진이 더 중요하게 권장된다.
② 청소년기는 만성질환 조기 발견을 위해 혈압, 혈당, 지질 수치를 주기적으로 점검하는 것이 중요하다.
③ 일부 건강검진과 예방접종은 연령에 따라 무상으로 지원받을 수 있다.
④ 해외여행을 계획한다면 출국 직전에 백신을 접종해도 충분하다.

13. 윗글의 논리적 흐름을 고려할 때, ㉠~㉣ 중 삭제되어야 하는 문장은?

① ㉠　　　　② ㉡　　　　③ ㉢　　　　④ ㉣

[14 – 15] 다음 안내문을 읽고 각 물음에 답하시오.

[국가금연지원센터 금연캠프 안내문]

1. 사업 목적
   - 금연 의지가 있지만, 금연이 어려운 중증고도흡연자들을 대상으로 4박 5일 동안 금연치료 프로그램을 제공하기 위함

2. 대상자 선정 기준: 다음 요건 중 하나 이상을 충족하는 자
   1) 흡연 관련 질병력(악성 종양, 만성 폐질환 등)을 보유한 흡연자
   2) 20년 이상 담배를 피우고 1회 이상 금연 실패 경험이 있는 흡연자

3. 신청방법: 캠프 대상자가 직접 신청
   1) 방문 접수: 국가금연지원센터에 전화 문의 후 센터에 방문하여 접수(070-△△△-△△△△)
   2) 온라인 접수: 국가금연지원센터 홈페이지에서 회원가입 후 접수(www.nnnnn.or.kr)

4. 캠프 전체 일정

구분	일정
1일	• 회진: 흡연 상태 평가(흡연량, 기간 등)에 따른 약물 처방 • 금연 교육: 금연에 필요한 약물 관련 교육 • 심리상담: 캠프참여 동기 강화
2일	• 회진: 금연 유지 여부 확인, 금연 약물 효과와 부작용 확인 • 금연 교육: 건강한 폐의 중요성, 금연 후 식사 관리 등 • 심리상담: 금연 동기의 공고화
3일	• 회진: 금연 유지 여부 확인, 금연 약물 효과와 부작용 확인 • 운동 프로그램: 유산소 운동, 유연성 운동, 근력 운동 등 • 금연 교육: 담배의 해로움, 흡연 갈망 대처 방법 등 • 심리상담: 금연의 양가감정(兩價感情) 다루기
4일	• 회진: 금연 유지 여부 확인, 금연 약물 효과와 부작용 확인 • 운동 프로그램: 유산소 운동, 유연성 운동, 근력 운동 등 • 금연 교육: 시행 중인 금연 정책, 금연지원 서비스 소개 등 • 심리상담: 금연 스트레스 관리 및 분노 조절 훈련
5일	• 검진 결과 상담: 퇴원 약 처방 • 심리상담: 금연 지지자(가족, 친구 등)에게 금연 도움받기 • 프로그램 수료: 금연캠프 소감 나누기, 금연 선서, 수료증 수여

※ 5일 차 검진 결과 상담이 진행된 뒤 필요에 따라 센터 추가 방문을 요청할 수 있음

5. 캠프 참가비
   - 참가비: 10만 원
   - 입금 기한: 프로그램 1일 차 시작하는 날로부터 일주일 전까지 입금

6. 유의사항
   1) 기초생활보장 수급자, 만 65세 이상 노인, 차상위계층, 장애인의 경우 참가비 80% 감면
      - 전 캠프 프로그램 정상 수료 시 3주 이내 참가비 전액 환급
   2) 금연 성공 여부는 캠프 수료 후 국가금연지원센터에 방문하여 이산화탄소와 코티닌 검사 실시 후 승인
      - 6개월 성공 확인 시 5만 원 이내 금연 성공 기념품 제공

14. 국가금연지원센터에 근무하는 이 사원은 금연캠프 관련 문의에 답변하는 업무를 맡았다. 업무에 앞서 안내문을 자세히 파악하고자 할 때, 이 사원이 이해한 안내문의 내용으로 가장 적절하지 않은 것은?

① 캠프 마지막 날 별도의 진료가 필요한 경우 센터 재방문 요청을 할 수 있음을 전달해야 한다.
② 금연캠프 신청 시 온라인 또는 방문 접수를 활용할 수 있으나 신청은 본인이 직접 진행해야 한다.
③ 흡연 관련 질병력이 없어도 10년 동안 흡연한 사람이라면 금연캠프 대상자로 선정될 수 있다.
④ 금연치료 프로그램을 정상 수료한 만 70세 이상의 노인에게는 참가비 전액이 환급될 수 있다.

15. 위 안내문의 내용으로 일치하지 않는 것은?

① 금연캠프 참가비는 1일 차가 시작되기 최소 7일 전까지 반드시 납부하여야 한다.
② 5일 차 프로그램 중에는 가족 등의 금연 지지자와 관련된 상담이 포함되어 있다.
③ 금연을 6개월간 유지한 것이 확인되면, 3만 원 상당의 기념품이 지급될 수 있다.
④ 금연 스트레스 관리 및 분노 조절 훈련을 하는 날에는 필요에 따라 센터에 추가 방문을 요청할 수 있다.

[16 – 18] 다음 글을 읽고 각 물음에 답하시오.

 더운 여름 야외에서 오랜 시간 동안 서 있거나 일을 하면 어지럽거나 속이 메스꺼운 증상이 생길 때가 있는데, 이러한 현상이 장시간 이어지면 열사병을 의심해볼 수 있다. 열사병이란 고온 다습한 환경에서 체내 열 발산이 원활하게 이루어지지 않아 열이 과도하게 축적되면서 일어나는 현상으로, 일사병 또는 열중증이라고도 한다. 인체가 정상적인 상태에서 고온 환경에 노출되면 온도 수용체가 이를 감지하고 그 정보를 뇌의 시상 하부에 전달하고, 시상 하부는 체온 조절을 위한 명령을 내린다. 신체는 명령에 의해 자율신경계를 통해 땀샘에 신호를 보내 땀을 분비하고 피부의 모세혈관을 확장하며 열을 몸 밖으로 발산시키는 보상기전이 작동한다. 그러나 보상 기전이 지속되는 시간이 길어지거나 한계를 벗어나면 온도 조절 중추가 기능을 잃게 되고, 결국 체온을 외부로 발산하지 못하여 신체 이상이 나타나는 것이다.
 열사병의 전조 증상으로는 어지러움, 메슥거림, 구토, 두통 등이 있으며, 일부 환자에게서는 이러한 증상이 수 시간 동안 지속되는 경우도 있다. 열사병의 대표적인 증상으로는 40℃ 이상의 고열, 뜨겁고 붉은 피부, 심장 박동의 증가, 의식장애 등이 있고, 근육통, 다한증과 같은 증상이 수반될 수 있다. 심한 경우 혈압 저하 또는 전신 경련의 증상을 보이고, 혼수상태에 이르는 경우도 있다. ( ) 혈액 응고가 제대로 이루어지지 않아 출혈이 나타나기도 하고, 고열은 간세포에도 영향을 미치기 때문에 열사병이 발생한 지 24~72시간 이후에는 황달이나 손발 떨림 등의 증상이 나타나기도 한다.
 열사병 자체를 진단하는 검사는 없으므로 유사한 증상을 보이는 다른 질환들을 검사하여 소거해 나가는 과정을 거친 후 최종적으로 열사병이라고 진단한다. 일반적으로 열사병은 중심 체온이 40℃ 이상인 경우로 정의하고 있으나 응급처치로 인해 체온이 어느 정도 낮아질 수 있어 중심 체온이 40℃ 이하라고 하더라도 열사병인 경우를 배제할 수는 없다. 이때 구강이나 고막에서 측정된 체온은 중심 체온을 반영하지 못하기 때문에 식도 체온 등을 통해 신체 내부의 체온을 측정하여 열사병을 진단하는 것이 적절하다.
 환자의 체온을 가능한 빠른 시간 내로 낮추는 것이 열사병 치료의 핵심이다. 만약 주변에 열사병으로 의심되는 사람이 있다면 빨리 시원한 곳으로 옮겨 고온의 환경에서 최대한 멀리 이동시켜 주어야 한다. 또한, 옷을 벗겨 찬물에 적신 수건으로 몸을 감싸고 찬물을 부어주는 등 체온이 떨어질 수 있도록 응급처치를 해주어야 한다. 체온이 정상 범위로 회복되면 그때 마른 옷으로 갈아입히고 냉수를 마시게 하는 것이 좋다. 이때 의식이 명료하지 않은 환자는 물과 같은 액체류를 절대 복용해서는 안 되며, 환자의 상태가 호전되더라도 장기 손상의 우려가 있기 때문에 즉시 의료기관으로 이송하여 정밀검사를 해야 한다.

16. 윗글의 중심 내용으로 가장 적절한 것은?

    ① 열사병의 치료는 고열 완화뿐만 아니라 장기 기능 회복과 면역력 강화에 중점을 두어야 한다.
    ② 열사병은 주로 심혈관계 질환과 연관되어 발생하므로 심장 건강 관리를 위하여 노력하여야 한다.
    ③ 열사병을 예방하고 치료하기 위해서는 개인의 노력과 정부 차원의 체계적인 관리 및 정책 지원이 필수적이다.
    ④ 열사병은 고온 환경에서 체온 조절이 제대로 되지 않아 생기는 것이며, 신속하게 응급조치를 취해야 한다.

17. 윗글을 통해 추론한 내용으로 적절한 것을 모두 고르면?

    > ㉠ 열사병은 자체 진단 검사가 없기 때문에 유사 질환을 배제하는 방식으로 진단이 이루어진다.
    > ㉡ 열사병 증세를 보이는 사람이 있다면 체온이 급하게 떨어지지 않도록 젖은 수건으로 감싸거나 미지근한 물을 부어주어야 한다.
    > ㉢ 일반적으로 구강이나 고막의 체온이 신체 중심 체온과 가장 유사하므로 열사병 진단 시 주로 활용된다.
    > ㉣ 열사병 의심 환자가 의식이 희미한 경우 의식 회복을 할 수 있도록 적당량의 수분을 보충시켜 주어야 한다.
    > ㉤ 열사병 환자가 고열증상이 계속되면 간 손상으로 인한 손발 떨림이나 황달 등의 후유증을 겪을 수 있다.

    ① ㉠, ㉤   ② ㉡, ㉣   ③ ㉠, ㉣, ㉤   ④ ㉡, ㉢, ㉤

18. 윗글의 빈칸에 들어갈 단어로 가장 적절한 것은?

    ① 그런데   ② 예를 들어   ③ 게다가   ④ 다만

[19 – 20] 다음 보도자료를 읽고 각 물음에 답하시오.

감염병 예방수칙 지켜 건강한 설 연휴 보내세요!

☐ 질병관리본부(본부장 정○○)는 설 연휴 기간 국외여행 증가에 따른 감염병 발생을 예방하기 위해 '설 연휴 해외여행 시 감염병 예방수칙'을 준수할 것을 당부하였다.

☐ 해외여행 시에는 현지에서 유행하는 감염병에 걸리지 않도록 주의해야 한다.

☐ 2019년 해외유입에 의한 법정 감염병 신고 건수는 725건으로 2018년(597건) 대비 21.4% 증가하는 등 매년 신고 건수가 증가하고 있다.
  ※ 1) 2019년 해외유입 감염병(잠정통계): 뎅기열(279명, 38%), 세균성이질(104명, 14%), 홍역(86명, 12%), 말라리아(74명, 10%) 등
  2) 2019년 해외유입 지역: 아시아(86%, 필리핀, 베트남, 태국, 인도 등), 아프리카(9%)

☐ 홍역은 대부분 홍역 예방접종(MMR)을 2회 완료하지 않았거나 홍역 유행국가 여행을 통해 감염된다.
  ※ 2019년 총 195명 발생: 베트남 46명, 필리핀 16명, 태국 8명 등 해외여행력 86명(잠정)

☐ 홍역 유행국가 여행 시 20~30대 성인은 홍역을 앓은 적이 없거나 홍역 항체 검사 결과 음성 또는 홍역 예방접종을 2회 이상 받은 적이 없다면 홍역에 대한 면역의 증거가 없는 것이므로 출국 전 최소 1회의 홍역(MMR) 예방접종을 받아야 한다. 6~11개월 영아의 경우 출국 전 1회의 예방접종을 받는 것을 권고하며, 여행 중에는 30초 이상 비누로 손 씻기, 기침예절 지키기 등 개인위생을 철저히 준수해야 한다.

☐ 모기매개감염병(뎅기열, 지카바이러스감염증, 말라리아 등)은 최근 전 세계적으로 증가하였으며, 특히 동남아(필리핀, 베트남 등) 및 중남미(브라질, 멕시코 등) 지역에서 뎅기열 발생이 증가하고 있다. 말라리아 유행국가 여행 전 의료진과 상담하여 예방약을 복용하고, 여행지에서는 모기에 물리지 않도록 주의한다. (　　　) 임신부는 지카바이러스감염증 발생국가에 대한 여행을 연기할 것과 해당 국가를 방문한 남녀 모두 6개월간 임신 연기를 권고한다.

☐ 메르스는 사우디아라비아 등 중동지역에서 환자가 지속적으로 발생하고 있다.
  ※ 2016~2020년 사우디아라비아, 아랍에미리트, 오만, 카타르, 쿠웨이트에서 874명 발생

☐ 중동국가를 방문할 경우, 손 씻기 등 개인위생수칙 준수, 여행 중 농장방문 자제, 낙타 접촉 및 익히지 않은 낙타고기와 생낙타유 섭취 금지, 진료 목적 이외 현지 의료기관 방문 자제를 권고한다.

☐ 질병관리본부는 해외여행을 계획하고 있는 국민들이 여행지 감염병 정보를 쉽게 확인할 수 있도록 '해외감염병 NOW 누리' 사이트를 운영하여, 여행지 감염병 발생 상황 및 감염병 정보, 여행 전·중·후 감염병 예방 수칙 등 관련 정보를 제공하고 있다.

☐ 설 연휴 감염병 집단발생에 대비해 전국 보건기관과 24시간 비상방역대응체계를 운영하여 감염병 발생 상황을 모니터링하고 신속하게 대응할 계획이며, 인천국제공항을 비롯한 전국 13개 국립검역소는 연휴기간 해외여행객을 대상으로 해외감염병의 예방 및 주의를 안내하는 홍보 캠페인을 실시할 계획이다.

☐ 질병관리본부 정○○ 본부장은 "건강하게 명절을 보내려면 손씻기, 기침예절 실천, 안전한 음식 섭취 등 개인위생수칙을 준수해야 한다"고 강조했다. 또한 "해외여행 후 설사, 발진, 발열, 기침 등의 감염병 의심 증상이 발생하면 질병관리본부로 연락하여 상담을 받거나, 호흡기 증상이 있어 의료기관을 방문할 경우에는 가급적 마스크를 착용하고 의료진에게 해외여행력을 반드시 알려야 한다"고 당부하였다.

19. 위 보도자료를 참고하여 건강수칙을 준수하고자 할 때의 행동으로 가장 적절하지 않은 것은?

① 베트남으로 여행 가기로 결정했다면 20~30대인 가족에게 홍역 관련 면역의 증거가 있는지 확인해 본다.
② 말라리아 유행국가로 해외여행을 갈 경우 귀국한 후에 병원을 방문하여 말라리아 예방약을 복용한다.
③ 해외여행 후 기침으로 병원에 방문하게 될 때는 의료진에게 해외여행 사실을 알린다.
④ 여행지 선택 전 질병관리본부의 '해외감염병 NOW 누리' 사이트에 들어가서 감염병 정보를 확인한다.

20. 위 보도자료의 빈칸에 들어갈 단어로 가장 적절한 것은?

① 즉　　　　② 특히　　　　③ 그러나　　　　④ 그러므로

[21 – 23] 다음은 J 국의 검사 동기별 및 성별 HIV 감염자 수에 대한 자료이다. 각 물음에 답하시오.

[검사 동기별 HIV 감염자 수]

(단위: 명)

구분		2020년	2021년	2022년	2023년	2024년
질병 원인 확인		313	333	292	332	218
	남자	288	319	273	316	211
	여자	25	14	19	16	7
수술 입원 시 검사		163	178	203	176	201
	남자	151	166	189	161	196
	여자	12	12	14	15	5
건강검진		108	115	95	102	122
	남자	106	106	92	100	115
	여자	2	9	3	2	7
자발적 검사		184	210	267	273	167
	남자	179	205	262	264	162
	여자	5	5	5	9	5
기타		80	76	51	44	71
	남자	77	71	49	40	67
	여자	3	5	2	4	4
무응답		212	96	81	79	39
	남자	199	91	80	72	39
	여자	13	5	1	7	0

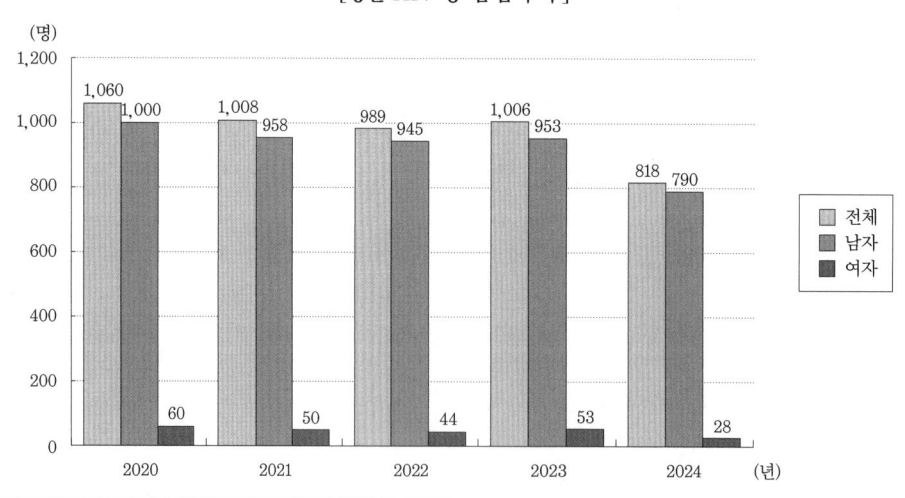

[성별 HIV 총 감염자 수]

21. 다음 중 자료에 대한 설명으로 옳은 것은?

    ① 2024년 전체 HIV 총 감염자 수는 2020년 대비 20% 미만 감소하였다.
    ② 2024년 제시된 검사 동기별 전체 HIV 감염자 수에서 남자 HIV 감염자 수가 차지하는 비중은 각각의 검사 동기에서 모두 90% 이상이다.
    ③ 2021년 이후 여자 HIV 총 감염자 수가 전년 대비 가장 많이 감소한 해에 기타를 제외한 검사 동기별 여자 HIV 감염자 수는 각각의 검사 동기에서 전년 대비 모두 감소하였다.
    ④ 기타를 제외하고 제시된 검사 동기 중 2024년에 전체 HIV 감염자 수가 4년 전 대비 증가한 검사 동기들의 2024년 전체 HIV 감염자 수의 합은 419명이다.

22. 제시된 기간 중 남자와 여자의 HIV 총 감염자 수 차이가 900명 초과인 해들의 건강검진 전체 HIV 감염자 수의 연평균은?

    ① 103명   ② 104명   ③ 105명   ④ 106명

23. 다음 중 제시된 자료를 바탕으로 만든 그래프로 옳지 않은 것은?

    ① [2022년 검사 동기별 HIV 감염자 수 비중]

    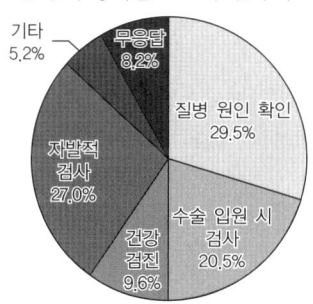

    ② [연도별 자발적 검사 성별 HIV 감염자 수]

    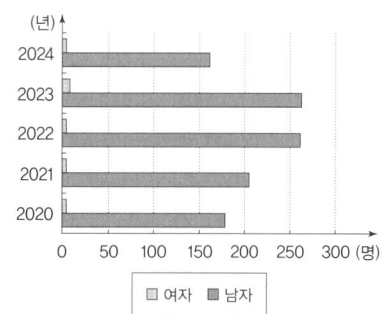

    ③ [2020년 검사 동기별 HIV 여자 감염자 수 비중]

    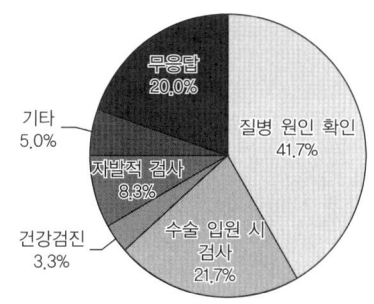

    ④ [연도별 무응답 HIV 감염자 수]

    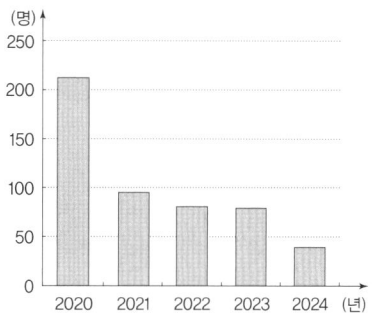

[24 - 25] 다음은 2023년과 2024년 A 국 연령대별 성인 남녀의 평균 신장 및 평균 체중에 대한 자료이다. 각 물음에 답하시오.

[연령대별 성인 남성의 평균 신장 및 평균 체중] (단위: cm, kg)

구분	2023년		2024년	
	평균 신장	평균 체중	평균 신장	평균 체중
20대	169.7	65.4	175.1	76.8
30대	168.1	67.1	174.5	78.0
40대	167.5	66.7	173.9	77.2
50대 이상	166.9	65.2	172.0	74.5

[연령대별 성인 여성의 평균 신장 및 평균 체중] (단위: cm, kg)

구분	2023년		2024년	
	평균 신장	평균 체중	평균 신장	평균 체중
20대	156.1	52.5	163.3	57.2
30대	155.5	54.2	161.9	59.1
40대	154.8	55.4	161.3	60.5
50대 이상	153.9	56.0	159.1	60.7

24. 다음 중 자료에 대한 설명으로 옳은 것은?

① 2023년 성인 남성과 성인 여성 모두 연령대가 높아질수록 평균 신장은 작아지고, 평균 체중은 증가한다.
② 2024년 동일 연령대의 성인 여성 대비 성인 남성의 평균 체중은 모두 1.3 이상이다.
③ 2023년 대비 2024년 평균 신장의 증가폭이 가장 작은 연령대는 성인 남성과 성인 여성이 동일하다.
④ 성인 남성의 30대 평균 체중 대비 40대 평균 체중은 2023년과 2024년 모두 1.2배 이상이다.

25. 2024년 성인 여성 중 평균 신장이 가장 작은 연령대의 평균 체중은 평균 신장이 가장 큰 연령대의 평균 체중의 약 몇 배인가? (단, 소수점 둘째 자리에서 반올림하여 계산한다.)

① 1.0배　　② 1.1배　　③ 1.2배　　④ 1.3배

[26 - 28] 다음은 보건복지부에서 65세 이상 노인을 대상으로 가장 중요하게 생각하는 노인복지서비스에 대해 조사한 자료이다. 각 물음에 답하시오.

[가장 중요하게 생각하는 노인복지서비스]

(단위 : %)

구분	65~69세	70~74세	75~79세	80~84세	85세 이상
소득보장	34	34	31	27	22
수발서비스	12	15	20	30	38
의료서비스	24	27	27	27	27
경제활동 지원	14	12	7	4	2
여가생활 지원 및 기타	16	12	15	12	11

※ 출처 : KOSIS(보건복지부, 노인실태조사)

26. 다음 중 자료에 대한 설명으로 옳은 것은?

① 소득보장 항목과 의료서비스 항목의 비율의 차이가 가장 큰 연령대는 70~74세이다.
② 70~74세와 75~79세 노인 인구수가 서로 같다면 70대 노인 중 수발서비스 항목에 응답한 노인수는 경제활동 지원 항목에 응답한 노인수의 1.7배 이하이다.
③ 여가생활 지원 및 기타 항목의 비율이 경제활동 지원 항목의 비율의 3배를 초과하는 연령대는 2개이다.
④ 수발서비스 항목을 제외한 모든 항목에서 80~84세가 85세 이상보다 비율이 높거나 같다.

27. 여가생활 지원 및 기타 항목 대비 소득보장 항목의 비율이 가장 높은 연령대는?

① 65~69세   ② 70~74세   ③ 75~79세   ④ 80~84세

28. 조사에 참여한 80~84세 노인 인구수가 85세 이상 노인 인구수의 두 배일 때, 80세 이상 노인 중 의료서비스를 가장 중요하게 생각하는 노인의 비율은?

① 20%   ② 21%   ③ 24%   ④ 27%

[29 – 30] 다음은 연간 매월 1회 이상 활동한 봉사자 현황을 나타낸 자료이다. 각 물음에 답하시오.

[연도별 남자·여자 봉사자 수]

(단위: 명)

구분		2014년	2015년	2016년	2017년	2018년	2019년
남자	10대 이하	1,341	934	1,507	1,675	1,352	1,228
	20대	727	528	676	606	660	690
	30대	417	217	284	304	256	292
	40대	966	598	694	640	546	536
	50대	1,505	1,041	1,281	1,266	1,169	1,175
	60대 이상	2,967	2,022	2,616	2,796	2,820	3,138
여자	10대 이하	1,478	1,166	1,818	1,776	1,483	1,262
	20대	1,222	836	1,112	1,045	1,040	1,090
	30대	492	305	373	324	309	293
	40대	3,461	2,417	2,612	2,387	1,992	1,874
	50대	6,776	4,984	5,863	5,560	5,012	5,136
	60대 이상	11,675	8,482	10,636	11,057	11,363	12,695

※ 출처: KOSIS(보건복지부, 사회복지 자원봉사 현황)

29. 다음 중 자료에 대한 설명으로 옳지 않은 것은?

① 2019년 전체 여자 봉사자 수는 전체 남자 봉사자 수의 3배 이상이다.
② 2014년에 남자와 여자 각각 봉사자 수가 많은 연령대부터 나열하면 남자와 여자의 순서는 모두 같다.
③ 제시된 기간 중 20대 남자 봉사자 수가 가장 적은 해에 20대 여자 봉사자 수는 전년 대비 386명 감소하였다.
④ 제시된 기간에 10대 이하 봉사자 수는 여자가 남자보다 매년 많다.

30. 다음 중 제시된 자료를 바탕으로 만든 그래프로 옳지 않은 것은?

① [20대 이하 남자 봉사자 수]
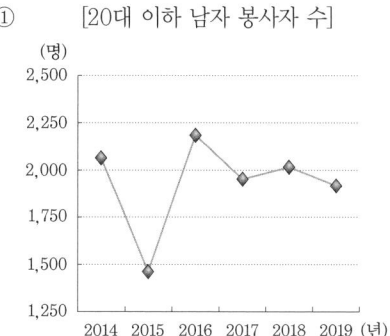

② [50대 이상 여자 봉사자 수]
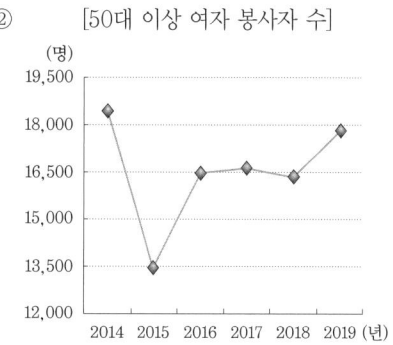

③ [30대 전체 봉사자 수]

④ [2019년 남자 봉사자 수의 연령대별 비중]
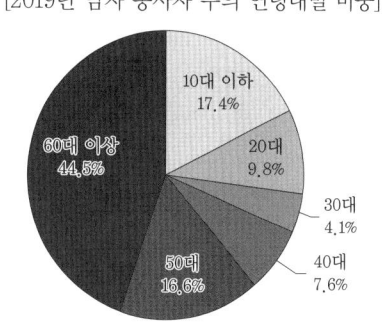

[31 – 33] 다음은 지역별 의료기관 진료실적에 대한 자료이다. 각 물음에 답하시오.

[지역별 진료 인원 및 내원일수]

(단위: 천 명, 천 일)

구분	2018년		2019년		2020년	
	진료 인원	내원일수	진료 인원	내원일수	진료 인원	내원일수
서울	5,766	47,400	5,941	49,154	5,379	44,573
부산	986	9,483	990	9,425	863	8,446
대구	967	9,428	987	9,649	869	8,430
인천	858	6,748	861	6,816	751	6,272
광주	726	8,521	733	8,495	645	7,550
대전	759	6,906	766	7,045	678	6,135
울산	273	2,459	255	2,362	228	2,168
세종	153	858	152	883	155	893
경기	3,166	28,489	3,203	29,144	2,837	26,273
강원	511	2,542	507	2,550	424	2,255
충북	483	3,513	475	3,510	403	3,120
충남	667	4,782	660	4,694	576	4,219
전북	397	3,140	396	3,082	344	2,760
전남	474	4,151	479	4,120	438	3,839
경북	650	5,093	644	4,946	530	4,323
경남	744	6,478	735	6,383	653	5,855
제주	232	782	231	771	170	645

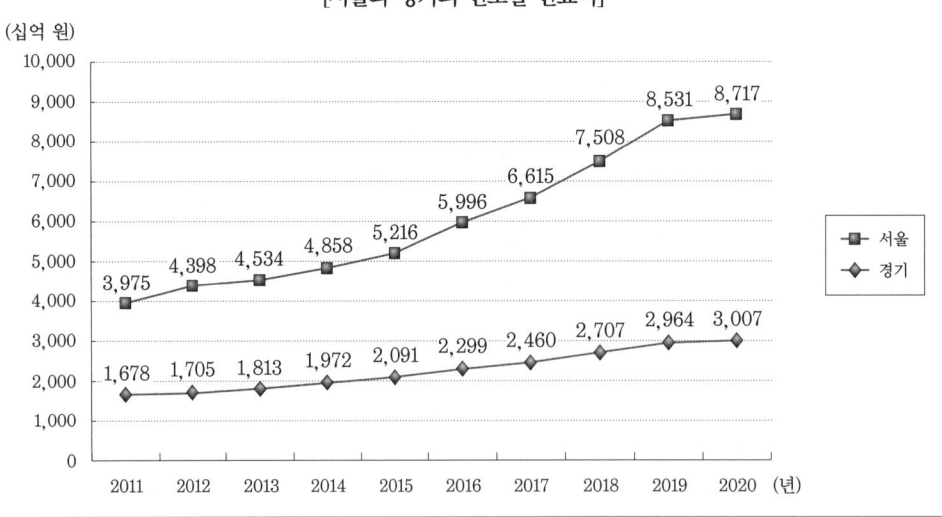

[서울과 경기의 연도별 진료비]

※ 출처: KOSIS(국민건강보험공단, 지역별의료이용통계)

31. 다음 중 자료에 대한 설명으로 옳지 않은 것을 모두 고르면?

> ㉠ 2018년 이후 서울의 진료 인원 1명당 진료비가 가장 적은 해는 2019년이다.
> ㉡ 제시된 기간 동안 진료 인원이 매년 400천 명 미만인 지역들의 2020년 내원일수 평균은 1,500천 일 미만이다.
> ㉢ 2011년 이후 진료비는 매년 서울이 경기의 2배 이상이다.
> ㉣ 2018년 진료 인원이 많은 상위 3개 지역과 내원일수가 많은 상위 3개 지역은 같다.

① ㉠, ㉡   ② ㉠, ㉣   ③ ㉡, ㉢   ④ ㉡, ㉣

32. 2018년 이후 서울과 경기의 연도별 진료비 차이가 가장 큰 해에 서울과 경기의 진료 인원 1명당 내원일수의 차이는 약 얼마인가? (단, 소수점 첫째 자리에서 반올림하여 계산한다.)

① 0.7일   ② 0.8일   ③ 1.0일   ④ 1.1일

33. 다음 중 제시된 자료를 바탕으로 만든 그래프로 옳지 않은 것은?

① [2017~2020년 서울 진료비의 전년 대비 증가량]

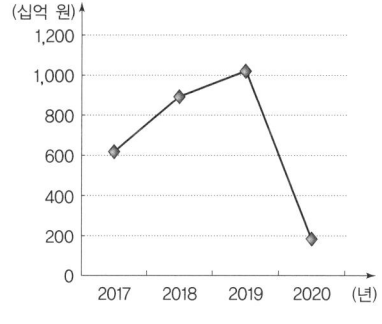

② [2018~2020년 강원과 충북의 진료 인원의 합]

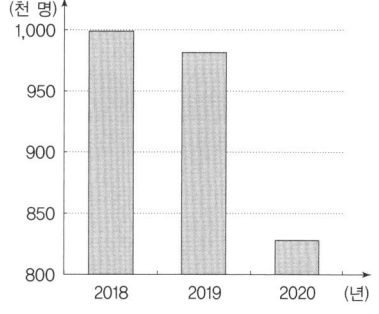

③ [2018~2020년 인천의 내원일수]

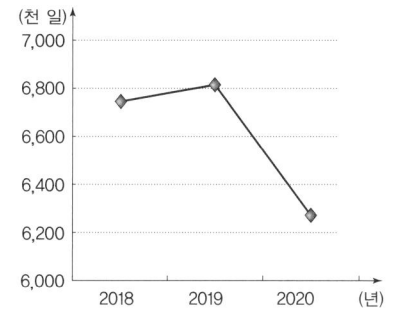

④ [2011~2014년 서울과 경기의 진료비의 차이]

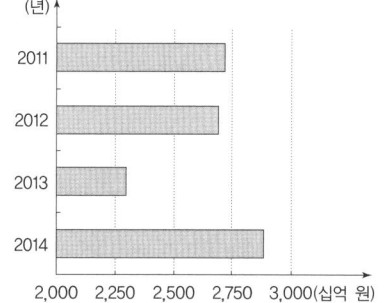

[34 – 35] 다음은 X 국의 연도별 특수교육 규모에 대한 자료이다. 각 물음에 답하시오.

[연도별 특수교육 규모]

구분		2019년	2020년	2021년	2022년	2023년	2024년
특수학교 수(개교)		167	170	173	175	177	182
특수학급 수(학급)		9,868	10,065	10,325	10,676	11,105	11,661
학생 수 (명)	합계	88,067	87,950	89,353	90,780	92,958	95,420
	장애영아 및 유치원	5,486	5,842	5,986	6,212	6,521	6,975
	초등학교	33,591	33,770	35,505	38,031	41,091	43,205
	중학교	21,108	19,793	19,218	18,788	18,462	19,140
	고등학교 및 전공과	27,882	28,545	28,644	27,749	26,884	26,100
교원 수(명)		18,339	18,772	19,327	20,039	20,773	22,145

34. 다음 중 자료에 대한 설명으로 옳지 않은 것은?

① 2022년 특수학교 1개교당 특수학급 수는 60학급 이상이다.
② 2020년 이후 장애영아 및 유치원 학생 수는 전년 대비 매년 증가하나, 같은 기간 중학교 학생 수는 전년 대비 매년 감소한다.
③ 2024년 특수학급 수는 5년 전 대비 약 18% 이상 증가하였다.
④ 제시된 기간 중 교원 수가 처음으로 20,000명을 넘은 해에 교원 수는 전년 대비 712명 증가하였다.

35. 2019년과 2024년의 전체 학생 중 초등학교 학생이 차지하는 비중의 차이는 약 얼마인가? (단, 소수점 둘째 자리에서 반올림하여 계산한다.)

① 7.0%p   ② 7.2%p   ③ 7.4%p   ④ 7.6%p

[36 – 37] 다음은 K 국의 질병 유형별 진료 현황에 대한 자료이다. 각 물음에 답하시오.

[질병 유형별 진료 현황]

(단위: 천 명, 천 건, 백만 원)

구분		2020년	2021년	2022년	2023년	2024년
고혈압	진료인원	(가)	6,742	7,073	7,283	7,474
	진료건수	46,494	46,885	48,629	48,900	48,929
	진료비	3,653,938	3,960,371	4,293,504	4,502,773	4,652,293
당뇨병	진료인원	3,228	3,348	3,569	3,698	3,831
	진료건수	22,915	23,264	24,438	24,708	25,135
	진료비	2,741,488	2,969,730	3,236,017	3,421,824	3,626,941
고지혈증	진료인원	2,210	2,283	2,660	2,851	3,045
	진료건수	(나)	7,452	8,689	9,353	9,979
	진료비	549,208	626,584	766,668	911,159	1,054,035

36. 다음 중 자료에 대한 설명으로 옳지 않은 것은?

① 2023년 대비 2024년 진료인원이 가장 많이 증가한 질병은 고혈압이다.

② 2021년 이후 고혈압 진료건수와 진료비는 모두 전년 대비 매년 증가하였다.

③ 당뇨병 진료건수는 매년 진료인원수의 8배 미만이다.

④ 제시된 기간 중 다른 해에 비해 고지혈증 진료비가 가장 많은 해에 고지혈증 진료인원도 가장 많다.

37. 2020년 제시된 질병 유형의 진료인원의 합은 총 12,080명이고, 진료인원 대비 진료건수는 2020년에 고혈압이 고지혈증의 2배일 때, 제시된 자료의 (가)와 (나)로 가능한 것을 바르게 연결한 것은?

	(가)	(나)
①	6,642	7,735
②	6,642	8,095
③	6,652	7,735
④	6,652	8,095

[38 – 40] 다음은 M 국의 건강진단 실시근로자 현황에 대한 자료이다. 각 물음에 답하시오.

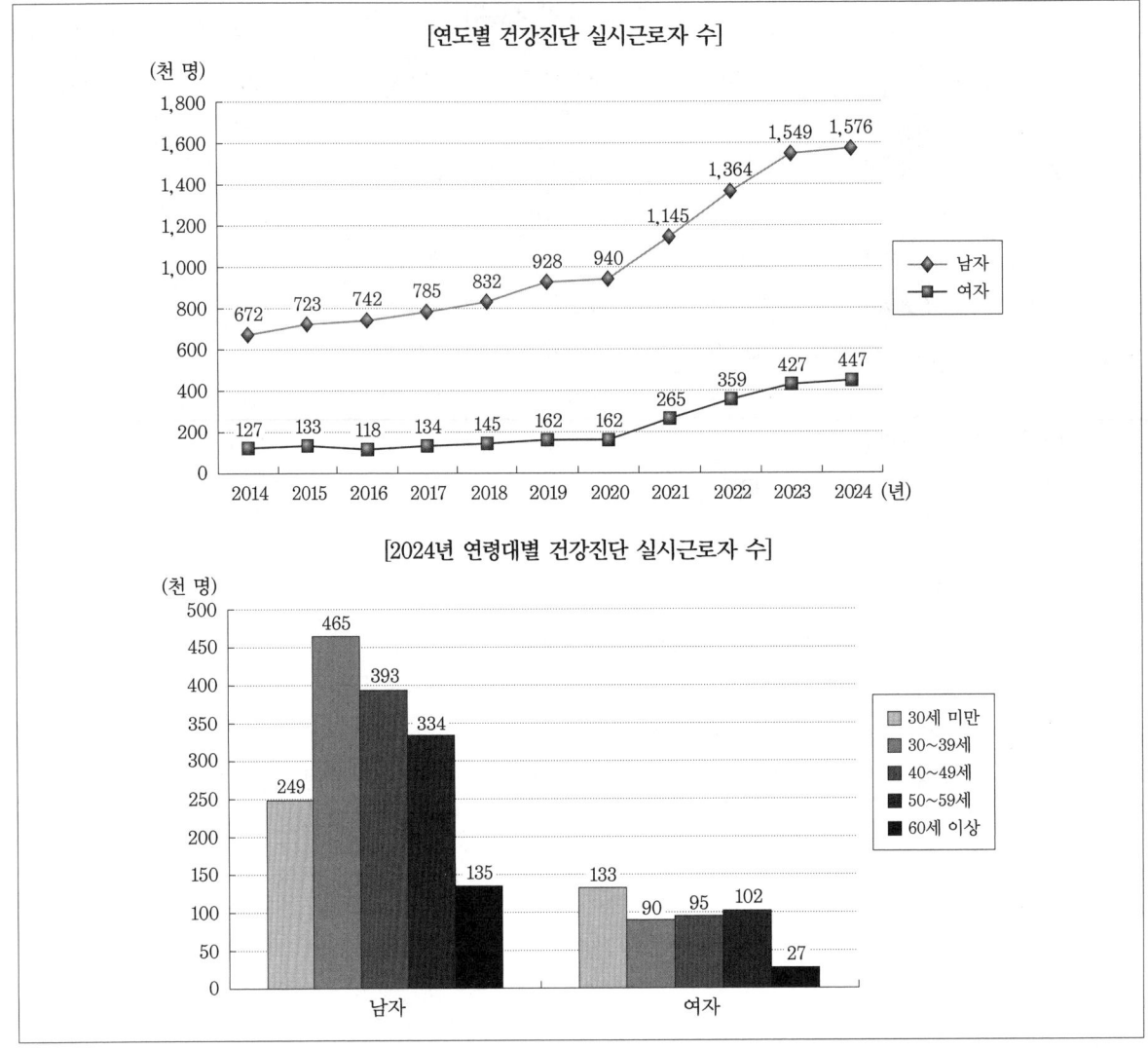

38. 다음 중 자료에 대한 설명으로 옳은 것은?

① 2021년 이후 남자 건강진단 실시근로자 수의 전년 대비 증가량의 최댓값은 185천 명이다.

② 2024년 건강진단 실시근로자 수의 여자 대비 남자의 비율은 30~39세가 60세 이상보다 높다.

③ 2015년 이후 여자 건강진단 실시근로자 수가 전년 대비 감소한 해에 남자 건강진단 실시근로자 수는 전년 대비 20천 명 이상 증가하였다.

④ 2024년 건강진단 실시근로자 수가 가장 많은 연령대는 40~49세이다.

39. 2021년 대비 2024년 전체 건강진단 실시근로자 수의 증가율은 약 얼마인가? (단, 소수점 둘째 자리에서 반올림하여 계산한다.)

① 43.0%   ② 43.5%   ③ 44.0%   ④ 44.5%

40. 다음 중 제시된 자료를 바탕으로 만든 그래프로 옳지 않은 것은?

① [2014~2017년 전체 건강진단 실시근로자 수]

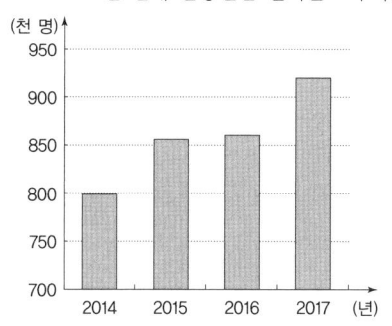

② [2023년 성별 건강진단 실시근로자 비중]

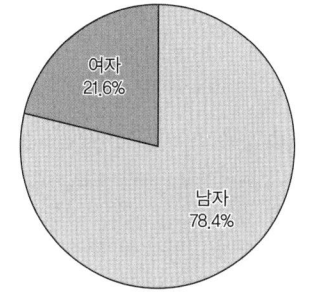

③ [2018~2020년 남자 건강진단 실시근로자 수의 전년 대비 증가율]

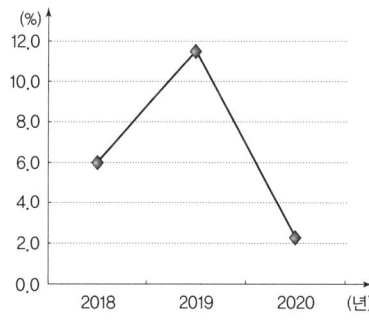

④ [2024년 연령별 남자와 여자 건강진단 실시근로자 수의 차이]

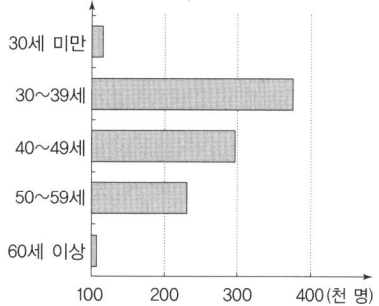

[41 – 42] 다음은 결핵 관련 방역지원 사업에 대한 안내문이다. 각 물음에 답하시오.

[결핵 관련 방역지원 사업 안내]

1. 목적
   - 결핵 전파를 대비하기 위해 노인요양시설과 의료기관 등에 방역보조인력을 배치하여, 감염병의 시설 내 유입 및 전파를 차단하고 시설의 방역부담을 경감하기 위함

2. 사업 내용
   - 사업 참여 노인요양시설, 의료기관 등 대상 기관의 방역보조인력 인건비를 지원함
     ※ 1) 방역보조인력 인건비는 1인당 월 183만 원(1일 8시간 근무 기준, 시간당 8,750원)을 기준으로 하며, 4대 보험 사업주부담금인 월 19만 원을 포함하여 방역보조인력 1인당 월 202만 원의 금액 중 국고보조로 90%의 금액을 지원하고, 10%의 금액은 자부담함
     2) 근무기간은 배치일로부터 5개월을 기준으로 함
   - 선정된 시설에서 배정된 인력을 직접 채용 및 배치함
     ※ 채용은 5월 17일부터 5월 31일까지 진행하며, 배치일은 6월 1일로 함

3. 대상 및 기간
   - 신청대상: 노인요양시설, 노인요양공동생활가정, 주야간·단기보호시설, 양로시설, 병원급 의료기관(지방의료원 포함) 및 보건기관(보건소 제외)
   - 사업기간: 6월 1일 ~ 10월 31일(5개월)
     ※ 예산 및 신청 상황에 따라 실제 배치인력(인원, 기간)은 조정될 수 있음

4. 참여방법 및 대상 기관 선정
   - 신청방법: 노인요양시설, 노인요양공동생활가정, 주야간·단기보호시설, 양로시설은 장기요양정보시스템에서 「방역지원 사업 참여 신청서」를 작성하여 제출해야 하며, 병원급 의료기관 및 보건기관은 요양기관정보마당에서 「방역지원 사업 참여 신청서」를 작성하여 제출해야 함
     ※ 1) 동일한 장기요양기관 기호로 단기보호시설과 주야간보호시설 등 공동 운영하는 경우 시설유형별로 각각 신청해야 함
     2) 메일, 웹 팩스 등을 활용한 수기신청서 접수 불가함
   - 신청기간: 4월 26일 ~ 5월 4일 18:00까지(이후 추가 신청 불가함)
   - 대상 기관 선정: 5월 17일, 신청서를 제출한 업무포털에서 확인 가능함

5. 사업 수행
   - 방역보조인력: 시설 소독, 청결 유지, 면회실 관리, 출입 관리, 환자 분류 및 안내, 발열체크 등 시설장이 정한 방역 보조업무 수행
     ※ 방역보조인력이 보유한 자격증에 불문하고, 수급자에게 간호처치, 신체활동 보조 등의 직접 서비스는 제공할 수 없음
   - 급여 지급: 익월 1일 시설에서 방역보조인력에게 월 급여(100%) 지급함
   - 보조금 신청: 매월 5일 근태현황기록부, 급여명세서, 계좌입금내역서를 첨부하여 공단 업무포털에서 신청함
     ※ 급여명세서, 계좌입금내역서 사본은 원본대조필 확인·날인하여 제출

6. 기타 사항
   - 사업 안내: 업무추진절차 및 추진일정 등 사업계획은 '장기요양정보시스템' 포털 혹은 '요양기관정보마당' 업무포털에서 내려받아 확인 가능함
   - 문의처: 국민건강보험공단 본부(고객센터, 안전관리실 방역지원부) 및 각 지역본부(경영지원부, 의료기관지원부, 요양운영부)

41. 위 안내문을 토대로 판단한 내용으로 옳지 않은 것은?

① 신청기간은 4월 26일부터 5월 4일까지이며, 사업기간은 6월 1일부터 10월 31일까지이다.
② 급여 지급은 익월 1일 시설에서 방역보조인력에게 월 급여의 100%를 지급하며, 보조금 신청은 매월 5일 공단 업무포털에서 신청한다.
③ 방역보조인력이 적절한 자격증을 보유한 경우 수급자에게 신체활동 보조 등의 직접 서비스를 제공할 수 있다.
④ 노인요양공동생활가정, 양로시설, 지방의료원을 포함한 병원급 의료기관은 대상에 해당하지만, 보건소는 대상에 해당하지 않는다.

42. 결핵 관련 방역지원 사업에 참여한 T 기관에서는 5명의 방역보조인력을 채용하였다. T 기관에 채용된 5명의 방역보조인력들이 1일 8시간씩 사업기간 동안 모두 근무하였다고 할 때, T 기관에서 자부담한 금액은?

① 101만 원　　　② 202만 원　　　③ 505만 원　　　④ 909만 원

[43 – 44] 다음은 △△제과에서 케이크 판매계획 수립을 위해 실시한 설문조사 결과이다. 각 물음에 답하시오.

조사는 연령대별로 250명씩 1,000명을 대상으로 제과/제빵점 방문 빈도, 케이크 구매 목적, 선호하는 케이크 가격, 선호하는 케이크 종류에 대해 진행되었습니다. 조사 항목별로 미응답자나 중복응답자는 존재하지 않습니다.

[제과/제빵점 방문 빈도별 응답자 수]

(단위: 명)

구분	거의 방문하지 않음	가끔 방문	자주 방문	매우 자주 방문
20대 이하	15	9	52	174
30대	19	13	60	158
40대	37	68	46	99
50대 이상	63	67	31	89

※ 1) 매우 자주 방문은 주 5회 이상, 자주 방문은 주 3~4회, 가끔 방문은 주 1~2회, 거의 방문하지 않음은 주 1회 미만 방문을 의미함
2) '매우 자주 방문'과 '자주 방문'으로 응답한 인원을 단골 고객으로 분류함

[케이크 구매 목적별 응답자 수]

(단위: 명)

구분	생일	생일 외 기념일	특정 공휴일	특별한 이유 없음
20대 이하	88	57	30	75
30대	94	65	34	57
40대	130	71	23	26
50대 이상	172	63	11	4

[선호하는 케이크 가격별 응답자 수]

가격	응답자 수(명)
1만 원 이상~2만 원 미만	393
2만 원 이상~3만 원 미만	230
3만 원 이상~4만 원 미만	164
4만 원 이상~5만 원 미만	213
합계	1,000

[선호하는 케이크 종류별 응답 비율]

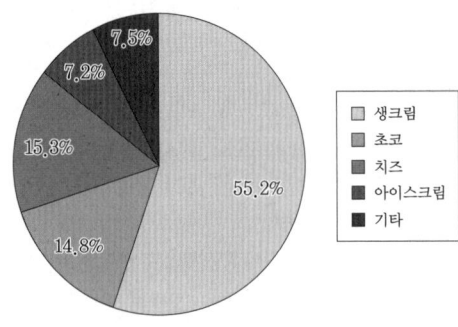

43. 위 자료를 토대로 판단한 내용으로 옳은 것은?

① 생크림 케이크를 선택한 사람의 수와 치즈 케이크를 선택한 사람 수의 차이는 389명이다.

② 연령대별 단골 고객의 비율은 30대가 20대 이하보다 높다.

③ 40대 응답자 중에서 생일에 케이크를 구매한다고 응답한 비율은 51%이다.

④ 기타 케이크 종류를 선호하는 응답자 중 40%가 티라미수를 선호한다면, 티라미수를 선호하는 사람은 30명이다.

44. △△제과에서는 선호하는 케이크 가격에 대한 응답 결과를 고려하여 202X년 케이크 가격의 표준을 결정할 때, 202X년에 책정되는 케이크의 표준 가격은?

① 21,970원　　　② 22,000원　　　③ 26,970원　　　④ 27,000원

[45 – 46] 다음은 ○○보험 보장 내용이다. 각 물음에 답하시오.

[○○보험 보장 내용]

1. 기본계약

구분	보장 내용	지급금액
통합 입원	일반 상해 또는 질병으로 입원 시 병원 또는 병실에 따라 1회 입원당 최대 30일 한도까지 총입원일 수를 산정한 지급금액 지급	병원 또는 의원: 2만 원 상급종합병원: 5만 원 중환자실: 10만 원
수술비	상해 또는 질병의 직접적인 치료를 목적으로 약관에서 정한 수술을 받은 경우 해당 수술 종의 지급금액 지급 ※ 1) 1회 입원당 1회의 수술에 한하여 지급금액 지급 2) 최초 가입 시점으로부터 1년 미만인 경우 질병의 직접적인 치료를 목적으로 수술 시 지급금액의 50% 지급	1종: 20만 원 2종: 25만 원 3종: 30만 원 4종: 60만 원 5종: 100만 원 6종: 150만 원 7종: 300만 원

※ 통합 입원 지급금액은 입원 1일당 지급금액이며, 수술비 지급금액은 수술 1회당 지급금액임

2. 선택계약

구분	보장 내용	지급금액
간병인 지원	일반 상해 또는 질병으로 입원하여 치료를 받은 경우 입원 1일마다 간병인 지원 ※ 간병인을 지원받지 않은 경우 지급금액으로 지급	간병인 지원 또는 2만 원
종합병원 입원	일반 상해 또는 질병으로 종합병원에 입원하여 치료를 받은 경우 총입원일 수를 산정한 지급금액 지급	2만 원
응급실 내원비 보장	응급환자에 해당되어 응급실에 내원하여 진료를 받은 경우 지급금액 지급	2만 원
	응급환자에 해당되지 않으나 상해 또는 질병으로 응급실에 내원하여 진료를 받은 경우 지급금액 지급	1만 원

※ 간병인 지원과 종합병원 입원 지급금액은 입원 1일당 지급금액이며, 응급실 내원비 보장 지급금액은 내원 1회당 지급금액임

[진료 사실 확인서]

성명	박상현	주민번호	XXXXXX-XXXXXXX
병록번호	XX-XXXXX	성별	남
주소	서울시 관악구 보라매동	연령	28세
진료병원/진료과	△△상급종합병원/신경외과	진료 기간	202X년 03월 15일부터 202X년 03월 19일까지 (5일간)
진료 내용	상기 환자는 202X년 03월 15에 응급환자에 해당하지는 않으나 일반 상해로 응급실에 내원하여 진료를 받았습니다. 진료 결과 척추 중재 시술을 하였으며, 202X년 03월 15일부터 202X년 03월 19일까지 5일간 입원 치료를 받았고, 입원 기간 5일 중 2일간 간병인을 지원하였습니다. 202X년 03월 19일 현재 일상생활이 가능할 것으로 사료됩니다.		
비고	• 상급종합병원 입원 • 척추 중재 시술은 보험약관에 근거하여 1종 수술로 분류		

상기 내용과 같이 사실임을 확인하고 증명함
202X년 03월 19일

담당의: 김명의 (인)

45. 6개월 전 ○○보험의 기본계약과 선택계약을 모두 가입한 상현이는 일반 상해로 입원하여 보험금을 신청하였다. 다음 ○○보험 보장 내용 및 진료 사실 확인서를 근거로 판단할 때, 상현이가 지급받을 총보험금은?

① 50만 원   ② 58만 원   ③ 62만 원   ④ 64만 원

46. 위 자료를 근거로 판단할 때, 총보험금을 가장 많이 지급받을 사람은? (단, A~D는 6개월 전에 기본계약과 선택계약을 모두 선택하여 최초 가입하였으며, 일반 상해 또는 질병으로 입원했다.)

① A는 상급종합병원의 중환자실에 5일간 입원하고, 상해 치료를 목적으로 1종 수술을 받았다. 간병인은 2일만 이용했으며, 응급환자에 해당되어 응급실을 통해 입원하였다.

② B는 병원에 7일간 입원하고, 질병 치료를 목적으로 4종 수술을 받았다. 간병인은 이용하지 않았으며, 응급환자에 해당되어 응급실을 통해 입원하였다.

③ C는 상급종합병원에 3일간 입원하고, 상해 치료를 목적으로 3종 수술을 받았다. 간병인은 전일 이용하였으며, 응급환자에 해당하지 않았지만 응급실에 내원하였다.

④ D는 의원에 35일간 입원하고, 수술을 받지 않았다. 간병인은 20일만 이용했으며, 응급환자에 해당하지 않았지만 응급실에서 진료를 받았다.

[47 – 49] 다음은 스터디 모임을 운영하는 A가 모임 장소로 선정한 ☆☆독서실의 요금표와 스터디 모임 규정에 대한 자료이다. 각 물음에 답하시오.

[☆☆독서실 요금표]

구분		시간	요금
1인석	당일권	1시간	1,500원
		2시간	3,000원
		4시간	4,500원
		6시간	6,500원
		10시간	10,000원
		15시간	12,000원
		24시간	15,000원
	시간권	50시간	70,000원
		100시간	130,000원
		150시간	180,000원
		200시간	220,000원
	정액권	1주	60,000원
		2주	92,000원
		4주	140,000원
		8주	250,000원
		14주	420,000원
스터디룸		1시간	1,700원
사물함		4주	12,000원

※ 1) 스터디룸은 1실당 6인까지 수용 가능하며 요금은 1인 1시간당 요금임
　2) 당일권은 시간을 분할하여 이용할 수 없고, 시간권은 시간을 분할하여 이용할 수 있으며, 정액권은 해당 기간 무제한 이용이 가능함

[스터디 모임 규정]

- 오프라인 모임으로 공휴일에 상관없이 매주 월요일, 수요일, 금요일 오후 1시부터 오후 5시까지 스터디룸에서 문제 풀이 및 질의응답을 진행함
- 개별 스터디 시간은 오프라인 모임 다음 날 오전 9시부터 오후 6시까지이며, 문제 풀이에 대한 복습 및 개인 학습을 진행함
- 개별 스터디 시간에만 오후 1시부터 오후 2시까지를 점심시간으로 사용함
- 일요일에는 모임을 운영하지 않으며, 규정 시간 외에 본인의 선택에 따라 추가로 학습해도 무관함
- 모임 구성원은 A를 포함하여 4명으로 구성하고, 스터디룸 요금은 A가 수금하여 한 번에 결제함

47. 위 자료를 토대로 판단한 내용으로 옳은 것은?

① 하루에 3시간씩 16일간 1인석을 이용하는 경우 당일권이 시간권보다 더 저렴하다.
② 스터디룸은 수용 인원에 따라 1실의 시간당 최소 요금은 1,700원이고, 최대 요금은 8,500원이다.
③ 공휴일에는 A가 운영하는 스터디 모임을 진행하지 않는다.
④ 하루에 10시간씩 5일 동안 연이어 1인석을 이용하는 경우 정액권이 시간권보다 더 저렴하다.

48. A는 ☆☆독서실에서 스터디 모임 규정 시간만 이용하여 월요일부터 4주간 스터디를 진행하려고 한다. 최소한의 비용을 사용한다고 할 때, A가 독서실에 결제할 총 요금은?

> A는 ☆☆독서실에서 스터디하는 기간 동안 사물함을 이용할 계획이며, A를 포함한 4명이 매주 월요일, 수요일, 금요일에 이용하는 스터디룸 요금과 4주간 본인이 개별 스터디 시간에 이용할 1인석 요금을 모두 산정하여 당일권, 시간권, 정액권 중 가장 저렴한 요금제로 결제할 계획이다.

① 414,000원   ② 426,000원   ③ 434,400원   ④ 446,400원

49. ☆☆독서실에서 오픈 5주년을 맞이하여 당일권에는 15%, 시간권에는 30%, 정액권에는 15% 할인을 적용해주는 이벤트를 진행하였고, A가 운영하는 스터디 모임의 구성원인 B는 4주간 개별 스터디 시간이 끝난 후 저녁 시간 1시간을 가지고 2시간의 개별 스터디를 추가로 진행하였다. B가 가장 저렴한 요금으로 개별 스터디 요금만 따로 결제하였을 때, B가 결제한 요금은? (단, 당일권, 시간권, 정액권 중 한 가지의 요금제만 선택하여 결제한다.)

① 107,500원   ② 119,000원   ③ 122,400원   ④ 126,000원

[50 – 52] 다음은 전라도의 신재생 에너지 공급의무 비율을 산정하는 기준이다. 각 물음에 답하시오.

[신재생 에너지 공급의무 비율 산정 기준]

1. 신재생 에너지 공급의무 비율
   - 건축물에서 연간 사용이 예측되는 총에너지의 양 중 그 일부를 의무적으로 신재생 에너지 설비를 이용하여 생산한 에너지로 공급해야 하는 비율로, 다음의 식으로 산정한다.

   신재생 에너지 공급의무 비율(%) = (신재생 에너지 생산량 / 예상 에너지 사용량) × 100

2. 신재생 에너지 생산량
   - 신재생 에너지를 이용하여 공급되는 에너지를 의미하며, 신재생 에너지 설비를 이용하여 연간 생산하는 에너지의 양을 보정한 값으로, 다음의 식으로 산정한다.

   신재생 에너지 생산량(kWh) = 원별 설치규모(kW) × 단위 에너지 생산량(kWh/kW) × 원별 보정계수

   ※ 1) 원별 설치규모는 설치계획을 수립한 신재생 에너지원의 규모임
   2) 단위 에너지 생산량은 신재생 에너지원별 단위 설치규모에서 연간 생산되는 에너지의 양임
   3) 원별 보정계수는 신재생 에너지원별 연간 에너지 생산량을 보정하기 위한 계수임
   4) 단위 에너지 생산량, 원별 보정계수는 센터의 장이 정함

3. 예상 에너지 사용량
   - 건축물에서 연간 사용이 예측되는 총에너지의 양으로, 다음 식으로 산정한다.

   예상 에너지 사용량(kWh) = 건축 연면적(m^2) × 단위 에너지 사용량(kWh/m^2) × 지역계수

   ※ 1) 건축 연면적은 연면적에서 주차장 면적을 제외한 면적임
   2) 단위 에너지 사용량은 용도별 건축물의 단위 면적당 연간 사용이 예측되는 에너지의 양임
   3) 지역계수란 지역별 기상 조건을 고려한 계수임

4. 상업용 단위 에너지 사용량
   - 상업용 단위 에너지 사용량은 다음과 같다.

구분	판매 및 영업시설	운수시설	업무시설	숙박시설	위락시설
단위 에너지 사용량 (kWh/m^2)	408.45	374.47	374.47	526.55	400.33

5. 전라도 지역계수
   - 전라북도와 전라남도의 지역계수는 다음과 같다.

구분	전라북도	전라남도
지역계수	1.04	0.99

50. 사업자 갑은 전라남도 ○○군에서 건축 연면적이 2,000m²인 판매 및 영업시설을 운영하며, 설치규모가 100kW인 고정식 태양광 발전 설비를 사용하고 있다. 신재생 에너지 센터에서 정한 태양광 에너지원의 단위 에너지 생산량 및 원별 보정계수를 근거로 판단할 때, 신재생 에너지 공급의무 비율은 약 얼마인가?

[태양광 에너지원의 단위 에너지 생산량 및 원별 보정계수]

구분	단위 에너지 생산량(kWh/kW)	원별 보정계수
고정식	1,358	1.56
추적식	1,765	1.68
BIPV	923	5.48

① 25.0% ② 26.2% ③ 28.2% ④ 36.7%

51. 위 자료를 토대로 판단한 내용으로 옳지 않은 것은?

① 예상 에너지 사용량이 동일한 경우 신재생 에너지 공급의무 비율은 신재생 에너지 생산량에 비례한다.
② 예상 에너지 사용량을 산출하기 위해 사용되는 건축 연면적에는 주차장 면적이 포함되지 않는다.
③ 다른 조건이 동일한 경우 전라남도보다 전라북도의 신재생 에너지 공급의무 비율이 더 낮다.
④ 건축 연면적과 지역계수가 동일한 경우 위락시설보다 업무시설의 예상 에너지 사용량이 더 높다.

52. 다음은 사업자 을~무가 설치한 신재생 에너지 설비에 대한 정보이다. 을~무가 모두 위락시설에 해당하는 건축물에 설비를 설치하고, 신재생 에너지의 단위 에너지 생산량이 1,000kWh/kW, 원별 보정계수가 1.0으로 동일하다고 할 때, 원별 설치규모(kW)가 가장 큰 사업자는?

구분	지역	건축 연면적(m²)	신재생 에너지 공급의무 비율(%)
을	전라북도	1,800	30
병	전라남도	2,200	28
정	전라남도	1,700	32
무	전라북도	2,000	25

① 을 ② 병 ③ 정 ④ 무

[53-55] 자율주행 자동차 부품을 제작하는 N 사에서 작성한 예상 영업 이익 분석 보고서이다. 각 물음에 답하시오.

[예상 영업 이익 분석 보고서]

1. 목적
   - 미국과 유럽에서 자율주행 자동차 부품을 판매할 경우, 발생할 영업 이익을 비교 분석하기 위함

2. 배경
   - 자사의 본사와 부품 생산 공장이 위치한 한국에는 자율주행 자동차 부품을 판매할 수 있는 시장이 존재하지 않아, 미국과 유럽에 지사를 두고 판매하고자 함

3. 세부 사항
   - 영업 이익 = 부품 판매 가격 - (제조 원가 + 운영비용)
   - 순수익 = 영업 이익 × (1 - 세금 부과율)
   - 제조 원가: 개당 500,000원
     ※ 제조 원가에는 운송비용이 포함되며, 운송비용은 미국과 유럽이 서로 동일함
   - 국가별 판매 가격 및 예상 연간 판매량

구분	부품 판매 가격	예상 연간 판매량
미국	개당 1,000,000원	70개
유럽	개당 950,000원	105개

   - 국가별 부담해야 하는 운영비용

구분	운영비용
미국	개당 200,000원
유럽	개당 250,000원

53. 위 자료를 토대로 판단한 내용으로 옳은 것은?

① 미국에서 발생하는 부품 한 개당 예상 영업 이익은 300,000원이다.
② 유럽에서 발생하는 부품 한 개당 예상 영업 이익은 450,000원이다.
③ 미국과 유럽의 부품 5개 판매 가격의 차이는 350,000원이다.
④ 자동차 부품의 연간 예상 영업 이익은 유럽이 미국보다 더 높다.

54. 올해 N 사의 부품 생산 공장에 차질이 생겨 두 나라 중 한쪽에만 부품을 판매할 수 있게 되었다. 미국에서 연간 판매될 것이라 예상한 부품의 개수보다 10개 더 판매될 예정이고, 유럽에서는 연간 판매될 것이라 예상한 부품의 개수와 동일하게 판매될 예정이며, 미국에서는 영업 이익의 20%를 세금으로 부과하고 유럽에서는 영업 이익의 10%를 세금으로 부과한다고 할 때, 올해 순이익이 더 높은 나라와 그 나라에서 발생하는 순이익을 바르게 연결한 것은?

① 미국 - 16,800,000원
② 미국 - 19,200,000원
③ 유럽 - 16,800,000원
④ 유럽 - 18,900,000원

55. N 사에서는 부품 제조국과 판매국이 상이하여 제조 원가에 운송비용이 차지하는 비용이 상당하다는 점을 고려하여 각 국가에 부품 생산 공장을 세우고자 한다. 부품은 향후 13년간 동일한 개수로 판매될 예정이며, 판매국에 부품 생산 공장을 세워 부품을 판매할 경우 개당 운영비용은 50,000원 증가하지만 운송비용이 절감되어 부품의 제조 원가가 기존 대비 15% 낮아진다. 유럽에 부품 생산 공장을 세울 경우 향후 13년간 유럽에서 발생하는 영업 이익과 부품 생산 공장을 세우지 않을 경우 유럽에서 발생하는 영업 이익의 차이는? (단, 판매 가격은 동일하다.)

① 2,625,000원
② 16,105,000원
③ 24,625,000원
④ 34,125,000원

[56 – 58] 다음 안내문을 읽고 각 물음에 답하시오.

[공공 빅데이터 청년 인턴십 참가자 모집 안내]

1. 개요
   - 빅데이터 분야에서 일경험을 희망하는 청년들을 대상으로 데이터 전문교육(2개월)과 행정·공공기관에서의 인턴(3개월)의 기회를 제공하는 프로그램
     ※ 참여자는 노동관계법령상 근로자가 아닌 '일경험 수련생'으로서의 지위를 가짐

2. 선발대상 및 참가자격
   1) 선발대상: 빅데이터 분야에 취업을 희망하는 청년 600명
   2) 참가자격: 만 19세 이상 만 34세 이하의 청년이라면 누구나 신청 가능

3. 인턴십 내용: 전문교육을 2개월간 선행학습 후 일경험 수련 3개월간 진행
   1) 전문교육: 빅데이터 개요, 분석기술, 공공 빅데이터 표준분석모델 활용, 프로젝트 기반 실습 등
   2) 일경험 수련: 데이터 수집, 전처리, 분석, 시각화 등 빅데이터 분석 관련 업무
     ※ 일경험 수련 시 세부 업무는 수련 기관별로 상이할 수 있음
   3) 수련 시간: 1일 8시간 이내
     ※ 1일 8시간을 초과하거나 야간(20:00~06:00) 및 휴일에는 인턴십 진행이 불가하며, 연장·야간·휴일 수련의 필요성이 객관적으로 명확히 인정될 경우에 한해 허용함

4. 지원 내용
   - 전문교육기간 교육 지원금으로 총 45만 원 지급(데이터 전문교육은 무료로 진행됨)
   - 일경험 수련기간 중 훈련 지원금으로 월 180만 원을 지원함
   - 인턴십 종료 후 수료를 완료한 사람에 한하여 수료증 발급

5. 접수방법
   - 접수기간: 20XX년 7월 16일(목)~7월 24일(금) 24:00까지
   - 접수방법: 홈페이지(www.dataintern.or.kr)를 통해 접수

6. 유의사항
   - 지원서의 기재 착오, 누락 등으로 인한 불이익은 지원자 본인에게 책임이 있음
   - 지원 전형에서 부정행위나 시험 결과에 부당한 영향을 주는 행위를 할 경우 합격이 취소됨
   - 지원자는 지원서에 직무능력과 관련 없는 인적사항을 기술하지 않아야 함
   - 전문교육 실시 후 평가결과에 따라 기관에 배치함
   - 본 사업은 일경험 수련으로, 해당 기관의 정규직으로 전환되지 않는 인턴십임

56. 위 안내문을 근거로 판단한 내용으로 옳은 것은?

① 수련 시간은 하루에 8시간 이내여야 하지만, 수련생이 원하는 경우에 한하여 연장하여 근무할 수 있다.
② 공공 빅데이터 청년 인턴십에 참가한 청년은 노동관계법령상 근로자의 지위를 갖는다.
③ 데이터 전문교육을 받는 수련생은 교육기간 동안 매월 45만 원의 교육 지원금을 지원받는다.
④ 전문교육기간 동안 분석기술, 공공 빅데이터 표준분석모델 활용 등을 학습하게 된다.

57. 갑~정 4인은 공공 빅데이터 청년 인턴십에 참가하려고 한다. 위 안내문을 근거로 판단할 때, 갑~정 중 안내문의 내용을 정확하게 이해하고 있는 사람은?

① 갑: 일경험 수련을 받는 3개월 동안 수련생들의 세부 업무는 모두 같겠어.
② 을: 인턴십이 종료되면 공공 빅데이터 청년 인턴십에 신청했던 사람 모두 수료증을 발급받겠군.
③ 병: 2개월간 전문교육을 마치고 난 뒤에 개인이 원하는 기관을 선택해서 일경험을 할 수 있겠네.
④ 정: 일경험 수련 시 우수한 평가를 받았더라도 일했던 기관의 정규직으로 전환되지 않는대.

58. 위 안내문을 근거로 판단할 때, 인턴십 기간 중 받을 수 있는 지원금의 합은?

① 585만 원 ② 630만 원 ③ 675만 원 ④ 720만 원

[59 – 60] 다음은 반기마다 진행되는 □□기업의 연수에 대한 자료와 기술팀 팀장의 지시 내용이다. 각 물음에 답하시오.

[20XX년 하반기 □□기업 연수 일정]

구분	8월 23일	8월 24일	8월 25일	8월 26일
07:00~07:50		아침식사 (07:30~08:00)	아침식사 (07:30~08:00)	아침식사 (07:30~08:00)
08:00~08:50	입소 및 등록	학습 준비 (08:00~08:30)	학습 준비 (08:00~08:30)	학습 준비 (08:00~08:30)
		조별 토론 (08:30~09:00)	이동 (부산 시설 → 대구 본부) (08:30~10:00)	이동 (대구 본부 → 부산 시설) (08:30~10:00)
09:00~09:50	부산 시설 소개 및 교육과정 안내	배전활선 기초이론		
10:00~10:50	조 배정 및 자기소개		현장견학 (대구 본부)	발전사업의 이해 (화력/원자력/신재생에너지)
11:00~11:50	회사 소개	배전활선 공법 (간접/직접/임시송전)		
12:00~12:50	점심식사	점심식사	점심식사	점심식사
13:00~13:50	전기 산업현황과 안전관리 제도	활선 안전관리	현장견학 (부서 투어)	전력판매와 수요관리(DSM)
14:00~14:50				
15:00~15:50	전기의 역사 (15:00~16:30)	활선 안전사고 사례	에너지 신사업 개요 및 산업동향 (15:00~16:30)	조별 토론
16:00~16:50		활선 안전사고 사례별 대책 논의 및 발표		퇴소 및 설문조사
17:00~17:50	가공배전 기초이론 (16:30~18:00)		미래 핵심전략기술과 해외진출 (16:30~18:00)	
18:00~18:50	저녁식사	저녁식사	저녁식사	
19:00~21:00	송배전의 심화 이해	배전활선 이론 TEST	이동 및 휴식 (대구 본부 → 대구 숙소)	

[□□기업 제휴 숙박 시설]

구분	객실 타입	금액(1박)	비고
부산 그랜드 호텔	싱글(1인)	60,000원	
	스탠더드(2인)	85,000원	
	스위트(2인)	110,000원	4인까지 프라이빗 라운지 이용 가능
	이그제큐티브(3인)	210,000원	6인까지 프라이빗 라운지 이용 가능
대구 시즌 호텔	싱글(1인)	65,000원	
	스탠더드(2인)	95,000원	
	스위트(2인)	120,000원	4인까지 프라이빗 라운지 이용 가능

[대구 본부 식사 안내]

코스	메뉴		가격
	중식	석식	
A 코스	생선구이 정식	미역국 정식	18,000원/1인
B 코스	불고기 정식	12찬 한정식	21,000원/1인
C 코스	달걀 샌드위치	뷔페식	15,000원/1인
D 코스	참치 샌드위치	불고기 정식	14,000원/1인
E 코스	뷔페식	뷔페식	20,000원/1인

※ 각 코스의 가격은 중식과 석식을 모두 포함한 가격임

[K 팀장]

J 대리, 부산과 대구에서 진행되는 이번 연수에 우리 기술팀 신입사원 4명이 참석할 예정입니다. 저는 연수에서 활선 안전관리와 활선 안전사고 사례 부문을 강의할 예정이어서 해당 강의가 있는 날짜에 합류하려고 해요. J 대리도 함께하면 좋을 텐데 광주 출장이 있어서 아쉽군요. 저는 합류한 김에 신입사원들과 함께 시간을 보내고 다음 날 대구 본부 견학까지 동행한 뒤, 대구에서 바로 퇴근하고자 합니다. 숙박업소와 대구 본부에서의 식사 코스를 예약해야 하는데, 연수 참가 시 소요되는 숙박비와 식사비는 팀 내부에서 법인카드로 선결제하고 나중에 결재 상신하는 것 알고 계시죠? 먼저 신입사원들은 모두 당일 오후 일정이 진행되는 지역 근처의 숙소에 2인 1실 중 저렴한 숙소로 예약해 주세요. 저는 이론 TEST를 채점하고 평가 점수를 매겨야 해서 보안상 연수자들과 함께 방을 쓸 수 없다고 하니 혼자 사용해야 합니다. 아, 저녁에 신입사원들과의 친목 도모 자리를 마련할 수 있도록 제가 묵을 객실은 저를 포함하여 다 함께 프라이빗 라운지에 입장할 수 있는 객실로 예약해 주세요. 부산 시설은 식사를 제공하지만 대구 본부에서는 식사를 제공하지 않으니 대구 본부에서 신입사원들과 함께 점심과 저녁식사를 하려고 합니다. 점심시간은 일정 중에 바쁘니 간단히 먹을 수 있는 샌드위치가 좋을 것 같고, 저녁에는 뷔페를 방문하는 게 어떨까요? 이번 세미나를 위해 우리 팀에 배정되는 예산이 800,000원인데 예산을 넘기지는 않겠죠? 예산을 넘게 된다면 세미나 시작 5일 전에는 별도로 추가 예산 신청을 해야 하니 먼저 확인해 주세요. 아, 활선 안전사고 사례별 대책 논의에 대한 자료를 A 대학의 P 교수님이 제공해 주기로 하셨으니 강의 때 사용하면 좋겠어요. 제가 미리 강의를 준비할 수 있도록 강의가 있는 날보다 일주일 전에는 저에게 전달될 수 있도록 다시 한번 체크해 주세요.

59. J 대리가 위 자료를 모두 고려하여 숙박 시설을 예약하였을 때, 예약한 숙박비의 총액은?

① 475,000원　　　　② 585,000원　　　　③ 640,000원　　　　④ 740,000원

60. 8월 27일에 출근한 기술팀 팀장과 팀원들은 20XX년 하반기 연수 참석에 대한 소감을 공유하였다. 위 자료를 고려하였을 때, 팀원들의 소감으로 가장 적절하지 않은 것은?

① 신입사원 갑: K 팀장님 및 신입사원 동기들과 대구 본부에서 C 코스로 식사를 하였는데 바쁜 점심시간에 빠르게 샌드위치로 점심을 먹을 수 있어서 좋았습니다.

② 신입사원 을: 아직 낯설어 어색하였는데 24일에 K 팀장님 및 신입사원 동기들과 서로 어려운 점을 토론하는 자리를 가져 많은 도움이 되었습니다.

③ J 대리: 모든 조건을 만족시키는 숙박과 식사를 예약하려고 하니 처음 팀에 배정된 예산을 초과하여 걱정이었는데 8월 16일에 추가 예산을 신청한 것이 바로 반영되어 예약을 진행할 수 있었습니다.

④ K 팀장: J 대리가 P 교수님이 제공한 자료를 8월 19일에 전달해 준 덕분에 강의 준비를 무사히 마칠 수 있었습니다.

취업강의 1위, 해커스잡
ejob.Hackers.com

국민건강보험법

총 20문항 / 20분

▶ 해설 p.16

01. 다음 중 국민건강보험법상 직장가입자의 피부양자가 될 수 있는 사람의 수는? (단, 모든 사람은 직장가입자에게 주로 생계를 의존하는 사람으로서 소득 및 재산이 보건복지부령으로 정하는 피부양자 자격요건을 충족하는 것으로 가정한다.)

㉠ 형제·자매	㉡ 직계존속	㉢ 배우자
㉣ 직계비속	㉤ 직계비속의 배우자	㉥ 직계존속의 배우자
㉦ 배우자의 직계존속	㉧ 배우자의 직계비속	

① 5명   ② 6명   ③ 7명   ④ 8명

02. 다음 중 국민건강보험법상 특례에 대한 설명으로 옳은 것을 모두 고르면?

㉠ 사용관계가 끝난 사람 중 직장가입자로서의 자격을 유지한 기간이 보건복지부령으로 정하는 기간 동안 통산 1년 이상인 사람은 별도로 신청을 하지 않아도 2개월 동안 직장가입자로서의 자격을 유지할 수 있다.
㉡ 「장애인복지법」에 따라 등록한 장애인인 가입자 및 피부양자에게는 「장애인·노인 등을 위한 보조기기 지원 및 활용촉진에 관한 법률」에 따른 보조기기에 대하여 보험급여를 할 수 있다.
㉢ 정부는 외국 정부가 사용자인 사업장의 근로자의 건강보험에 관하여는 외국 정부와 한 합의에 따라 이를 따로 정할 수 있다.

① ㉠   ② ㉠, ㉡   ③ ㉡, ㉢   ④ ㉠, ㉡, ㉢

03. 다음은 국민건강보험법상 위반사실의 공표에 대한 내용이다. 빈칸에 들어갈 숫자로 적절한 것은?

> 보건복지부 장관은 관련 서류의 위조·변조로 요양급여비용을 거짓으로 청구하여 업무정지 또는 과징금 행정처분을 받은 요양기관에 대하여 다음과 같이 처분할 수 있다. 요양기관이 거짓으로 청구한 금액이 (㉠)만 원 이상이거나 요양급여비용 총액 중 거짓으로 청구한 금액의 비율이 100분의 (㉡) 이상인 경우 그 위반 행위, 처분 내용, 해당 요양기관의 명칭·주소 및 대표자 성명 등 대통령령으로 정하는 사항을 공표할 수 있고, 공표 여부를 결정할 때에는 그 위반 행위의 동기, 정도, 횟수 및 결과 등을 고려하여야 한다.

	㉠	㉡
①	1,000	20
②	1,000	30
③	1,500	20
④	1,500	30

04. 다음은 국민건강보험법의 일부 내용이다. ㉠~㉣ 중 빈칸에 들어갈 말이 나머지와 다른 것은?

> ㉠ ( )이나 심사평가원이 아닌 자는 국민건강보험공단, 건강보험심사평가원 또는 이와 유사한 명칭을 사용하지 못한다.
> ㉡ 요양기관은 요양급여비용을 최초로 청구하는 때에 요양기관의 시설·장비 및 인력 등에 대한 현황을 ( )에 신고해야 한다.
> ㉢ 요양기관이 가입자나 피부양자로부터 속임수나 그 밖의 부당한 방법으로 요양급여비용을 받은 경우 ( )은 해당 요양기관으로부터 이를 징수하여 가입자나 피부양자에게 지체 없이 지급해야 한다.
> ㉣ ( )은 건강보험사업에 드는 비용에 충당하기 위하여 보험료의 납부의무자로부터 보험료를 징수한다.

① ㉠   ② ㉡   ③ ㉢   ④ ㉣

05. 다음 중 국민건강보험법상 보험료의 일부 경감 대상에 해당하는 사람을 모두 고르면?

> ㉠ 만 70세의 노인
> ㉡ 휴직자
> ㉢ 보험료를 경감할 필요가 있다고 대통령이 정하여 고시하는 사람
> ㉣ 섬·벽지 등 대통령령으로 정하는 지역에 거주하는 사람
> ㉤ 「장애인복지법」에 따라 등록한 장애인

① ㉠, ㉡, ㉤   ② ㉠, ㉡, ㉢, ㉣   ③ ㉠, ㉡, ㉣, ㉤   ④ ㉠, ㉡, ㉢, ㉣, ㉤

06. 다음 자료와 관련된 국민건강보험법에 대한 설명으로 옳지 않은 것은?

건강보험 체납보험료 분할납부 신청서						
접수번호		접수일			처리기간	즉시
체납 세대/사업장		① 건강보험증 번호/사업장 관리번호			② 세대주/대표자 성명	
^^		③ 주소				
^^		④ 전화번호		⑤ 휴대전화번호		⑥ 전자우편주소	
체납내용		체납기간(개월 수)	체납보험료		가산금	계
^^						
가입자별 체납내용		주민등록번호 (외국인등록번호)	성명	이전 건강보험증 번호	체납 개월 수 (금액)	급여 제한 대상 여부
^^						
^^						
⑦ 분할납부 신청 내용(총 회)						
고지 횟수	보험료 체납월	체납금액 (보험료 + 가산금)	납부기일	고지 횟수	보험료 체납월	체납금액 (보험료 + 가산금)	납부기일
1회				13회			
2회				14회			
(중략)						
11회				23회			
12회				24회			

「국민건강보험법」 제82조 및 같은 법 시행규칙 제55조에 따라 체납된 보험료의 분할납부를 위와 같이 신청합니다.

년   월   일

신청인   (서명 또는 인)   [세대주(대표자)와의 관계:]

국민건강보험공단 이사장 귀하

① 국민건강보험공단은 체납처분 전 체납자에게 분할납부 신청 가능 사실과 신청 절차 및 방법을 안내해야 한다.
② 분할납부의 승인과 취소에 관한 절차·방법·기준 등에 필요한 사항은 보건복지부령으로 정한다.
③ 보험료를 3회 이상 체납한 자는 국민건강보험공단에 보험료의 분할납부를 신청할 수 있다.
④ 분할납부 승인을 받은 자가 정당한 사유 없이 5회 이상 체납할 경우 분할납부가 자동 중지된다.

07. 다음 중 국민건강보험법상 보험료의 면제에 대한 설명으로 옳지 않은 것은?

① 지역가입자가 「병역법」에 따른 현역병이 된 경우 가입자가 속한 세대의 보험료를 산정할 때 가입자의 소득, 재산 등 보험료부과점수는 제외한다.
② 급여정지 사유가 매월 1일에 없어진 경우에는 그날이 속하는 달의 보험료를 면제하지 않거나 보험료의 산정에서 보험료부과점수를 제외하지 않는다.
③ 국민건강보험공단은 직장가입자가 국외에 체류하는 경우에도 국내에 거주하는 피부양자가 있으면 보험료를 면제하지 않는다.
④ 국민건강보험공단은 직장가입자가 교도소에 수용되어 보험급여가 정지된 경우 그 가입자의 보험료를 면제하지 않는다.

08. 다음은 국민건강보험법상 서류의 보존에 대한 내용이다. 각 빈칸에 들어갈 숫자로 적절한 것은?

> 요양기관은 요양급여가 끝난 날부터 (㉠)년간 보건복지부령으로 정하는 바에 따라 요양급여비용의 청구에 관한 서류를 보존하여야 한다. 다만, 약국 등 보건복지부령으로 정하는 요양기관은 처방전을 요양급여비용을 청구한 날부터 (㉡)년간 보존하여야 한다.

	㉠	㉡
①	10	5
②	7	5
③	5	3
④	3	1

09. 다음 사례를 토대로 甲에게 부과된 5월 건강보험료는 얼마인가? (단, 10원 미만의 끝수는 계산하지 아니한다.)

> 국내에서 근무하는 직장가입자 甲은 올해 6월부터 휴직을 하여 보수의 일부가 지급되지 아니하는 가입자이다. 휴직을 하기 전 달의 甲의 보수월액은 3,232,000원이었으며, 올해 심의위원회의 의결을 거쳐 대통령령으로 정해진 월 보험료율은 7.85%이다.

① 0원   ② 126,850원   ③ 177,590원   ④ 253,710원

10. 다음 중 국민건강보험법상 비용의 일부부담에 대한 설명으로 옳지 않은 것은?

    ① 요양급여를 받는 자가 연간 부담하는 본인일부부담금의 총액이 대통령령으로 정하는 금액을 초과한 경우에는 공단이 그 초과 금액을 부담해야 한다.
    ② 요양급여를 받는 자가 비용의 일부를 본인이 부담하는 경우 선별급여에 대해서는 다른 요양급여에 비해 본인일부부담금을 하향 조정할 수 있다.
    ③ 본인일부부담금 총액 산정 방법, 본인부담상한액을 넘는 금액의 지급 방법에 필요한 사항은 대통령령으로 정한다.
    ④ 요양급여를 받는 자는 대통령령으로 정하는 바에 따라 비용의 일부를 본인이 부담하며, 본인부담상한액은 가입자의 소득수준 등에 따라 정한다.

11. 다음 중 국민건강보험법상 요양기관에 해당하지 않는 것은?

    ① 「약사법」에 따라 등록된 약국
    ② 「의료법」에 따라 개설된 의료기관
    ③ 「약사법」에 따라 설립된 한국희귀·필수의약품센터
    ④ 「모자보건법」에 따라 개설된 산후조리원

12. 다음 중 국민건강보험법상 이사회에 대한 설명으로 옳은 것의 개수는?

    > ㉠ 국민건강보험공단의 주요 사항을 심의·의결하기 위하여 보건복지부에 이사회를 둔다.
    > ㉡ 이사회는 이사장과 이사, 감사로 구성한다.
    > ㉢ 감사는 이사회에 출석하여 발언할 수 있다.
    > ㉣ 이사회의 의결 사항 및 운영 등에 필요한 사항은 보건복지부령으로 정한다.

    ① 1개   ② 2개   ③ 3개   ④ 4개

13. 다음 사례를 토대로 판단할 때, 甲의 임기가 만료되는 날은?

> 甲은 2022년 3월 15일부로 건강보험 재정을 관리·감독하는 역할을 수행하는 재정운영위원회의 위원으로 선출되었다. 甲은 공무원으로 근무한 경험이 없으며 전임위원의 경우 임기를 모두 채우고 사퇴하였다.

① 2024년 3월 14일
② 2024년 3월 15일
③ 2025년 3월 14일
④ 2025년 3월 15일

14. 다음 중 국민건강보험법상 직장가입자에서 제외되는 사람으로 옳은 것의 개수는?

> ㉠ 군간부후보생
> ㉡ 고용 기간이 1개월 미만인 일용근로자
> ㉢ 사업장의 특성, 고용 형태 및 사업의 종류 등을 고려하여 보건복지부령으로 정하는 사업장의 근로자
> ㉣ 「병역법」에 따른 현역병
> ㉤ 선거에 당선되어 취임하는 공무원으로서 매월 보수 또는 보수에 준하는 급료를 받는 사람

① 2개
② 3개
③ 4개
④ 5개

15. 다음 중 국민건강보험법상 임원의 직무에 대한 설명으로 옳지 않은 것은?

① 이사장이 부득이한 사유로 그 직무를 수행할 수 없을 때에는 정관으로 정하는 임원이 그 직무를 대신한다.
② 감사는 공단의 업무, 회계 및 재산 상황을 감사한다.
③ 이사장은 공단을 대표하고 업무를 총괄하며, 임기 중 공단의 경영성과에 대하여 책임을 져야 한다.
④ 상임이사는 이사장의 명을 받아 공단의 업무를 집행한다.

16. 다음 중 국민건강보험법상 국민건강보험공단의 업무에 대해 바르게 설명한 사람을 모두 고르면?

> - 명년: 보험급여를 관리하고 보험급여 비용을 지급하는 업무를 수행하고 있어.
> - 용일: 건강보험에 관한 심사 기준 및 평가 기준을 개발하여 교육 훈련 및 홍보를 진행해.
> - 원형: 요양급여비용의 심사와 적정성을 평가하여 요양급여를 지급하고 있어.
> - 철승: 국민건강보험공단 업무에 사용되는 부동산의 취득 및 일부를 임대하고 있어.

① 명년, 원형　　　② 명년, 철승　　　③ 용일, 원형　　　④ 용일, 철승

17. 다음 중 국민건강보험법상 요양급여대상에 해당하지 않는 사람은?

① 교통사고로 인해 부상을 당하여 응급실로 이송된 A 씨
② 미용 목적으로 주근깨 시술을 받은 B 씨
③ 질병으로 병원에 입원한 C 씨
④ 출산 후 재활 치료를 받는 D 씨

18. 다음 중 국민건강보험법상 업무정지 사항에 대해 잘못 설명한 사람은?

> - A: 보건복지부 장관은 요양기관에서 속임수나 그 밖의 부당한 방법으로 보험자·가입자 및 피부양자에게 요양급여비용을 부담하게 한 경우 1년의 범위에서 기간을 정하여 업무정지를 명할 수 있습니다.
> - B: 보건복지부 장관은 거짓 보고를 하거나 거짓 서류를 제출한 요양기관에 대해서도 1년의 범위에서 기간을 정하여 업무정지를 명할 수 있습니다.
> - C: 업무정지 처분의 효과는 그 처분이 확정된 요양기관을 양수한 자에게 승계되지만, 양수인이 그 처분 또는 위반사실을 알지 못하였음을 증명한다면 승계되지 않습니다.
> - D: 업무정지 처분을 받았거나 업무정지 처분의 절차가 진행 중인 자는 행정처분을 받은 사실 또는 행정처분절차가 진행 중인 사실을 대통령령으로 정하는 바에 따라 양수인에게 지체 없이 알려야 합니다.

① A　　　② B　　　③ C　　　④ D

19. 다음 중 국민건강보험법상 보험자격 상실 시기로 옳은 것을 모두 고르면?

> ㉠ 국적을 잃은 날의 다음 날
> ㉡ 사망한 날
> ㉢ 수급권자가 된 다음 날
> ㉣ 국내에서 거주하지 아니하게 된 날의 다음 날
> ㉤ 직장가입자의 피부양자가 된 날

① ㉠, ㉡, ㉢   ② ㉠, ㉣, ㉤   ③ ㉡, ㉢, ㉣   ④ ㉢, ㉣, ㉤

20. 다음 사례를 토대로 판단할 때, 직장가입자 갑의 보수 외 소득월액은 얼마인가?

> 갑은 직장에서 월 400만 원의 보수를 받고 있으며, 주식 투자와 임대사업을 통해 연간 3,800만 원의 보수 외 소득을 얻고 있다. 한편, 소득월액을 산정할 때 적용되는 대통령령으로 정하는 금액은 연 2,000만 원이다.

① 150만 원   ② 300만 원   ③ 450만 원   ④ 600만 원

노인장기요양보험법

총 20문항 / 20분

01. 다음 중 노인장기요양보험법상 전자문서교환방식을 이용하지 않는 것은?

① 장기요양기관 지정신청
② 장기요양기관 재무정보 처리
③ 장기요양기관 지정 거부
④ 시설급여비용 청구

02. 다음 중 노인장기요양보험법상 장기요양급여를 제한할 수 있는 경우에 해당하는 것을 모두 고르면?

┌───┐
│ ㉠ 장기요양급여를 받고 있는 자가 장기요양기관이 부정한 방법을 이용하여 장기요양급여비용을 받는데 가담
│   한 경우
│ ㉡ 고의로 발생시킨 사고에 대하여 장기요양을 인정받은 것으로 의심되는 사람이 조사에 응하지 않는 경우
│ ㉢ 장기요양급여를 받고 있는 자가 정당한 사유 없이 장기요양사업 수행에 필요하다고 인정되는 자료를 제출하라
│   는 요구에 응하지 않는 경우
│ ㉣ 영리를 목적으로 금전 제공을 약속하여 수급자를 소개, 알선 또는 유인하는 행위를 한 경우
└───┘

① ㉠, ㉣   ② ㉠, ㉡, ㉢   ③ ㉠, ㉢, ㉣   ④ ㉡, ㉢, ㉣

03. 다음 중 노인장기요양보험법상 인권교육에 대한 설명으로 옳은 것은?
① 보건복지부 장관은 인권교육을 효율적으로 실시하기 위해 인권교육기관을 지정할 수 있다.
② 인권교육의 대상·내용·방법, 인권교육기관의 지정취소·업무정지 처분의 기준 등에 필요한 사항은 대통령령으로 정한다.
③ 보건복지부 장관은 인권교육기관이 거짓이나 그 밖의 부정한 방법으로 인권교육기관으로 지정을 받은 경우, 6개월 이내 기간의 업무 정지를 명할 수 있다.
④ 장기요양기관 중 보건복지부령으로 정하는 기관을 운영하는 자와 그 종사자는 인권교육을 받아야 한다.

04. 다음 중 노인장기요양보험법상 벌칙에 대한 설명으로 옳지 않은 것을 모두 고르면?

㉠ 거짓이나 그 밖의 부정한 방법으로 장기요양급여비용을 청구한 사람은 3년 이하의 징역 또는 3천만 원 이하의 벌금에 처한다.
㉡ 정당한 사유 없이 장기요양급여의 제공을 거부한 사람은 1년 이하의 징역 또는 1천만 원 이하의 벌금에 처한다.
㉢ 정당한 사유를 가지고 장기요양기관에 관한 정보를 게시하지 않거나 거짓으로 게시한 사람에게도 500만 원 이하의 과태료가 부과된다.
㉣ 원칙적으로 법인의 대표자가 부정한 방법으로 장기요양급여를 받은 경우에는 행위자 본인에게만 1천만 원 이하의 벌금형을 과한다.
㉤ 업무 수행 중에 알게 된 비밀을 누설한 사람은 2년 이하의 징역 또는 2천만 원 이하의 벌금에 처한다.

① ㉡, ㉢　　② ㉢, ㉣　　③ ㉠, ㉡, ㉤　　④ ㉡, ㉣, ㉤

05. 다음 중 노인장기요양보험법상 재가급여에 해당하는 것의 개수는?

| ㉠ 주·야간보호 | ㉡ 방문 목욕 | ㉢ 특례요양비 | ㉣ 방문 요양 |
| ㉤ 방문 간호 | ㉥ 단기보호 | ㉦ 시설급여 | ㉧ 가족요양비 |

① 5개　　② 6개　　③ 7개　　④ 8개

06. 다음 중 노인장기요양보험법상 장기요양급여의 제공에 대한 설명으로 옳지 않은 것은?
   ① 원칙적으로 수급자는 장기요양인정서와 개인별장기요양이용계획서가 도달한 날부터 장기요양급여를 받을 수 있다.
   ② 수급자가 장기요양인정서 및 개인별장기요양이용계획서를 제시하지 못하는 경우 장기요양급여를 받을 수 없다.
   ③ 장기요양급여는 월 한도액 범위 안에서 제공하며, 월 한도액은 장기요양등급 및 장기요양급여의 종류 등을 고려하여 산정한다.
   ④ 장기요양기관은 장기요양급여를 제공할 경우 수급자 또는 그 가족의 생업을 지원하는 행위를 해서는 안 된다.

07. 다음 중 노인장기요양보험법상 장기요양사업의 관리운영기관이 관장하는 업무에 대해 잘못 말한 사람은?
   ① 갑: 장기요양인정서를 작성하고 개인별장기요양이용계획서를 제공해.
   ② 을: 장기요양보험료를 부과하고 징수해.
   ③ 병: 장기요양기관 종사자의 자격기준을 정하고 교육을 실시해.
   ④ 정: 등급판정위원회를 운영하고 장기요양등급을 판정해.

08. 다음 중 요양병원간병비에 대한 설명으로 옳지 않은 것은?
   ① 「의료법」에 따른 요양병원에 입원한 경우 장기요양에 사용되는 비용의 일부를 지급받을 수 있다.
   ② 요양병원간병비의 지급절차는 보건복지부령으로 정한다.
   ③ 국민건강보험공단은 수급자의 신청이 있는 경우, 요양병원간병비를 수급자 명의의 지정된 계좌로 입금하여야 한다.
   ④ 요양병원간병비를 받는 자는 대통령령으로 정하는 바에 따라 비용의 일부를 본인이 부담한다.

09. 다음 중 노인장기요양보험법상 장기요양요원지원센터의 수행 업무에 해당하지 않는 것은?

① 장기요양요원의 역량강화를 위한 교육지원
② 장기요양요원에 대한 건강검진 등 건강관리를 위한 사업
③ 장기요양요원으로 구성된 실무위원회의 운영
④ 장기요양요원의 권리 침해에 대한 상담 및 지원

10. 다음은 노인장기요양보험법상 장기요양위원회의 구성에 대한 내용이다. 각 빈칸에 들어갈 숫자의 합은?

> 제46조(장기요양위원회의 구성)
> ① 장기요양위원회는 위원장 1인, 부위원장 1인을 포함한 (   )인 이상 (   )인 이하의 위원으로 구성한다.
> ④ 장기요양위원회 위원의 임기는 (   )년으로 한다. 다만, 공무원인 위원의 임기는 재임기간으로 한다.

① 41   ② 42   ③ 43   ④ 44

11. 다음 중 노인장기요양보험법상 국가 및 지방자치단체의 책무에 대한 설명으로 옳은 것은?

① 국가 및 지방자치단체는 장기요양급여가 원활히 제공될 수 있도록 공단에 필요한 행정적 또는 재정적 지원을 하여야 한다.
② 국가 및 지방자치단체는 지역의 특성에 맞는 장기요양사업의 표준을 개발·보급하여야 한다.
③ 국가 및 지방자치단체는 「국민건강보험법」에 따른 국민건강보험공단에 대하여 이에 소요되는 비용을 지원할 수 있다.
④ 국가 및 지방자치단체는 노인인구 및 지역특성 등을 고려하여 장기요양급여가 원활하게 제공될 수 있도록 적정한 수의 장기요양기관을 확충하고 장기요양기관의 설립을 지원하여야 한다.

12. 다음 중 노인장기요양보험법상 장기요양기관의 시설·인력에 관한 변경에 대한 설명으로 옳은 것의 개수는?

> ㉠ 장기요양기관의 장은 시설 및 인력 등 보건복지부령으로 정하는 중요한 사항을 변경하려는 경우에는 보건복지부령으로 정하는 바에 따라 특별자치시장·특별자치도지사·시장·군수·구청장에게 변경신고를 해야 한다.
> ㉡ 장기요양기관의 장은 시설 및 인력 등 보건복지부령으로 정하는 중요한 사항 외의 사항을 변경하려는 경우에는 보건복지부령으로 정하는 바에 따라 특별자치시장·특별자치도지사·시장·군수·구청장의 변경지정을 받아야 한다.
> ㉢ 변경지정을 하거나 변경신고를 받은 특별자치시장·특별자치도지사·시장·군수·구청장은 3개월 이내에 해당 변경 사항을 국민건강보험공단에 통보해야 한다.

① 0개 ② 1개 ③ 2개 ④ 3개

13. 다음 중 노인장기요양보험법상 장기요양기관을 폐업·휴업하려는 경우 또는 장기요양기관의 지정 갱신을 하지 않으려는 경우 수급자의 권익을 보호하기 위하여 취해야 하는 조치에 대한 설명으로 옳지 않은 것을 모두 고르면?

> ㉠ 장기요양기관의 장은 수급자의 권익 보호를 위하여 필요하다고 인정되는 조치로서 대통령령으로 정하는 조치를 취해야 한다.
> ㉡ 장기요양기관의 장은 해당 장기요양기관에서 수급자가 부담한 비용 중 정산하여야 할 비용이 있는 경우 이를 정산하는 조치를 취해야 한다.
> ㉢ 특별자치시장·특별자치도지사·시장·군수·구청장은 해당 장기요양기관을 이용하는 수급자가 다른 장기요양기관을 선택하여 이용할 수 있도록 계획을 수립하고 이행하는 조치를 취해야 한다.

① ㉠ ② ㉡ ③ ㉠, ㉢ ④ ㉡, ㉢

14. 다음 중 노인장기요양보험법상 장기요양기관의 결격 사유에 해당하지 않는 사람은?

   ① 대표자가 피성년후견인에 해당하는 법인
   ② 금고의 실형을 선고받고 집행이 면제된 날부터 6년이 경과된 자
   ③ 올해 만 17세인 미성년자
   ④ 금고의 집행유예를 선고받고 그 유예기간 중에 있는 자

15. 다음 중 노인장기요양보험법상 장기요양인정의 신청 및 등급판정에 대한 설명으로 옳지 않은 것은?

   ① 노인 등으로서 장기요양보험가입자 또는 그 피부양자, 의료급여수급권자 중 하나에 해당하는 자격을 갖추어야 장기요양인정을 신청할 수 있다.
   ② 신청인(장기요양인정을 신청하는 자)이 의사소견서(의사 또는 한의사가 발급하는 소견서)를 첨부하지 않을 경우 장기요양인정신청서를 제출할 수 없다.
   ③ 장기요양등급판정위원회는 신청인이 신청자격요건을 충족하고 6개월 이상 동안 혼자서 일상생활을 수행하기 어렵다고 인정하는 경우 심신상태 및 장기요양이 필요한 정도 등 대통령령으로 정하는 등급판정기준에 따라 수급자로 판정한다.
   ④ 국민건강보험공단은 장기요양등급판정위원회가 장기요양인정 및 등급판정의 심의를 완료한 경우 수급자로 판정받지 못한 신청인에게 그 내용 및 사유를 통보해야 한다.

16. 다음 중 노인장기요양보험법상 장기요양급여의 제공에 대한 설명으로 옳은 것을 모두 고르면?

   > ㉠ 수급자는 대통령령으로 정하는 사유가 있을 경우 장기요양급여 신청서를 제출한 날부터 장기요양인정서가 도달되는 날까지의 기간 중에도 장기요양급여를 받을 수 있다.
   > ㉡ 장기요양기관은 수급자가 제시한 장기요양인정서와 개인별장기요양이용계획서를 바탕으로 장기요양급여 제공계획서를 작성하고 수급자의 동의를 받아 그 내용을 국민건강보험공단에 통보해야 한다.
   > ㉢ 장기요양급여 인정 범위와 절차, 장기요양급여 제공 계획서 작성 절차에 관한 구체적인 사항 등은 보건복지부령으로 정한다.

   ① ㉠, ㉡   ② ㉠, ㉢   ③ ㉡, ㉢   ④ ㉠, ㉡, ㉢

17. 다음 중 노인장기요양보험법상 장기요양기본계획에 포함되어야 하는 사항을 모두 고르면?

> ㉠ 연도별 장기요양급여 대상인원 및 재원조달 계획
> ㉡ 연도별 장기요양기관 및 장기요양전문인력 관리 방안
> ㉢ 장기요양요원의 처우에 관한 사항
> ㉣ 장기요양서비스의 질적 수준 제고를 위한 평가 방안
> ㉤ 노인등의 장기요양에 관한 사항으로서 보건복지부령으로 정하는 사항

① ㉠, ㉡, ㉢ ② ㉠, ㉡, ㉣ ③ ㉠, ㉡, ㉤ ④ ㉠, ㉡, ㉢, ㉣, ㉤

18. 다음은 노인장기요양보험법상 장기요양급여 제공의 기본원칙이다. 각 빈칸에 들어갈 말로 적절하지 않은 것은?

> ㉠ 장기요양급여는 노인등이 자신의 의사와 능력에 따라 최대한 자립적으로 (　　　)을 수행할 수 있도록 제공해야 한다.
> ㉡ 장기요양급여는 노인등의 심신상태·생활환경과 노인등 및 그 가족의 (　　　)을 종합적으로 고려하여 필요한 범위 안에서 이를 적정하게 제공해야 한다.
> ㉢ 장기요양급여는 노인등이 가족과 함께 생활하면서 가정에서 장기요양을 받는 (　　　)을 우선적으로 제공해야 한다.
> ㉣ 장기요양급여는 노인등의 심신상태나 건강 등이 악화되지 않도록 (　　　)와 연계하여 이를 제공해야 한다.

① ㉠: 일상생활 ② ㉡: 욕구·선택 ③ ㉢: 가족요양 ④ ㉣: 의료서비스

19. 다음 중 노인장기요양보험법상 등급판정위원회의 설치에 대한 설명으로 옳은 것은?

    ① 등급판정위원회는 위원장 1인을 포함하여 14인의 위원으로 구성한다.
    ② 장기요양인정 및 장기요양등급 판정 등을 심의하기 위하여 장기요양기관에 장기요양등급판정위원회를 둔다.
    ③ 공무원이 아닌 등급판정위원회 위원은 최대 6년까지 위원직을 맡을 수 있다.
    ④ 등급판정위원회 위원 중에는 특별자치시장·특별자치도지사·시장·군수·구청장이 추천한 위원이 6인 이상 포함되어야 한다.

20. 다음 중 노인장기요양보험법상 위반사실 등의 공표에 대한 설명으로 옳지 않은 것은?

    ① 보건복지부 장관은 위반사실 등의 공표 여부 등을 심의하기 위하여 건강보험공표심의위원회를 설치·운영할 수 있다.
    ② 특별자치시장은 장기요양기관이 거짓으로 자료를 제출함을 이유로 과징금 부과 처분이 확정된 경우 위반사실, 처분내용, 장기요양기관의 명칭·주소, 장기요양기관의 장의 성명, 그 밖에 다른 장기요양기관과의 구별에 필요한 사항으로서 대통령령으로 정하는 사항을 공표할 수 있다.
    ③ 보건복지부 장관은 장기요양기관이 거짓으로 재가·시설 급여비용을 청구하였다는 이유로 장기요양기관 지정의 취소 처분이 확정된 경우로서 거짓으로 청구한 금액이 1천만 원 이상인 경우에는 위반사실, 처분내용, 장기요양기관의 명칭·주소, 장기요양기관의 장의 성명, 그 밖에 다른 장기요양기관과의 구별에 필요한 사항으로서 대통령령으로 정하는 사항을 공표해야 한다.
    ④ 위반사실 등에 대한 공표 여부의 결정 방법, 공표 방법·절차 및 건강보험공표심의위원회의 구성·운영 등에 필요한 사항은 대통령령으로 정한다.

해커스잡

실전모의고사 1회

해커스 국민건강보험공단 NCS+법률 FINAL 봉투모의고사

실전모의고사 2회

(NCS + 법률)

수험번호	
성명	

실전모의고사
2회
(NCS + 법률)

문제 풀이 시작과 종료 시각을 정한 후, 실전처럼 모의고사를 풀어보세요.
- NCS 직업기초능력   시   분 ~   시   분 (총 60문항/60분)
- 직무시험(법률)   시   분 ~   시   분 (총 20문항/20분)

□ 시험 유의사항

[1] 국민건강보험공단 필기시험은 NCS 직업기초능력을 60분 이내에 풀고 난 뒤 직무시험(법률)을 20분 동안 풀어야 하며, 직렬별 시험 구성은 다음과 같습니다.
- 행정직/건강직/기술직: NCS 직업기초능력(의사소통·수리·문제해결능력) 60문항 + 직무시험(국민건강보험법) 20문항
- 요양직: NCS 직업기초능력(의사소통·수리·문제해결능력) 60문항 + 직무시험(노인장기요양보험법) 20문항
- 전산직: NCS 직업기초능력(의사소통·수리·문제해결·전산개발 기초능력) 50문항 + 직무시험(국민건강보험법) 20문항

[2] 본 실전모의고사는 NCS 직업기초능력 60문항과 국민건강보험법 20문항, 노인장기요양보험법 20문항으로 구성되어 있습니다. 따라서 NCS 직업기초능력 60문항을 풀이하고 난 뒤 지원 직렬에 맞는 직무시험(법률) 20문항을 풀이하시기 바랍니다.
  ※ 직무시험(법률)은 다음 법령을 토대로 구성되었으므로 실제 시험과 출제 기준이 다를 수 있습니다. 따라서 채용공고를 통해 출제 기준을 확인한 후 실제 시험에 대비하시기 바랍니다.
    - 국민건강보험법: 법제처 법률 제20505호, 2024.10.22. (2025.04.23. 시행법령 기준)
    - 노인장기요양보험법: 법제처 법률 제20587호, 2024.12.20. (2025.06.21. 시행법령 기준)

[3] 본 실전모의고사 마지막 페이지에 있는 OMR 답안지와 해커스ONE 애플리케이션의 학습 타이머를 이용하여 실전처럼 모의고사를 풀어보시기 바랍니다.

NCS 직업기초능력

총 60문항 / 60분

▶ 해설 p.26

[01 - 03] 다음 글을 읽고 물음에 답하시오.

소아마비는 어린아이에게 자주 나타나는 질병으로, 앓고 난 후 운동 기능이 마비될 수 있다는 특징이 있다. ㉠ 소아마비는 뇌성 소아마비와 척수성 소아마비로 나뉘는데, 뇌성 소아마비는 선천적 또는 후천적 뇌 장애로 인해 발생하여 전염성을 띠지 않는다. 하지만 척수성 소아마비는 폴리오 바이러스에 의한 급성 감염으로 일어나기 때문에 전염성이 높다. 척수성 소아마비의 원인인 폴리오 바이러스는 구강을 통해 체내 침투되며, 대략 3일에서 35일가량 잠복기를 거친 후에 인두 및 장관에서 개체 수를 늘리다가 국소 림프계를 침범하고 혈액으로 중추신경계에 도달한다. ㉡ 그리고 나서 운동신경이 뻗어나가는 척수 전각과 뇌간의 운동신경 세포를 파괴함으로써 운동 기능에 악영향을 미치게 된다. 일반적으로 1~3세의 소아 발병률이 높으며, 어릴수록 위험도 또한 높다.

문제는 폴리오 바이러스에 감염되더라도 약 95%는 감염 증상이 나타나지 않는다는 점이다. 4~8%가량만 미열, 인후통 등의 증상이 확인되며, 그중 1~5%는 무균성 뇌척수막염을 앓을 수 있다. 일부는 짧게 열성 질환만을 겪는 부전형 회백수염 증상을 보이기도 하나, 부전형 회백수염 증상에 골격근이나 두개근이 약해지는 증상이 더해지면 며칠간의 무증상 기간 후 수족이 마비되는 후유증을 얻게 된다. ㉢ WHO에서는 뇌성 소아마비 퇴치를 위한 국제 캠페인을 진행하고 있다.

우리나라에서는 척수성 소아마비를 앓는 사람이 거의 없는데, 폴리오 바이러스는 백신 예방접종을 통해 충분히 대비할 수 있기 때문이다. 이에 우리나라에서는 생후 2, 4, 6개월에 3회의 기본 접종을 하게 하고 만 4~6세에 1회의 추가 접종까지 더하여 예방접종을 하도록 권고하고 있다.

그런데, 최근에는 필리핀, 말레이시아와 같은 국가에서 척수성 소아마비 환자가 생겨난 데 더해 주변국으로 급속도로 확산되고 있는 형태이다. ㉣ 특히 파키스탄 등지에서 나타난 폴리오 바이러스는 자연 속에 존재하는 야생형 바이러스인데, 이외에도 기존 백신의 돌연변이 형태로 발현된 폴리오 바이러스도 빠르게 퍼지고 있는 것으로 파악되고 있다. 따라서 필리핀 등의 동남아 여행 시에는 미리 예방접종을 하는 것이 좋으며, 폴리오 바이러스가 전 세계적으로 유행하게 될 수도 있으므로 관련 당국의 주의 또한 필요하다.

01. 윗글을 읽고 난 후의 반응으로 가장 적절하지 않은 것은?

① 폴리오 바이러스는 혈액을 타고 중추신경계까지 흘러 들어가서 질병을 유발하는군.
② 태어났을 때부터 소아마비 증상을 보이는 아이는 뇌성 소아마비 환자로 분류하는 것이 적절해.
③ 우리나라는 아이가 소아마비에 걸리지 않도록 총 4번의 예방접종을 권유하고 있어.
④ 동남아에 폴리오 바이러스가 유행 중이니 여행 전 보건복지부에 미리 신고하고 허가받아야겠네.

02. 윗글의 중심 내용으로 가장 적절한 것은?

① 소아마비를 예방하기 위해서는 깨끗한 환경을 조성해야 한다.

② 폴리오 바이러스에 따른 후유증 치료는 국가의 적극적인 지원이 요구된다.

③ 소아마비를 효과적으로 예방하기 위해서는 예방접종을 해야 한다.

④ 척수성 소아마비는 전염성이 강하므로 예방접종과 국제적 대응이 중요하다.

03. 윗글의 논리적 흐름을 고려할 때, ㉠~㉣ 중 삭제되어야 하는 문장은?

① ㉠ ② ㉡ ③ ㉢ ④ ㉣

[04 - 05] 다음 글을 읽고 각 물음에 답하시오.

사회보장이란 질병이나 장애, 실업, 빈곤, 사망 등의 사회적 위험으로부터 국민을 보호함과 동시에 국민의 삶의 질을 유지, 향상하는 데 필요한 소득과 서비스를 국가 및 지방자치단체가 보장하는 일을 말한다. 본래 사회보장이란 말은 1935년 미국에서 사회보장법이 제정됨에 따라 보편적으로 이용되기 시작한 용어이다. 당시 미국의 대통령이었던 루스벨트는 침체된 경기를 부양하고자 뉴딜 정책을 시행하였는데, 국가가 경제를 포함해 각 부문에 적극적으로 개입하는 이 정책하에서 국가는 개인의 소득을 보장함으로써 자본주의를 유지함과 동시에 국가의 안정을 꾀할 수 있었다. 우리나라에서의 사회보장은 1960년 제4차 개정 헌법에서 처음으로 국가의 사회보장에 관한 노력을 규정한 데 이어 1963년 사회보장에 관한 법률이 제정되고 관련 보험들이 시행되며 확립되었다.

우리나라의 사회보장제도는 크게 사회보험, 공공부조, 사회서비스로 나뉜다. 사회보험은 국민이 상해, 질병, 실업, 사망 등의 예상치 못한 사고로 인해 경제적 능력을 일시적 또는 영구적으로 상실할 경우를 대비해 국가가 법으로 보호하는 제도이다. 국민연금, 건강보험, 고용보험, 노인장기요양보험, 산업재해보상보험이 대표적이며, 국민 개개인에게 매달 보험료를 각출렴함으로써 재원을 마련하는 것이 특징이다. 하지만, 단순히 국민 개인이 아니더라도 피고용인이 있는 사업체의 고용주 또는 국가가 보험료를 개인과 나누어 부담하기도 한다. 보험료의 산정은 개인의 소득을 기준으로 한다는 점에서 사회보험은 소득 재분배 기능을 하기도 한다.

공공부조는 자립 능력이 결여되어 있는 빈곤계층의 국민에게 생계급여, 의료급여, 주거급여, 교육급여 등으로 도움을 주는 제도이다. 국가 및 지방자치단체는 공공부조 제도를 통해 생활 능력이 없는 국민의 최저 생계비를 보장해주며, 이로 인해 공공부조는 최후의 안전망처럼 여겨지기도 한다. 다시 말해, 혜택을 받는 자들이 별도로 비용을 부담하지 않아도 국가나 지방자치단체가 관련 비용을 부담해 도와주는 무상 원조의 개념이다. 공공부조는 국가의 재원을 기반으로 하는 만큼 철저한 자산 조사를 통해 빈곤한 처지임이 입증된 국민에게만 지급된다. 국가가 공공부조를 시행하는 목적은 빈곤계층에 속하는 국민이 빠른 시일 내에 생활 능력을 갖춰 빈곤에서 어느 정도 해방될 수 있도록 돕는 데 있다.

사회서비스는 사회복지 서비스를 통해 보호가 필요한 취약계층을 대상으로 이들이 정상적인 생활을 지속할 수 있도록 국가적으로 보호하는 제도로, 장애인복지, 아동복지, 가정복지 서비스가 포함된다. 과거에는 사회복지 서비스 제공 시 국가에 의해 선별된 대상자에게 그들의 기본적 생활 보장을 목표로 전액 국비로 제공했었다. 그러나 오늘날에는 선별 대상자를 중산층까지 확대하였으며, 기본적인 생활서비스 외에도 일상생활, 인적 자본 확충 등의 서비스를 제공한다. 또한 과거와 달리 혜택을 받는 자가 일부 비용을 부담하고 있다. 이러한 사회서비스는 국가의 복지 수준을 향상시키고, 이를 통해 국가에 대한 국민의 사회적 신뢰를 높여 사회통합에 기여하고 있다.

04. 윗글의 내용과 일치하는 것은?

① 우리나라의 사회보장제도 중 공공부조를 위한 재원은 가입자 개인의 소득에 따라 부과된 보험료를 통해 마련된다.
② 우리나라의 경우 1960년에 제4차 개정 헌법을 통해 제정된 법률에 근거를 두고 사회보장 관련 보험들이 시행되었다.
③ 과거와 달리 오늘날의 우리나라는 선별 대상자가 이용한 사회서비스 비용의 전액을 지원하고 있다.
④ 생계급여나 의료급여, 주거급여 등 국민이 생활하는 데 꼭 필요한 혜택을 제공하는 것을 일컬어 공공부조라 한다.

05. 윗글을 통해 추론한 내용으로 적절하지 않은 것은?

① 오늘날 우리나라에서 국민들에게 제공되는 사회서비스는 사회를 통합하는 역할도 수행하고 있다.
② 우리나라의 사회보험을 위한 재원은 개인뿐만 아니라 피고용인이 있는 사업체와 국가가 함께 마련한다.
③ 국가는 공공부조를 통해 빈곤계층에 속하는 국민이 생활 능력을 갖출 수 있도록 돕는다.
④ 미국의 루스벨트 대통령은 경제를 포함해 모든 부문이 시장 원리에 의해 자유롭게 결정되도록 방임하는 정책을 취하였다.

[06 - 07] 다음 글을 읽고 각 물음에 답하시오.

(가) 한편, 양치질을 할 때 필요 이상으로 거품을 많이 내기 위해 치약을 많이 짜는 경우가 있는데, 치약을 많이 사용한 다고 해서 이가 더 깨끗하게 닦이는 것은 아니다. 잘 헹구지 않으면 오히려 치아에 좋지 못한 영향을 준다. 치약의 계면활성제는 수용성 성분과 지용성 성분을 섞는 기능을 하기 때문에 입속에 남아있으면 치아가 착색되고 구취가 날 수 있다. 그러므로 양치 후 깨끗한 물로 입안을 10번 이상 충분히 헹구고, 치약은 칫솔의 2분의 1 또는 3분의 1 정도만 짜는 게 좋다. 어린이는 완두콩 한 알 크기로 짜도 충분하다.

(나) 오늘날 우리가 사용하는 치약은 주성분 중 절반 이상이 연마제이다. 치약은 기본적으로 연마제에 적은 양의 계면 활성제와 충치를 예방하기 위한 불소 등을 첨가하여 만든다. 치약에서 사포 역할을 하는 연마제는 치아 표면의 이 물질을 제거하고 치아를 희게 만드는 역할을 한다. 계면활성제는 치아에 있는 지방 성분의 때를 없애는 기능을 한 다. 세수할 때 물로만 씻으면 지방 성분이 잘 닦이지 않아서 비누가 필요한 것처럼 치아도 세정제의 일종인 계면활 성제가 필요하다.

(다) 중세 유럽에는 외과 의사를 겸임하던 이발사가 줄로 치아를 갈고 그 위에 질산을 입히는 일종의 치료를 행하였다. 질산은 치아를 깨끗하고 하얗게 만드는 효과가 있지만, 에나멜을 녹이기 때문에 부석과 마찬가지로 치아의 수명이 단축되었다고 한다. 18세기 후반에는 치약에 글리세린을 첨가하여 치약 맛을 개선하였으나, 벽돌 가루, 도자기 등 으로 만들어진 치약은 여전히 치아를 상하게 만들었다. 19세기에 접어들면서 이탈리아 나폴리의 의사들이 환자들 의 치아가 착색되어 있어도 충치가 드물다는 것을 발견하였고, 해당 지역 상수도의 불소 농도가 높기 때문이라는 사실을 알게 되었다. 이후 1940년대에 마시는 물에도 불소를 첨가하기 시작하였고, 1956년에 불소가 첨가된 최초 의 치약이 만들어졌다.

(라) 양치질을 하여 입의 냄새를 없애고 청결한 상태를 유지하기 위해 개발된 치약은 기원전부터 사용되어 왔다. 기원전 2000년경에 이집트 사람들은 부석(浮石)의 가루와 식초를 섞어서 치약으로 사용하였다. 부석은 치아 미백 효과가 뛰어나지만, 치아의 에나멜을 마모시켜 치아를 상하게 만드는 결정적인 문제가 있었다. 로마 사람들은 곱게 빻은 동 물의 뼈와 조개껍데기에 숯가루와 나무껍질을 추가하여 이를 닦고 소변으로 입안을 헹구었다. 실제로 소변의 암모 니아에는 치아를 깨끗하게 하는 기능이 있다고 알려져 있다. 서기 1000년경에 페르시아 사람들은 동물의 뿔, 달팽 이 껍데기, 석고, 부싯돌에 벌꿀을 섞은 것을 치약으로 사용했다.

(마) 그리고 불소는 치아의 에나멜 표면에서 산화되는 것을 부분적으로 막을 수 있는 물질을 형성하며, 불소 이온 자체 가 세균을 억제하는 효과가 있어서 충치 발생을 줄일 수 있다. 하지만 불소는 섭취 시 위장장애, 구토를 유발하고 장기간 과량 섭취할 경우 저칼슘증이 생길 수 있다. 이에 식약처에서는 불소의 과량 섭취를 방지하기 위해 치약 내 불소의 배합 한도를 1,500ppm 이하로 정하였다. 어른은 1,000ppm 이하의 치약을, 치약을 뱉을 수 있는 어린이는 500ppm 이하의 저불소 치약을, 치약을 뱉지 못하는 유아는 무불소 치약을 사용할 것을 권장한다.

06. 윗글의 논리적 순서대로 알맞게 배열한 것은?

① (나) – (라) – (다) – (마) – (가)
② (나) – (마) – (라) – (가) – (다)
③ (라) – (나) – (마) – (가) – (다)
④ (라) – (다) – (나) – (마) – (가)

07. 윗글을 통해 추론한 내용으로 가장 적절한 것은?

① 현재 보편적으로 사용되는 치약의 배합은 여러 주성분 중 계면활성제가 50% 이상의 비중을 차지한다.
② 치약 내 포함된 계면활성제는 수용성 성분과 지용성 성분이 섞이지 않도록 하여 치아 착색을 예방한다.
③ 기원전 2000년경의 이집트에서는 부석의 가루와 소변을 일정한 비율로 배합하여 치약으로 사용하였다.
④ 식약처의 권고에 따라 시중에 판매되는 치약의 불소 배합 한도는 최대 1,500ppm으로 규정되어 있다.

[08 – 10] 다음 글을 읽고 각 물음에 답하시오.

미세먼지는 지름이 10㎛보다 작은 먼지를 의미하는 것으로, 10㎛는 사람 머리카락 지름의 약 1/5~1/7 수준에 불과하여 눈에 보이지 않을 정도로 작은 크기이다. ㉠ 미세한 크기의 먼지는 호흡 시 코나 구강, 기관지에서 거르기 어렵기 때문에 체내에 축적되기 쉽다. 심지어 지름 2.5㎛ 이하 크기의 초미세먼지는 폐포를 침투하여 혈관까지 들어가 심혈관 질환을 유발할 수 있다고 알려져 있다. 이처럼 초미세먼지를 포함한 미세먼지가 건강에 미치는 위험성은 높으며, 세계보건기구(WHO) 산하 국제암연구소(IARC)는 미세먼지를 1급 발암물질로 분류한 바 있다.

한국환경정책평가연구원이 보고한 정보에 따르면 초미세먼지의 농도가 10㎍/㎥ 상승할 때마다 호흡기 질환으로 입원하는 환자는 1.06% 늘었으며, 특히 65세 이상 노인층에서는 초미세먼지 농도 증가로 인한 호흡기 질환 환자가 8.84% 급증하였다. ㉡ 이뿐만 아니라 초미세먼지 농도가 5㎍/㎥ 증가할 때마다 폐암 발생 위험률은 18%, 미세먼지 농도가 10㎍/㎥ 늘어날 때마다 22% 증가하는 것으로 확인되었다. 이렇게 건강을 위협하는 미세먼지의 농도는 기상현상과 관련이 있으며, 그중에서도 특히 공기의 움직임과 밀접한 관계를 맺고 있다.

일반적으로 비나 눈 등의 강수는 미세먼지의 농도를 낮추며 강한 바람 역시 지상에 정체된 미세먼지를 흩어지게 함으로써 미세먼지 농도를 감소시킨다. ㉢ 초미세먼지는 주로 대기 중 유해 가스가 결합하여 형성된다. 하지만 바람 한 점 없는 날씨가 이어지면 지상에 미세먼지가 축적되면서 미세먼지 농도가 점점 높아지게 된다. 특히 우리나라는 공기의 움직임이 둔한 봄과 겨울에 미세먼지 농도가 높아져 대기오염이 심각한 수준에 이르게 되는데, 이는 배출되는 대기오염물질이 많기 때문일 수도 있으나 미세먼지가 흩어지지 않고 지상에 계속 쌓이기 때문이라고도 할 수 있다.

또한, 기온역전 현상도 미세먼지 농도를 높인다. 대게 기온은 고도가 높아질수록 낮아지고, 공기는 온도가 올라갈수록 밀도가 낮아지기 때문에 더운 공기는 위로, 차가운 공기는 아래로 이동하면서 대기 순환이 일어난다. 그러나 일교차가 큰 계절에는 밤에 지표면이 급속도로 냉각되면서 지표면의 기온이 상층보다 낮아지는 기온역전 현상이 발생한다. 기온역전 현상이 발생하면 공기의 상하 이동이 일어나지 않아 미세먼지가 낮은 고도에 정체되고 자연스럽게 미세먼지 농도도 높아지게 된다.

한편 최근에는 기후 변화로 인해 동아시아지역 대기의 흐름이 원활하지 않아 미세먼지 농도가 높아지고 있다는 연구 논문이 발표되었다. ㉣ 이는 지구 온난화가 미세먼지 농도에 직접적인 영향을 미친다는 의미로 해석할 수 있다. 지구 온난화로 인해 높아진 기온은 극지방의 빙하를 빠르게 녹이고, 이로 인해 극지방과 유라시아 대륙의 기온 차이가 감소하여 유라시아 대륙의 풍속이 줄어들고 대기 정체가 발생한다. 전문가들에 의한 기후 변화 시나리오에 따르면 미세먼지의 농도는 점점 악화될 것이며, 실제로 우리나라의 경우 매년 초미세먼지 농도가 점점 높아지고 있어 미세먼지가 유발하는 문제는 끊이지 않을 것으로 보인다. 국민 건강을 위해 국내 미세먼지 배출량 감소 방안 마련, 다른 국가들과의 협력 등 적극적인 대책 마련이 필요한 시점이다.

08. 윗글의 내용과 일치하지 않는 것의 개수는?

> ㉠ 지름 2.5㎛ 이하인 먼지의 농도가 10㎍/m³ 증가할 때 호흡기 질환으로 입원하는 환자는 8.84% 증가하였다.
> ㉡ 기온역전 현상 발생 시 평소와 달리 미세먼지가 높은 고도에 머무르게 된다.
> ㉢ 극지방과 유라시아 대륙의 기온이 비슷해지면 유라시아 대륙의 풍속은 느려진다.
> ㉣ 미세먼지의 지름이 10㎛ 정도만 되어도 폐포까지 침투할 수 있어 심혈관 질환을 유발한다.

① 0개 ② 1개 ③ 2개 ④ 3개

09. 윗글의 중심 내용으로 가장 적절한 것은?

① 미세먼지는 기상현상과 기후 변화에 따라 농도가 달라지므로 이에 대한 과학적 이해가 필요하다.
② 미세먼지의 건강 피해가 심각하므로 고위험군은 외출 시 각별히 주의해야 한다.
③ 미세먼지 문제를 해결하기 위해서는 친환경 대중교통 확대와 산업구조 개편이 시급하다.
④ 기후 변화와 대기 정체로 인해 미세먼지 문제가 악화되고 있어 적극적인 대응이 필요하다.

10. 윗글의 논리적 흐름을 고려할 때, ㉠~㉣ 중 삭제되어야 하는 문장은?

① ㉠ ② ㉡ ③ ㉢ ④ ㉣

[11 – 13] 다음 신문기사를 읽고 각 물음에 답하시오.

☆☆일보

☆☆일보 제1234호
20XX년 XX월 XX일 X요일

안내전화: 02-123-4567
www.starstar.com

20세기 최악의 감염병, 스페인 독감

    중세시대의 페스트 이후 가장 강한 유행병으로 여겨지는 스페인 독감은 1918년부터 1920년까지 전 세계적으로 약 5억 명의 감염자를 발생시켰다. 스페인 독감으로 인한 사망자 수를 정확하게 파악할 수는 없지만 적게는 2천만 명에서 5천만 명, 많게는 1억 명이 사망한 것으로 추측된다. 이 수치는 제1차 세계대전으로 말미암은 사망자 수보다 월등히 많은 수로, 어떠한 전염병이나 전쟁도 단기간에 이토록 높은 사망률을 보인 적이 없기에 스페인 독감은 '20세기 최악의 감염병'이라고도 불린다.

    유행이 시작된 1918년 봄, 스페인 독감은 전염이 굉장히 높지만 금세 낫는 단순한 감기에 불과했다. 하지만 여름이 되면서 스페인 독감은 높은 전염성은 유지한 채 독성이 강해졌고, 밤새 카드 게임을 한 4명 중 3명이 다음 날 아침에 사망할 정도로 빠른 진행 속도로 인해 전 세계가 혼란의 소용돌이에 휩쓸렸다. 인플루엔자로 인한 치사율은 대개 0.1% 미만이지만, 스페인 독감의 치사율은 약 2.5%에 달할 정도로 높았다. (　　　) 인플루엔자가 영유아와 노인층에서 높은 치사율을 보이는 것과 다르게 스페인 독감은 20~45세가 전체 사망자의 60%를 차지할 정도로 젊은 층의 사망률이 매우 높았다. 이에 대하여 스페인 독감의 바이러스가 과도한 면역 반응으로 인한 전신성 염증 반응 증후군인 사이토카인 스톰을 유발하여, 병원체에 대한 면역 반응이 뛰어난 성인에게서 치사율이 높았을 것으로 추정되고 있다.

    한편, 스페인 독감이라는 명칭을 듣고 해당 독감이 스페인에서 시작되었을 것이라고 생각하는 사람이 많은데, 사실 스페인 독감의 발생은 스페인과 큰 연관이 없다. 스페인 독감의 기원에 대하여 미국에서 시작되어 유럽에 파견된 미군을 통해 퍼졌다는 가설, 프랑스에 위치한 영국군 주둔지에서 시작되었다는 가설, 중국 북부 지방에서 발생했다는 가설 등이 존재하지만 1918년 봄에 전 세계로 퍼져나갔다는 것 외에는 정확한 기원을 파악할 수 없다. 스페인 독감이 제1차 세계대전 중에 처음 발병하여 발원지, 감염 경로 등을 추적할 여력이 없었거니와, 제1차 세계대전 참전국들은 군사들의 사기가 저하될 것을 우려하여 언론 통제로 독감 소식을 숨겼기 때문이다. 반면 중립국이었던 스페인은 전시 보도 통제를 하지 않고 독감에 대한 심각성과 사망 사례를 최초로 보도하였고, 이로 인해 사람들의 기억에 '스페인'이 각인되어 '스페인 독감'이라는 명칭이 굳어진 것이다. 이후 이와 같이 질병에 잘못된 이름이 붙는 문제를 방지하고자 2015년 세계보건기구 WHO에서는 지역명, 동물, 특정 직군을 병명에 사용하지 않도록 권고하는 가이드라인을 마련하였다.

11. 다음은 위 신문기사를 읽고 직원들이 나눈 대화이다. 빈칸에 들어갈 말로 가장 적절한 것은?

> A 사원: 과거에 유행했던 전염병에 대해서 조사하고 있는데, 스페인 독감은 어떤 전염병이나 전쟁보다도 단기간에 높은 사망률을 보여서 '20세기 최악의 감염병'이라고 불린다고 하네요.
> B 사원: 보통 인플루엔자의 치사율이 0.1% 미만인 반면 스페인 독감의 치사율은 약 2.5%이었다면서요? 아, 스페인 독감이 스페인에서 발원한 독감이 아니라는 사실도 알고 계셨어요?
> C 사원: 네, (   ) 스페인 독감이라고 불리게 되었다고 해요.

① 스페인에서 영유아나 노인층보다 젊은층의 사망률이 높은 독특한 양상이 나타났기 때문에
② 당시 스페인이 전시 보도 통제를 하지 않아 최초로 해당 독감의 심각성과 사망 사례를 보도했기 때문에
③ WHO에서 동물, 특정 직군 등을 병명에 사용하지 않도록 권고하는 가이드라인을 마련했기 때문에
④ 스페인 독감이 미국에서 시작되기는 하였으나 스페인에 파견된 미군을 통해 전 세계로 퍼졌기 때문에

12. 위 신문기사의 중심 내용으로 가장 적절한 것은?
① 스페인 독감은 인류가 감염병 대응의 필요성을 자각하게 된 계기가 되었으며, 이후 방역 체계 정비로 이어졌다.
② 스페인 독감은 당시 의료 기술의 한계로 인해 치료법 개발에 어려움을 겪었으나, 현재는 의료진의 대응 체계가 크게 개선되어 신속한 진단과 효과적인 치료가 가능해졌다.
③ 스페인 독감은 높은 전염성과 치사율로 전 세계를 혼란에 빠뜨린 감염병이며, 명칭의 유래에도 오해가 있었다.
④ 스페인 독감은 질병 명명 방식에 대한 국제적 기준 마련에 영향을 주었다.

13. 위 신문기사의 빈칸에 들어갈 단어로 가장 적절한 것은?
① 또한   ② 반면   ③ 따라서   ④ 이를테면

[14 ~ 15] 다음 안내문을 읽고 각 물음에 답하시오.

[건강보험료 및 장기요양보험료 인상 안내문]

1. 목적
   - 2020년 1월부터 건강보험료율 및 장기요양보험료율이 인상됨에 따라 이를 안내하기 위함

2. 인상 배경
   1) 건강보험 등의 보장성 확대

보장성 확대 세부 내용	시행 시기
자궁·난소 초음파, 흉부·복부 MRI 건강보험 적용	2019년 시행
전립선 등 남성생식기 초음파 건강보험 적용	2019년 9월 시행
척추질환, 근골격질환, 안·이비인후과질환 등 단계적 급여화	2020년 중반기 시행

   2) 장기요양 수가 인상
      - 요양시설: 2.66%
      - 주·야간보호: 2.67%
      - 방문 요양: 2.87%
      - 단기보험: 2.89%

3. 보험료율 인상 내역
   1) 직장가입자 건강보험료율: 6.49%(2019년) → 6.67%(2020년)
   2) 장기요양보험료율: 건강보험료의 8.51%(2019년) → 10.25%(2020년)

4. 보험료율 부담 내역

구분	계	가입자 부담	사용자 부담	국가 부담
근로자	6.67%	3.335%	3.335%	-
공무원	6.67%	3.335%	-	3.335%
사립학교 교원	6.67%	3.335%	2.001%	1.334%

   ※ 1) 건강보험료(월) = 보수월액 × 보험료율(6.67%)
      2) 장기요양보험료(월) = 건강보험료 × 보험료율(10.25%)

5. 기타 참고사항: 건강보험 직장가입자 피부양자 인정 요건
   1) 소득 기준
      - 연소득 3,400만 원 이하
   2) 재산 기준
      - 재산과표 5.4억 원 이하
      - 재산과표 5.4억 원 초과 9억 원 이하의 경우 연 소득 1천만 원 이하
   3) 부양 기준
      - 가족 중 건강보험 직장가입자에 의하여 생계 유지하는 자

14. 국민건강보험공단에서 근무하는 귀하는 2020년부터 변경된 건강보험료 및 장기요양보험료에 대한 안내 업무를 맡았다. 제시된 안내문을 토대로 답변한다고 할 때, 귀하의 답변 내용으로 가장 적절하지 않은 것은?

    ① Q : 저는 전립선이 별로 좋지 않은 것 같아 치료를 하려고 합니다. 전립선과 같은 남성생식기에 대한 초음파 검사 비용도 건강보험이 적용되는지 알고 싶습니다.
       A : 전립선 등의 남성생식기 초음파에 대한 건강보험은 2019년 9월부터 시행되었습니다. 따라서 병원에서 관련 초음파 검사를 진행하고자 하신다면 건강보험을 적용받으실 수 있습니다.
    ② Q : 저는 사립학교에서 근무하고 있는 교원입니다. 인상된 보험료율에 따라 부담 내역은 어떻게 되는지 궁금합니다.
       A : 사립학교 교원은 공무원과 마찬가지로 국가에서도 보험료율을 부담합니다. 이에 따라 가입자와 국가가 50:50의 비율로 부담함을 참고해주시기 바랍니다.
    ③ Q : 저는 건강보험 직장가입자인데 어머니를 피부양자로 등록하고 싶습니다. 어머니가 6억 원의 재산을 갖고 있을 경우 피부양자로 인정받으려면 어떻게 해야 할지 문의드립니다.
       A : 부양기준에 부합한 피부양자의 재산과표가 5.4억 원을 초과하더라도 9억 원 이하이므로 연 소득이 1천만 원 이하라면 피부양자로 인정될 수 있습니다.
    ④ Q : 장기요양 수가가 인상되면서 장기요양보험료율도 인상되었다고 들었습니다. 장기요양 종류에 관계없이 수가는 모두 동일한 비율로 인상되는 것인지 확인해주시길 바랍니다.
       A : 장기요양은 종류에 따라 요양시설 2.66%, 주·야간보호 2.67%, 방문 요양 2.87%, 단기보험 2.89%로 인상되어 수가 인상 비율이 모두 다릅니다.

15. 위 안내문의 내용과 일치하지 않는 것은?

    ① 건강보험 직장가입자의 보험료는 보수월액에 6.67%를 곱하여 산정하며, 이 보험료를 기준으로 장기요양보험료가 계산된다.
    ② 2020년 중반기부터는 척추질환, 근골격계 질환, 이비인후과 질환 등이 단계적으로 건강보험 급여 대상에 포함될 예정이다.
    ③ 2019년 대비 2020년 장기요양보험료율은 1.75%p 증가한다.
    ④ 건강보험 직장가입자의 피부양자로 등록되기 위해서는 연소득이 3,400만 원 이하여야 하며, 가족 중 건강보험 직장가입자에 의하여 생계를 유지하고 있어야 한다.

[16 – 18] 다음 글을 읽고 각 물음에 답하시오.

(가) 남아메리카가 원산지인 담배는 16세기 초 약초로 유럽에 전파된 이후 사회 관습처럼 보급되어 오늘날까지 이용하는 일종의 기호 식품이다. 담배 속에는 산소, 황화수소 등을 포함해 최소 2,500개가 넘는 화학물질이 있는데, 대부분의 화학물질들이 신체에 매우 유해하여 폐암, 구강암 등의 질병을 유발할 수 있다. 문제는 담배를 피울 경우 화학물질 중 니코틴 성분으로 인해 쉽게 중독되고, 중독된 후에는 끊는 것 또한 어렵다는 점이다. 특히 비흡연자보다 흡연자가 폐암이나 후두암 등에 걸릴 가능성이 높기 때문에 흡연자 중 암에 걸린 사람의 대다수는 질병의 원인이 담배에 있다고 여기는 사람들이 많다. 이에 실제로 자신들이 암에 걸린 이유가 담배 때문이므로 국가와 담배 회사에서 피해보상을 해야 한다며 국가와 담배 회사를 상대로 손해배상청구 소송을 제기하기도 한다. 이를 일컬어 '담배 소송'이라 한다.

(나) 첫 소송은 1953년 미국에서 진행되었는데, 폐암으로 사망한 로즈 치폴론의 유족들이 담배 회사인 리젯 그룹을 상대로 제기하였다. 1심에서는 담배 유해성에 대한 미고지가 인정되어 40만 달러의 배상 판결을 받았으나, 항소심에서 기각된 이후 대법원까지 이어지자 소송비용을 감당할 수 없었던 유족들은 소송을 취하하였다. 소득이 없었던 것 같지만, 이 소송으로 인해 1966년 연방 담배 표시 및 광고법이 제정되었을 뿐만 아니라 1970년대 텔레비전과 라디오에서 담배 관련 광고가 중단되는 등 큰 파장을 남겼다. 그 후로 1994년 담배 회사들이 니코틴 함량을 조작하고, 흡연과 암의 상관성을 소비자에게 숨겼다는 사실이 알려지면서 담배 회사들을 향한 비난의 목소리가 커졌다. 이에 의료비 반환이나 피해 배상 소송들이 연달아 제기되었으나, 미국 법원은 이전과 마찬가지로 담배 회사의 편에서 판결을 내렸다. 그러나 1995년 담배 회사의 내부 문서가 유출되었고, 이 문서에는 담배의 주성분인 니코틴의 중독성이 매우 강하고, 인체에 해롭다는 것을 담배 회사들이 알고 있었으나 사실이 발각되지 않도록 행한 음모들이 적혀 있었다.

(다) 한편, 우리나라의 경우 첫 담배 소송은 1999년 외항 선원으로 흡연을 30년 이상 지속해오다 폐암 및 후두암에 걸린 김 모 씨 등 환자 6명과 가족이 대한민국 정부와 KT&G에 제기한 것이다. 당시에는 흡연과 폐암 사이에 과학적인 연관이 있다고 하더라도 그것만으로는 원고가 암에 걸린 인과관계가 충분히 설명되지 않는다며 원고 패소 판결을 내렸다. 이후에도 개인 및 집단 소송이 일부 있었으나, 우리나라에서는 아직까지 원고가 승소한 판결은 없다.

(라) 담배 소송의 결과와는 별개로 흡연이 우리 몸에 해로운 것은 바꿀 수 없는 진실이다. 이미 의학적으로 검증된 사실도 많고, 흡연자 본인 외에 간접흡연 또한 우리 몸에 매우 유해하다는 사실이 밝혀진 지 오래이다. 연초형 담배를 대신한 전자 담배도 출시되고 있지만, 전자 담배 역시 폐에 악영향을 미칠 수 있어 이들의 유해성 역시 연초형 담배와 크게 다르지 않은 수준이다. 따라서 담배는 애초에 시작하지 않는 것이 중요하겠지만, 피우고 있다고 하더라도 금연을 위해 노력하는 것이 좋다.

16. 윗글을 읽고 난 후의 반응으로 가장 적절하지 않은 것은?

    ① 순자: 로즈 치폴론의 유가족이 담배 회사에 소송을 걸고 승소해 결국 40만 달러를 배상받았어.
    ② 수철: 담배의 수많은 화학물질 중에서도 니코틴이라는 성분 때문에 중독성이 큰 것이구나.
    ③ 영희: 우리나라에서도 담배 소송이 제기된 바 있으나 아직까지 소비자가 승리한 경우는 없대.
    ④ 철민: 1995년에 유출된 문건으로 담배 회사들이 담배의 유해성을 감추려 한 행동들이 밝혀졌군.

17. 윗글의 중심 내용으로 가장 적절한 것은?

    ① 담배 소비의 감소가 전 세계적인 환경 보호와 생태계 보전에 긍정적인 영향을 미치고 있다.
    ② 담배의 유해성과 중독성으로 인한 건강 문제가 발생함에 따라 미국과 한국에서는 담배 회사를 상대로 한 법적 대응이 진행되어 왔다.
    ③ 담배는 약초로 시작되어 전 세계로 퍼졌고, 흡연은 이제 개인의 자유보다는 사회적 규제의 대상이 되었다.
    ④ 전자 담배는 전통적인 연초형 담배보다 건강에 덜 해로운 대체품으로 등장했으나 그 효과에는 논란의 여지가 있다.

18. 윗글의 논리적 흐름을 고려할 때, 〈보기〉가 들어갈 위치로 적절한 것은?

〈보기〉
이후 미국에서는 소비자의 입장에서 원고 승소 판결을 내리는 담배 소송이 늘어나게 되었다.

    ① (가)문단 뒤   ② (나)문단 뒤   ③ (다)문단 뒤   ④ (라)문단 뒤

[19 – 20] 다음 안내문을 읽고 각 물음에 답하시오.

[A 센터 직장인 스트레스 관리 프로그램]

1. 사업 목적
   - 직장 내 스트레스로 인한 심신 건강 악화를 예방하고, 체계적인 스트레스 관리법을 제공하기 위함

2. 대상자 선정 기준
   1) 스트레스 진단 설문에서 중증도 이상 스트레스군에 해당하는 자
   2) 현 직장에서 6개월 이상 재직 중인 자
   ※ 위 기준을 모두 충족하여야 함

3. 신청 방법
   1) 오프라인: A 센터에 전화 문의(02-123-4567) 후 센터 방문하여 신청
   2) 온라인: A 센터 홈페이지 회원가입 후 신청
   ※ 신청 시 스트레스 진단 설문지, 재직 증명서 등 증빙 자료 필수 제출

4. 프로그램 전체 일정

구분	내용
1일 차	심리 상담 및 개별 스트레스 진단 → 스트레스 이해 교육 → 심호흡 및 이완 기법 실습
2일 차	심리 상담 → 스트레스 유발 원인 분석 → 긍정적 사고 전환 교육 → 명상 및 요가 체험
3일 차	심리 상담 → 직장 내 갈등 관리 및 의사소통 기법 교육 → 근육 이완 운동 → 집단 토의
4일 차	심리 상담 → 스트레스 대처 행동 계획 수립 → 근육 이완 운동 → 감정 조절 훈련
5일 차	최종 심리 상담 및 피드백 → 스트레스 관리 지속 방안 안내 → 수료식 및 수료증 수여

   ※ 5일간 전체 일정에 참석한 참가자에 한하여 수료증이 발급됨

5. 참가비
   1) 기본 참가비: 15만 원
   2) 할인 혜택
      - 근속연수 5년 이상 10년 이하: 기본 참가비의 50% 할인 적용
      - 근속연수 10년 이상: 기본 참가비의 70% 할인 적용
   3) 참가비 입금 마감: 프로그램 시작 7일 전까지

6. 수료자 혜택
   1) A 센터의 건강 지원 프로그램 우선 등록 혜택 부여
   2) 프로그램 종료 후 3개월 간격으로 심리 상담 및 상태 점검 서비스 제공
   ※ 수료증 소지자에 한함

7. 환불 규정 및 기타 유의사항
   1) 프로그램 시작 5일 전 취소 시: 참가비 전액 환불
   2) 프로그램 시작 1일~4일 전 취소 시: 참가비 50% 환불
   3) 프로그램 시작 후 취소 시: 참가비 전액 환불 불가
   4) 허위 증빙자료를 제출한 경우 대상자 선정 취소
   5) 허위 증빙자료 제출에 따른 대상자 선정 취소 시 참가비 전액 환불 불가

19. 위 안내문을 잘못 이해한 사람은?

- 갑: 나는 스트레스 진단 설문에서 중증도 스트레스군에 해당하지만, 현 직장 재직일이 3개월이기 때문에 대상자로 선정될 수 없어.
- 을: 프로그램 일정 중 심리 상담을 제외하고 2번 이상 진행되는 일정은 없어.
- 병: 대상자로 선정된 사람의 근속연수가 15년이라면, 참가비는 4.5만 원이야.
- 정: 수료증을 미소지한 경우에는 A 센터의 건강 지원 프로그램에 우선 등록할 수 있는 혜택을 받을 수 없어.

① 갑 ② 을 ③ 병 ④ 정

20. 위 안내문의 내용과 일치하지 않는 것은?

① A 센터 홈페이지에서 온라인으로 신청할 수 있다.
② 프로그램 5일 차 일정에 참석한 참가자는 모두 수료증을 받을 수 있다.
③ 참가비 입금 마감 기한 내에 취소를 하면 참가비 전액을 환불받을 수 있다.
④ 제출한 재직 증명서가 허위로 확인될 경우, 대상자 선정이 취소되며 참가비는 전액 환불 불가하다.

[21 – 23] 다음은 지역별 평균보험료에 대한 자료이다. 각 물음에 답하시오.

[지역별 평균보험료]

(단위: 천 원)

구분	2016년	2017년	2018년	2019년	2020년
A	95	98	98	104	111
B	87	89	89	95	99
C	95	98	99	106	111
D	92	94	93	99	104
서울	110	113	117	126	134
인천	91	94	95	103	109
광주	92	95	96	103	109
대전	96	99	99	105	111
울산	114	116	115	121	126
세종	104	110	114	122	131
경기	99	103	105	113	119
강원	81	85	85	91	97
충북	87	90	92	98	103
충남	90	93	94	100	106
전북	82	85	85	91	97
전남	80	83	83	90	96
제주	84	89	90	95	101

※ 출처: KOSIS(국민건강보험공단, 지역별의료이용통계)

21. 다음 중 자료에 대한 설명으로 옳지 않은 것을 모두 고르면?

> ⊙ 2020년 평균보험료가 다른 지역 대비 가장 높은 지역과 가장 낮은 지역의 2020년 평균보험료 차이는 38천 원이다.
> ⓒ 제시된 기간 동안 충북 평균보험료의 연평균은 95천 원 이상이다.
> ⓒ 제시된 기간 동안 경기와 인천의 평균보험료 차이가 가장 적은 해의 경기와 인천의 평균보험료 차이는 7천 원이다.
> ㉣ 2020년 전북의 평균보험료는 2016년 대비 20% 미만 증가하였다.

① ㉠, ㉢ ② ㉠, ㉣ ③ ㉡, ㉢ ④ ㉡, ㉣

22. 다음 조건을 모두 고려하였을 때, 제시된 자료의 A~D를 바르게 연결한 것은?

> ㉠ A, B, C, D는 각각 부산, 대구, 경북, 경남 중 한 지역에 해당한다.
> ㉡ 제시된 기간 중 부산과 대구의 평균보험료가 동일한 해는 3개이다.
> ㉢ 2017년 경북의 평균보험료는 충북의 평균보험료보다 낮다.
> ㉣ 2018년 대구의 평균보험료는 같은 해 울산과 전남의 평균보험료의 평균과 동일하다.

	A	B	C	D
①	부산	경북	대구	경남
②	부산	경남	대구	경북
③	대구	경북	부산	경남
④	대구	경남	부산	경북

23. 2017년 대비 2019년 서울의 평균보험료 증가율과 같은 기간 전북의 평균보험료 증가율의 차이는 약 얼마인가?
(단, 소수점 둘째 자리에서 반올림하여 계산한다.)

① 3.8%p ② 4.0%p ③ 4.2%p ④ 4.4%p

[24 – 25] 다음은 2014~2019년 유형별 어린이집 수와 어린이집 유형별 보육아동 수에 대한 자료이다. 각 물음에 답하시오.

[유형별 어린이집 수]
(단위: 개소)

구분	2014년	2015년	2016년	2017년	2018년	2019년
합계	43,742	42,517	41,084	40,238	39,171	37,371
국·공립	2,489	2,629	2,859	3,157	3,602	4,324
법인	2,272	2,248	2,206	2,163	2,125	2,050
민간	14,822	14,626	14,316	14,045	13,518	12,568
가정	23,318	22,074	20,598	19,656	18,651	17,117
협동	149	155	157	164	164	159
직장	692	785	948	1,053	1,111	1,153

[어린이집 유형별 보육아동 수]
(단위: 명)

구분	2014년	2015년	2016년	2017년	2018년	2019년
합계	1,496,671	1,452,813	1,451,215	1,450,243	1,415,742	1,365,085
국·공립	159,241	165,743	175,929	186,916	200,783	232,123
법인	153,727	146,573	144,487	140,198	134,085	125,313
민간	775,414	747,598	745,663	738,559	711,209	664,106
가정	365,250	344,007	328,594	321,608	302,674	273,399
협동	3,774	4,127	4,240	4,508	4,360	4,121
직장	39,265	44,765	52,302	58,454	62,631	66,023

※ 출처: KOSIS(보건복지부, 어린이집및이용자통계)

24. 다음 중 자료에 대한 설명으로 옳은 것은?

① 전체 어린이집 수에서 가정 어린이집 수가 차지하는 비중은 2017년이 2016년보다 크다.
② 2019년 민간 어린이집의 보육아동 수는 전년 대비 감소하였지만, 같은 해 민간 어린이집 개소당 보육아동 수는 전년 대비 증가하였다.
③ 2015년 이후 각 유형의 어린이집 수는 전년 대비 매년 증가하거나 매년 감소하였다.
④ 제시된 기간의 직장 어린이집 연평균 보육아동 수는 53,000명 미만이다.

25. 다음 중 제시된 자료를 바탕으로 만든 그래프로 옳지 않은 것은?

① [2015~2019년 협동 어린이집 보육아동 수]

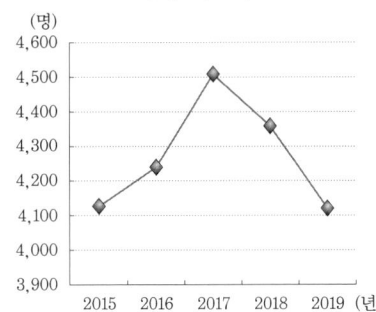

② [2019년 어린이집 수 비중]

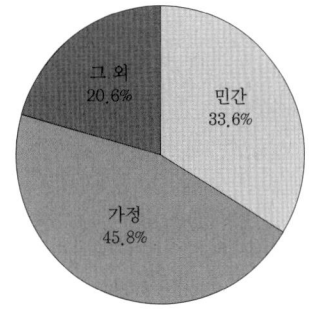

③ [2015~2019년 국·공립 및 법인 어린이집 수]

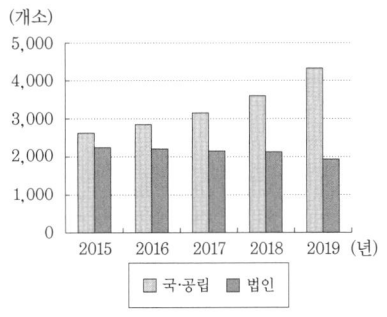

④ [2015~2019년 민간 어린이집 보육아동 수]

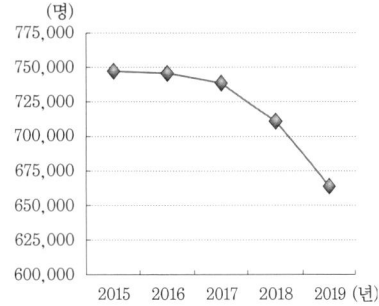

[26 – 28] 다음은 Z 국의 월별 일자리 현황에 대한 자료이다. 각 물음에 답하시오.

[월별 일자리 취득자 및 상실자 수]

(단위: 명)

구분	2022년		2023년		2024년	
	취득자	상실자	취득자	상실자	취득자	상실자
1월	32,976	38,244	38,864	38,119	36,506	37,592
2월	44,614	45,845	41,614	43,795	36,583	42,813
3월	54,139	42,819	54,295	41,752	52,402	40,100
4월	48,644	36,348	48,092	36,606	44,234	37,018
5월	40,243	39,844	42,106	37,700	37,643	38,754
6월	44,226	43,372	46,094	42,618	37,386	40,507
7월	51,072	38,410	55,629	38,721	47,451	37,217
8월	41,975	47,598	41,929	47,277	33,877	45,205
9월	43,511	35,913	41,557	34,218	33,980	34,129
10월	35,276	36,088	44,821	37,760	36,003	37,182
11월	41,135	38,972	42,860	39,535	33,676	36,759
12월	38,334	31,146	39,951	30,124	33,156	29,321

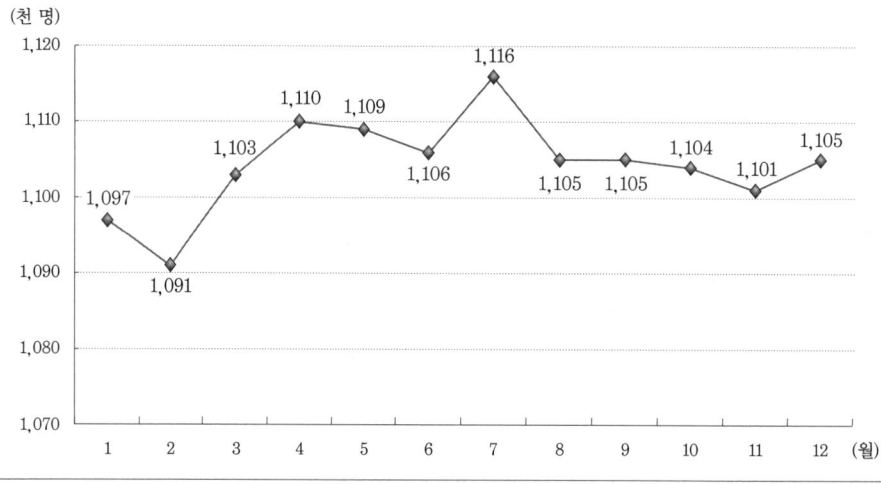

[2024년 월별 전체 종사자 수]

26. 다음 중 자료에 대한 설명으로 옳지 않은 것은?

① 취득자 수보다 상실자 수가 더 많은 달은 2024년이 2022년보다 많다.
② 2024년 전체 종사자 수가 가장 많은 달과 가장 적은 달의 취득자 수 합은 84,134명이다.
③ 2024년에 처음으로 전체 종사자 수가 1,105천 명 이상이었던 달의 취득자와 상실자 수는 각각 모두 전월 대비 감소하였다.
④ 2024년 12월 전체 종사자 수에서 취득자 수가 차지하는 비중은 5% 미만이다.

27. 다음 중 제시된 자료를 바탕으로 만든 그래프로 옳지 않은 것은?

① [2024년 하반기 취득자 수]

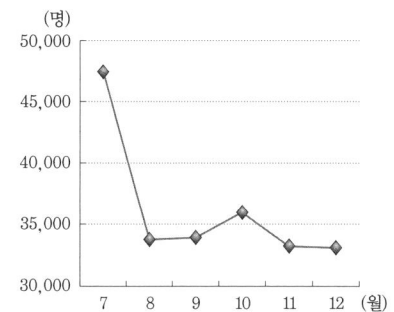

② [연도별 1월 취득자 및 상실자 수]

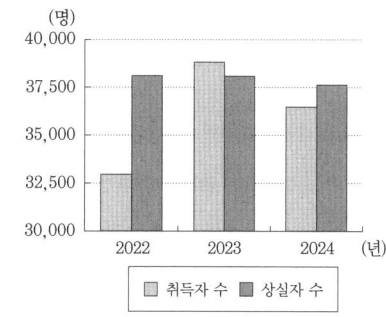

③ [2024년 분기당 월별 전체 종사자 수의 총합]

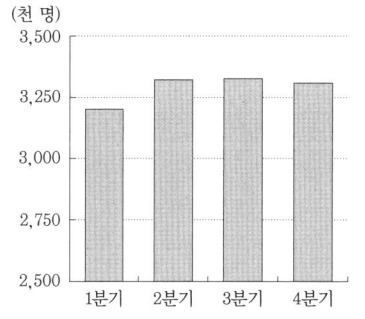

④ [2023년 상반기 상실자 수의 전월 대비 증감량]

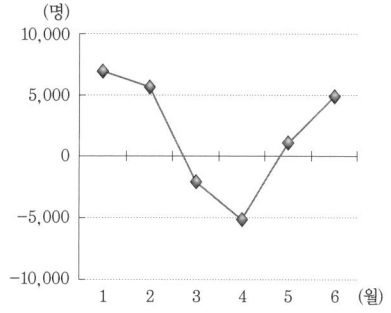

28. 2024년 7월 전체 종사자 수의 같은 해 2월 대비 증가율은 약 얼마인가? (단, 소수점 첫째 자리에서 반올림하여 계산한다.)

① 1%   ② 2%   ③ 3%   ④ 4%

[29-31] 다음은 일부 국가의 의사 수와 인구 천 명당 의사 수를 나타낸 자료이다. 각 물음에 답하시오.

[국가별 의사 수 및 인구 천 명당 의사 수]

(단위: 명)

구분	2021년 의사 수	2021년 인구 천 명당 의사 수	2022년 의사 수	2022년 인구 천 명당 의사 수	2023년 의사 수	2023년 인구 천 명당 의사 수	2024년 의사 수	2024년 인구 천 명당 의사 수
A국	91,268	2.6	94,643	2.6	97,213	2.7	99,436	2.7
B국	207,789	3.1	209,367	3.1	211,162	3.2	212,337	3.2
C국	1,249	3.8	1,292	3.9	1,330	3.9	1,373	3.9
D국	13,446	2.9	13,959	2.9	14,738	3.1	15,382	3.2
E국	233,102	3.8	239,642	4.0	241,512	4.0	241,136	4.0
F국	22,848	4.4	23,619	4.5	24,583	4.7	25,534	4.8
G국	180,444	2.8	182,534	2.8	185,692	2.8	188,783	2.9
H국	13,984	3.0	14,687	3.1	15,655	3.3	16,223	3.3

29. 다음 중 자료에 대한 설명으로 옳지 않은 것은?

① 2021년 다른 국가 대비 의사 수가 가장 적은 국가의 의사 수는 제시된 기간 동안 꾸준히 증가하고 있다.
② 2023년 D 국의 전체 인구수는 4,754,000명 이상이다.
③ 2022년 다른 국가 대비 의사 수가 가장 많은 국가와 두 번째로 많은 국가의 의사 수의 차이는 30,325명이다.
④ 2021년 인구 천 명당 의사 수가 가장 많은 국가는 2024년에도 인구 천 명당 의사 수가 가장 많다.

30. 2023년과 2024년 E 국 전체 인구수의 차이는 얼마인가?

　① 90,000명　　　　② 92,000명　　　　③ 94,000명　　　　④ 96,000명

31. 다음 중 제시된 자료를 바탕으로 만든 그래프로 옳지 않은 것은?

① [연도별 C 국의 전체 인구 수]

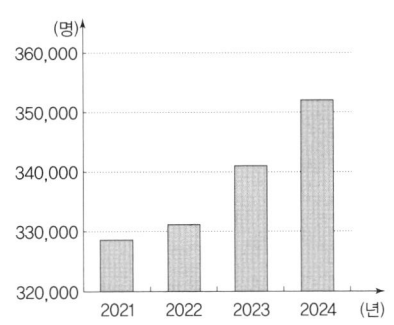

② [2022~2024년 H 국 의사 수의 전년 대비 증가율]

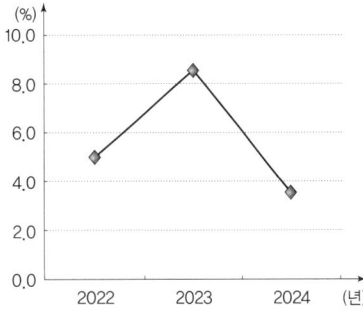

③ [연도별 F 국의 인구 천 명당 의사 수]

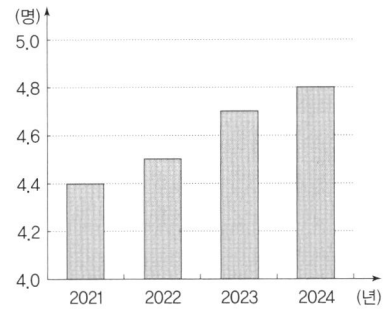

④ [연도별 B 국과 G 국 의사 수의 차이]

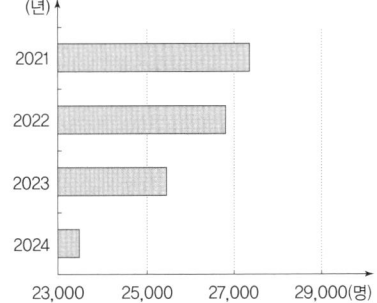

[32 – 33] 다음은 연령대별 주요 영양소 일일 평균 섭취량 및 권장 단백질 섭취량과 식품별 주요 영양성분 함량에 대한 자료이다. 각 물음에 답하시오.

[연령대별 주요 영양소 일일 평균 섭취량 및 권장 단백질 섭취량]

구분	일일 평균 섭취량				일일 권장 단백질 섭취량(g)	
	에너지 (kcal)	칼슘 (mg)	비타민A (μg RAE)	단백질 (g)	남성	여성
6~15세	2,025	570	473	60	48	45
16~25세	2,325	575	450	65	57	52
26~35세	2,200	550	400	59	60	50
36~45세	2,200	550	400	59	60	50
46~55세	2,100	518	390	56	55	45
56~65세	2,000	453	355	52	53	45
66세 이상	1,900	420	320	48	50	45

※ 연령대별 인구수는 모두 동일함

[식품별 주요 영양성분 함량(100g 기준)]

구분	에너지 (kcal)	칼슘 (mg)	비타민A (μg RAE)	단백질 (g)
배추김치	20	56	110	1.2
쌀밥	150	6	0	2.7
두부	80	164	0	7.8
딸기	30	14	1	0.6
브로콜리	25	46	80	2.7

32. 다음 중 자료에 대한 설명으로 옳지 않은 것은?

① 46세 남성이 일일 권장 단백질 섭취량을 초과하지 않는 범위에서 두부만 섭취한다고 할 때, 하루에 최대 750g까지 먹을 수 있다.
② 제시된 모든 연령대에서 일일 평균 단백질 섭취량은 여성의 일일 평균 권장 단백질 섭취량을 초과한다.
③ 일일 평균 칼슘 섭취량이 많은 연령대부터 순서대로 나열한 경우와 일일 평균 비타민A 섭취량이 많은 연령대부터 순서대로 나열한 경우에 순위가 다른 연령대는 2개이다.
④ 100g 기준 칼슘 함량이 가장 높은 식품은 칼슘 함량이 가장 낮은 식품 대비 칼슘 함량이 27배 이상이다.

33. 다음 중 제시된 자료를 바탕으로 만든 그래프로 옳지 않은 것은?

① [연령대별 남성과 여성의 일일 권장 단백질 섭취량의 차이]

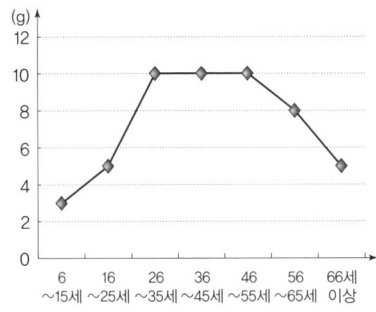

② [연령대별 일일 평균 에너지 섭취량]

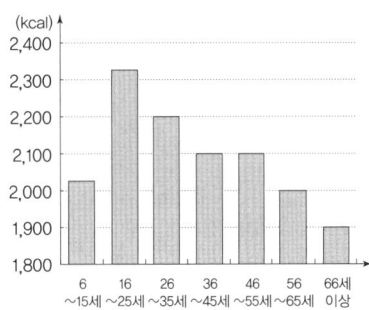

③ [300g 섭취 시 식품별 에너지 함량]

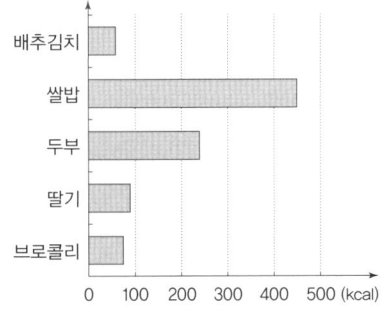

④ [식품별 300kcal 섭취에 필요한 양]

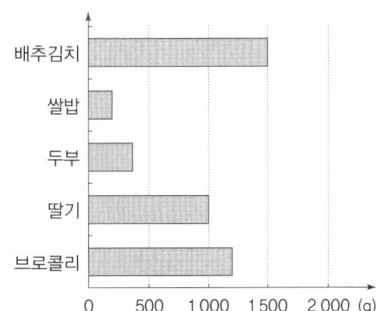

[34 – 36] 다음은 S 국의 비만 유병률에 대한 자료이다. 각 물음에 답하시오.

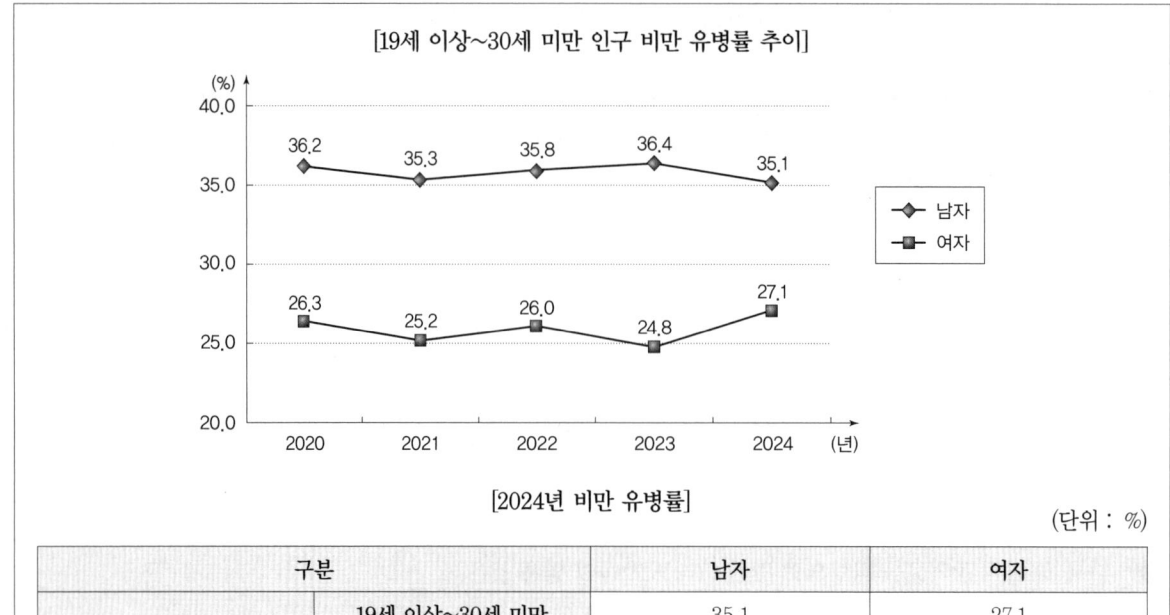

구분		남자	여자
나이	19세 이상~30세 미만	35.1	27.1
	30세 이상	37.7	30.1
소득수준	하	28.9	33.8
	중하	36.1	27.7
	중상	38.7	24.8

※ 1) 비만 유병률은 체질량지수가 25kg/m² 이상인 분율을 의미함
2) 체질량지수(kg/m²) = 체중/신장²

34. 다음 중 자료에 대한 설명으로 옳은 것은?

① 제시된 기간 동안 19세 이상~30세 미만 비만 유병률은 남자가 여자보다 매년 9%p 이상 높다.
② 2024년 여자는 소득수준이 높을수록 비만 유병률이 낮다.
③ 2024년 남자는 소득수준이 높을수록 비만 유병률이 낮다.
④ 2024년 소득수준이 중하에 해당하는 남자의 비만 유병률은 조사 기간 중 19세 이상~30세 미만 남자의 비만 유병률이 가장 높게 나타난 해의 수치보다도 높다.

35. 2024년 남자와 여자의 비만 유병률의 차이는 19세 이상~30세 미만이 30세 이상의 약 몇 배인가? (단, 소수점 셋째 자리에서 반올림하여 계산한다.)

① 1.02배　　　② 1.03배　　　③ 1.04배　　　④ 1.05배

36. 2024년 소득수준이 중하에 해당하는 여자의 체질량지수가 $25kg/m^2$ 이상인 분율 대비 같은 해 소득수준이 중상에 해당하는 남자의 체질량지수가 $25kg/m^2$ 미만인 분율의 비율은 약 얼마인가? (단, 소수점 둘째 자리에서 반올림하여 계산한다.)

① 2.2　　　② 2.4　　　③ 2.6　　　④ 2.8

[37 – 38] 다음은 P 국의 구직급여 신청자 수에 대한 자료이다. 각 물음에 답하시오.

[산업별 구직급여 신청자 수]

(단위: 백 명)

구분	2020년	2021년	2022년	2023년	2024년
농림어업	86	65	65	69	70
제조업	1,958	1,821	1,988	2,053	2,321
건설업	950	908	1,301	1,479	1,689
도소매업	1,027	1,044	1,156	1,280	1,589
전산업	9,550	9,401	10,628	11,479	13,717
운수업	335	318	356	409	546
숙박음식업	501	548	622	735	1,113
출판영상통신업	295	282	290	337	383
금융보험업	203	203	190	197	213
부동산업	334	319	347	384	421
전문서비스업	416	423	446	473	534
사업서비스업	1,061	1,055	1,177	1,225	1,495
공공행정업	481	476	553	578	736
교육서비스업	433	432	453	476	533
보건업	1,063	1,105	1,227	1,288	1,475
예술스포츠업	122	125	142	156	200
협의단체	217	209	233	251	301
기타	68	69	84	90	99

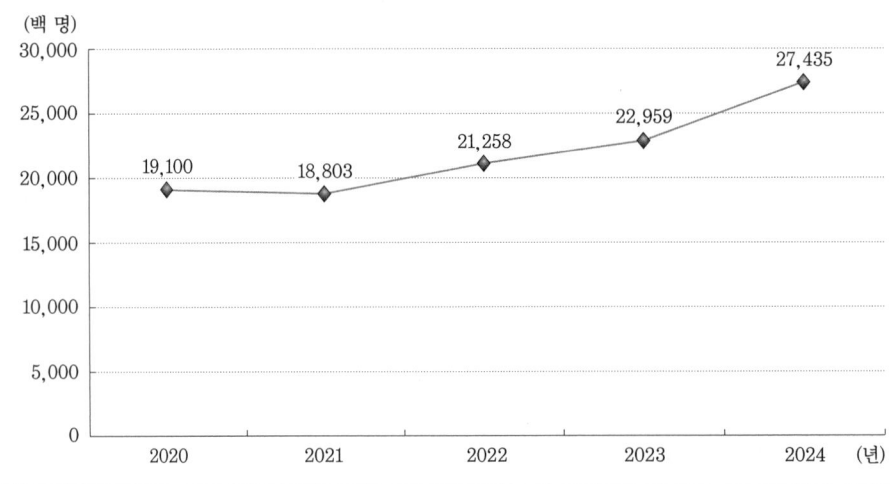

[전체 산업의 구직급여 신청자 수]

37. 다음 중 자료에 대한 설명으로 옳지 않은 것은?

① 제시된 산업 중 2024년 구직급여 신청자 수가 세 번째로 많은 산업의 구직급여 신청자 수는 4년 전 대비 739 백 명 증가하였다.
② 2020년 대비 2022년 구직급여 신청자 수가 감소한 산업은 총 3개이다.
③ 2021년 전체 산업의 구직급여 신청자 수에서 전문서비스업, 사업서비스업, 교육서비스업 구직급여 신청자 수의 합이 차지하는 비중은 10% 미만이다.
④ 2024년 전산업의 구직급여 신청자 수는 같은 해 농림어업 구직급여 신청자 수의 190배 이상이다.

38. 2023년 대비 2024년 전체 산업의 구직급여 신청자 수의 증가량은 2022년 대비 2023년 전체 산업의 구직급여 신청자 수의 증가량의 약 몇 배인가? (단, 소수점 둘째 자리에서 반올림하여 계산한다.)

① 2.2배　　　② 2.4배　　　③ 2.6배　　　④ 2.8배

[39 – 40] 다음은 A 시 청년층과 중·장년층의 운동 선호도 조사 결과에 대한 자료이다. 각 물음에 답하시오.

[청년층의 운동 선호도 조사 결과] (단위: 명)

2023년			2024년		
순위	종목	선호자 수	순위	종목	선호자 수
1	헬스/보디빌딩	19,000	1	맨몸운동	19,500
2	맨몸운동	17,500	2	헬스/보디빌딩	18,500
3	축구	15,300	3	필라테스	15,200
4	필라테스	13,500	4	자전거	13,700
5	요가	12,300	5	러닝/달리기	12,600
기타		22,400	기타		20,500
전체		100,000	전체		100,000

[중·장년층의 운동 선호도 조사 결과] (단위: 명)

2023년			2024년		
순위	종목	선호자 수	순위	종목	선호자 수
1	걷기	22,000	1	걷기	23,000
2	등산	15,500	2	등산	15,000
3	골프	13,200	3	자전거	13,400
4	탁구	9,800	4	배드민턴	10,100
5	요가	8,500	5	골프	8,300
기타		31,000	기타		30,200
전체		100,000	전체		100,000

※ 기타는 선호도 조사 결과 6위 이하의 종목을 의미하며, 기타의 선호자 수는 6위 이하의 종목 선호자 수의 합을 나타냄

39. 다음 중 자료에 대한 설명으로 옳은 것을 모두 고르면?

> ㉠ 청년층과 중·장년층 모두 2023년 기준 5위 안에 드는 종목 중 2024년에 순위가 상승한 종목이 순위가 하락한 종목보다 적다.
> ㉡ 청년층의 경우에 2024년 기준 5위 안에 드는 종목 중 2023년 대비 선호자 수가 증가한 종목은 4개이다.
> ㉢ 2024년 기타에 포함되는 종목의 최소 개수는 청년층이 중·장년층보다 적다.
> ㉣ 제시된 기간 동안 꾸준히 5위 안에 드는 종목의 개수는 청년층이 중·장년층보다 많다.

① ㉣   ② ㉠, ㉡   ③ ㉠, ㉡, ㉢   ④ ㉠, ㉡, ㉢, ㉣

40. 2023년 대비 2024년 1~5위 선호자 수의 증가량은 청년층이 중·장년층의 약 몇 배인가? (단, 소수점 둘째 자리에서 반올림하여 계산한다.)

① 2.4배   ② 2.6배   ③ 2.8배   ④ 3.0배

[41 - 42] 다음은 N 사 암보험 상품에 대한 보험약관의 일부이다. 각 물음에 답하시오.

제3조('암' 등의 정의 및 진단확정)
① 해당 계약에서 '암'은 제7차 개정 한국표준질병·사인 분류 중 [별표 1] '대상이 되는 악성신생물 분류표'에서 '기타 피부의 악성신생물(분류코드 C44)', '갑상샘의 악성신생물(분류코드 C73)', 제4항에서 정의한 '대장점막내암' 및 전암상태(암으로 변하기 이전 상태)를 제외한 질병을 말한다.
② 해당 계약에서 '전립선암'은 '암'에서 제7차 개정 한국표준질병·사인 분류 중 '전립선의 악성신생물(분류코드 C61)'에 해당하는 질병을 말한다.
③ 해당 계약에서 '일반암'은 '암'에서 '전립선암'을 제외한 암을 말한다.
④ 해당 계약에서 '대장점막내암'은 제7차 개정 한국표준질병·사인 분류 중 대장의 악성신생물(분류코드 C18~C20)에 해당하는 질병 중에서 대장의 상피세포층에서 발생한 악성종양 세포가 기저막을 뚫고 내려가서 점막고유층 또는 점막근층을 침범하였으나 점막하층까지는 침범하지 않은 상태의 질병을 말하며, 대장은 맹장, 충수, 결장, 직장을 말한다.

제4조('재진단암' 등의 정의 및 진단확정)
① 해당 계약에서 '재진단암'은 제3조('암' 등의 정의 및 진단확정) 제1항에서 정한 '암' 중 '전립선암'을 제외한 질병에 해당하면서 새로운 원발암, 동일 장기 또는 타 부위에 전이된 암(이하 '전이암'), 동일 장기에 재발된 암(이하 '재발암'), 암 진단부위에 암세포가 남아있는 경우(이하 '잔여암')로 진단확정 받은 경우를 말한다.
② 해당 계약에서 '전립선암'은 '암'에서 제7차 개정 한국표준질병·사인 분류 중 '전립선의 악성신생물(분류코드 C61)'에 해당하는 질병을 말한다.
③ 원발부위(최초 발생한 부위)에 발생한 암이 '전립선암'인 경우, '전립선암'의 '전이암', '재발암', '잔여암'에 대한 재진단 암 진단 보험금은 지급하지 않는다.

제5조(보험금의 지급사유)
피보험자가 해당 계약의 보험기간 중 '일반암' 또는 '재진단암' 등이 발생한 경우에는 보험수익자에게 약정한 보험금([별표 2] '보험금 지급기준표' 참조)을 지급한다.

[별표 1]
[대상이 되는 악성신생물 분류표]

대상질병명	분류코드
1. 입술 구강 및 인두의 악성신생물	C00~C14
2. 소화기관의 악성신생물	C15~C26
3. 호흡기 및 흉곽내 기관의 악성신생물	C30~C39
4. 골 및 관절연골의 악성신생물	C40~C41
5. 피부의 악성흑색종	C43
6. 중피성 및 연조직의 악성신생물	C45~C49
7. 유방의 악성신생물	C50
8. 여성 생식기관의 악성신생물	C51~C58
9. 남성 생식기관의 악성신생물	C60~C63
10. 요로의 악성신생물	C64~C68
11. 눈, 뇌 및 중추신경계통의 기타 부분의 악성신생물	C69~C72
12. 부신의 악성신생물	C74

13. 기타 내분비선 및 관련 구조물의 악성신생물	C75
14. 불명확한, 이차성 및 상세불명 부위의 악성신생물	C76~C80

※ '소화기관의 악성신생물(분류코드 C15~C26)'의 경우 해당 계약 제3조 제4항에서 정한 '대장점막내암'은 '암'에서 제외됨

[별표 2]

[보험금 지급기준표]

구분	지급사유	지급금액
일반암 진단 보험금	피보험자가 보험기간 중 암보장개시일 이후 '일반암'으로 진단확정 되었을 때	2,000만 원 (단, 암보장개시일 전일 이전에 '일반암'으로 진단확정 시 해당 보험금의 50% 지급)
재진단암 진단 보험금	일반암 진단 보험금 최초 지급일로부터 만 2년이 지난 이후 '일반암'으로 진단확정 되었을 때	1,000만 원

※ 암보장개시일은 최초 계약의 계약일로부터 90일이 지난 날의 다음날로 함

---

41. 위 보험약관을 근거로 판단할 때, 해당 보험을 계약한 갑~정 4명에 대한 내용으로 옳은 것은?

① 갑이 재진단암이 아닌 요로의 악성신생물에서 분류코드 C66에 해당하는 질병으로 진단확정 되었다면 보험금을 지급받을 수 없다.
② 을이 전립선암의 전이암으로 진단확정 되었다면 원발부위에 발생한 암의 종류와 관계없이 재진단암 진단 보험금을 받을 수 있다.
③ 병이 해당 보험을 7월 20일에 최초 계약하고 다음 해 7월 20일에 피부의 악성흑색종 진단확정을 받았다면 일반암 진단 보험금을 받을 수 있다.
④ 정이 암보장개시일 전일 이전에 갑상샘의 악성신생물로 진단확정 되었다면 일반암 진단 보험금의 50%인 1,000만 원을 지급받을 수 있다.

42. 위 보험약관을 근거로 판단할 때, 무가 지급받을 수 있는 보험금은?

[무의 암보험 관련 정보 및 진단 현황]

1) 암보험 관련 정보
   무는 2021년 3월 1일에 암보험에 가입하였고, 암보장개시일은 2021년 5월 30일이다.
2) 진단 현황
   - 1차 진단: 2021년 4월 10일 대장점막내암 진단
     ※ 병원 측은 완전 절제 수술 후 경과 관찰 판정
   - 2차 진단: 2022년 6월 1일 위의 악성신생물 진단
     ※ 병리학적으로 위 점막하층을 침범한 진행성 암으로 확정
   - 3차 진단: 2024년 7월 5일 위의 악성신생물 재발암 진단
     ※ 기존 위암과는 조직학적 특성이 다르며, 전이 소견 없음

① 1,000만 원   ② 2,000만 원   ③ 3,000만 원   ④ 4,000만 원

[43 - 45] 다음 보도자료를 읽고 각 물음에 답하시오.

보건복지부는 12월 10일 시행 100일을 맞은 복지 멤버십(맞춤형 급여 안내) 사업을 통해서 그간 21만 8천여 가구가 26만 건의 복지서비스를 새롭게 지원받았다고 밝혔다. 복지 멤버십이란 개인 및 가구의 소득·재산·인적 특성을 분석해 받을 수 있는 복지서비스를 찾아 선제적으로 안내하는 제도로, 15개의 복지사업 수급자 등을 대상으로 도입되었다. 복지 멤버십 시행 100일 간의 주요 성과는 다음과 같다.

첫째, 기존 수급자 및 수급 희망 이력 관리제 신청자 중 470만 4,344가구가 복지 멤버십에 가입하였고, 15개 복지사업을 신규로 신청하는 과정에서 6만 8,624가구가 추가로 가입하여 복지 멤버십의 총가입자는 477만 2,968가구가 되었다. 둘째, 가입자를 대상으로 수급 가능성을 판정하여 111만 8천여 가구에게 받을 수 있는 복지서비스가 있음을 문자메시지로 안내하였으며, 수급 가능성이 있다고 안내받은 가구 중 217,756가구가 260,986건의 복지서비스를 신규로 수급하게 되었다.

신규 수급자가 많은 사업은 이동통신 요금감면, 통합문화 이용권, 텔레비전(TV) 수신료면제, 에너지 바우처, 가스요금할인, 저소득층 전기요금할인, 생계급여 순이다. 또한, 신규 수급자가 많은 지역은 인천광역시 미추홀구, 인천광역시 부평구, 서울특별시 강서구, 서울특별시 중랑구, 인천광역시 남동구, 서울특별시 관악구, 인천광역시 서구 순이다.

복지 멤버십 제도를 활용하여 복지서비스를 새롭게 지원받게 된 대표적인 사례는 다음과 같다. 월세방에 거주 중인 기초생활수급자 30대 김○○ 씨는 어린 자녀를 둔 한부모가구로, 기초생활수급자일 경우 추가적으로 받을 수 있는 에너지 바우처를 알지 못했다. 그러나 복지 멤버십을 통해 에너지 바우처 수급이 가능함을 안내받아 주민센터에 방문하여 서비스를 신청하였으며, 하절기 전기요금과 동절기 도시가스요금을 지원받게 되었다. 건설 일용근로자 한○○ 씨는 복지 멤버십을 통해 주거급여 수급 가능성을 안내받고 상담을 하던 중 무릎 수술로 인해 근로가 어렵고 병원비로 인해 월세가 체납 중인 사실을 언급하였으며, 이에 지역사회보장협의체에서 제공하는 위기가정 지원서비스와 연계되어 밀린 월세 60만 원을 지원받게 되었다.

보건복지부 차세대 사회보장 정보시스템 구축추진 단장은 "복지가 필요한 분들께 받을 수 있는 복지서비스를 선제적으로 알리는 복지 멤버십 제도가 국민의 복지 체감도를 높이고, 나아가 포용적 사회보장을 실현하는 기반이 되도록 노력하겠다"고 밝혔다. 이와 관련하여 현장에서 업무를 담당하는 사회복지 공무원들은 "민원인에게 받을 수 있는 서비스를 체계적으로 안내해 드릴 수 있어 편리하다"며, "복지 멤버십을 계기로 모르고 있던 일부 사업을 알게 돼 도움이 된다"고 전했다. 보건복지부는 겨울철 복지 위기가구 발굴·지원 대책과 관련하여 수급 가능한 복지서비스 안내를 강화하고, 사회보장 정보시스템 2차 개통 및 복지 멤버십 전 국민 확대 시행을 위한 준비도 차질 없이 추진할 계획이라고 밝혔다.

※ 출처: 보건복지부 보도자료

43. 위 보도자료를 토대로 판단한 내용으로 옳은 것은?

① 기초생활수급자가 지원받을 수 있는 에너지 바우처는 온라인을 통해서만 신청할 수 있다.
② 보건복지부는 멤버십 이용자 확대와 사회보장 정보시스템 2차 개통을 진행할 예정이다.
③ 26만여 가구는 복지 멤버십 사업을 통해 약 22만 건의 복지서비스를 신규 지원받았다.
④ 신규 수급자가 많은 지역 1위부터 3위까지는 모두 인천광역시가 차지하고 있다.

44. 다음 중 위 보도자료를 잘못 이해한 사람은?

- **민희**: 복지 멤버십을 이용하면 기초생활수급자부터 일용직 근로자까지 자신에게 맞는 혜택을 지원받을 수 있어.
- **상현**: 복지 멤버십에 가입한 약 480만 가구 모두 휴대전화 메시지를 통해 자신이 받을 수 있는 복지서비스를 알게 되어 가입한 사람들이야.
- **지연**: 복지 멤버십은 복지가 필요한 사람들뿐만 아니라 해당 업무를 담당하는 사람들에게도 유용한 제도인 것 같아.
- **현수**: 복지 멤버십은 개인이나 가구의 재산과 소득뿐만 아니라 인적 특성을 함께 분석해서 받을 수 있는 복지서비스를 알려주는 제도야.

① 민희   ② 상현   ③ 지연   ④ 현수

45. 위 보도자료를 근거로 판단할 때, 복지 멤버십을 통해 받을 수 있는 지원 혜택이 아닌 것은?

① 전기 및 도시가스요금
② 주거급여
③ 대중교통요금
④ 이동통신요금

[46 – 47] 다음은 T 여행사의 2박 3일 남해안 여행 상품 안내문이다. 각 물음에 답하시오.

[2박 3일 남해안 여행 상품 안내]

1. **표준 여행 요금**

   표준 여행 요금은 출발역을 기준으로 한 왕복열차요금 등의 요금으로, 이때의 왕복열차요금은 최대 열차 할인율인 40%가 적용된 최저 요금이므로 예약 날짜에 따라 열차 할인율이 변동될 경우 열차 요금만큼의 추가 요금이 발생합니다.

출발역	서울역	광명역	오송역	대전역
대인(17세 이상)	397,600원	395,700원	383,000원	358,900원
소인(17세 미만)	376,600원	375,600원	368,500원	346,300원

   ※ 최대 열차 할인율이 적용된 왕복열차요금은 표준 여행 요금의 15%에 해당함

2. **상품 구성**

   표준 여행 요금은 아래의 내역이 구분되어 포함됩니다.

포함내역	왕복열차요금, 연계차량요금, 식사요금(제공식), 숙박요금(관광호텔), A 코스 관광 요금, B 코스 관광 요금
불포함내역	가이드 봉사료(1만 원/인), 여행자보험, 옵션상품 외 요금, 기상악화로 인한 체류 시 모든 경비, 포함내역 외 기타 개인 경비

   ※ 가이드 봉사료와 옵션상품 외 요금은 여행사에 별도로 지불하고 그 외에는 개인이 사용하는 금액임

3. **여행 일정**

1일 차		
일정	내용	비고
08:05~09:20	서울역~대전역 출발 * 서울역 출발(08:05) - 광명역(08:27) - 오송역(09:02) - 대전역(09:20)	개별 탑승 KTX 이용
11:25~11:40	여수EXPO역 도착 및 가이드 미팅 * 여수EXPO역 도착(11:25)	
11:40~13:00	여수EXPO역 출발 → 중식(게장 백반)	연계차량, 제공식
13:00~17:00	해안일주도로 A 코스 관광 * 코스 내 박물관 입장 희망 시 입장료 별도(대인: 5,000원, 소인: 2,000원)	연계차량
17:00~19:40	현지 수산시장 관광 및 석식	도보, 자유식
19:40~	숙소 체크인 및 자유시간	

2일 차		
일정	내용	비고
08:00~09:00	기상 및 조식(오징어내장탕)	제공식
09:00~13:00	B 코스 관광 * 코스 내 유람선 탑승 희망 시 입장료 별도(18,500원/1인) * 코스 내 잠수함 탑승 희망 시 입장료 별도(53,500원/1인)	연계차량
13:00~14:00	중식(토종돼지불고기)	연계차량, 제공식

| 14:00~19:00 | 자유 해수욕 관광 및 석식
* 서핑 강습 희망 시 강습 요금 별도(65,000원/1인) | 도보, 자유식 |
| 19:40~ | 숙소 체크인 및 자유시간 | |

3일 차

일정	내용	비고
08:00~09:00	기상 및 조식(전복해장국)	제공식
09:00~13:00	해안 트래킹 코스 자유 관광	연계차량
13:00~14:00	중식(여수한정식)	연계차량, 제공식
14:00~	여수EXPO역 출발 * 대전역(16:05) – 오송역(16:23) – 광명역(16:58) – 서울역(17:20) 도착	탑승역 하차

4. 참고 사항
   - 출발 2일 전 여행사에서 유선 또는 문자로 열차 출발시간 및 지정 좌석을 안내합니다.
   - 본 상품의 최소 출발 인원은 2명으로 최소 출발 인원 미달 시 여행이 취소되며 별도의 배상 책임을 지지 않습니다. 최소 출발 인원 미달로 여행이 취소되는 경우 여행출발일 3일 전에 안내합니다.
   - 현지에서는 연계차량으로 이동하며, 인원에 따라 아래의 차량이 배정됩니다.
     • 8인 이하: 11인승 승합차
     • 8인 이상 18인 이하: 25인승 미니버스
     • 18인 이상: 35인승 버스

46. 위 안내문을 토대로 2박 3일 남해안 여행에 참여한 갑~정에 대한 내용으로 옳지 않은 것은?

   ① 5인 가족인 갑의 가족만 여행 예약을 하였다면 현지 연계차량으로 11인승 승합차를 배정받는다.
   ② 을은 여행에서 2번의 조식과 3번의 중식을 제공식으로 먹었다.
   ③ 병이 서울역에서 출발하여 여수EXPO역에 도착하는 데 소요된 시간은 3시간 20분이다.
   ④ 오송역 출발 대인 1명으로 예약한 정이 추가 요금 없이 표준 여행 요금을 지불하였다면 이용한 열차의 할인 적용 전 요금은 57,450원이다.

47. 엄마와 함께 대인 2명의 2박 3일 남해안 여행을 예약한 서희는 광명역에서 출발하였다. 서희가 선택한 날짜는 공휴일에 해당하여 열차 할인율이 20% 적용되었으며, B 코스 관광 시 유람선 탑승을 희망하여 2명의 비용을 지불하였다고 할 때, 서희가 여행사에 지불한 총금액은? (단, 유람선 탑승 외에 희망한 별도의 옵션상품은 없다.)

   ① 808,760원   ② 845,760원   ③ 867,970원   ④ 887,970원

[48 – 49] 다음은 이번 달에 개최 예정인 N 사의 식습관 개선 박람회를 준비하는 홍보팀의 업무 진행 회의록의 일부이다. 각 물음에 답하시오.

1. 식습관 개선 박람회 프로그램 일정

구분		프로그램	비고
사전 이벤트		#오늘의 식사 캠페인	• 참여 방법: SNS, 유튜브 등 • 참여 기간: 16일 10:00~19일 18:00
박람회 당일 프로그램	10:00~10:30	개막식	• 식전행사 • 개회사
	10:30~11:30	기조강연	• 강연 주제: 건강한 식습관의 중요성
	10:30~15:00	식생활 개선을 위한 테마별 체험 부스	• 5대 영양소가 골고루 들어간 식단 만들기 • 다양한 종류의 콩 맛보기 • 영양 흡수율을 높이는 조리법 강연 • 건강한 다이어트 식단 만들기 • 맛있는 잡곡밥 만들기
	12:00~14:00	영양 골든벨	• 신청서 제출 기준 선착순 50팀 참여 • 성적순으로 1, 2등 선발 후 폐회식 때 경품 증정 • 경품: 1등 팀 한우 세트, 2등 팀 한돈 세트
	14:00~15:00	캠페인 당첨자 발표	• 랜덤 뽑기 프로그램으로 20명 선발 • 경품: 1인당 문화상품권 1만 원권 3장
	15:00~16:00	폐회식	• 골든벨 시상 • 폐회사

2. 담당자

프로그램		담당자
식습관 관련 기조 강연		김 대리
영양 골든벨		이 주임
#오늘의 식사 캠페인		박 주임
식생활 개선 체험 부스	팸플릿 제작	정 사원
	부스 제작	조 사원
	부스 인원 배치 및 설치	부스 담당자 전체

※ 1) 캠페인 상품은 당첨자 선발 인원이 확정된 이후 구매할 것
  2) 골든벨에 필요한 물품은 화이트보드, 마커, 지우개 3종류이며, 물품은 전량 모두 새로 구매할 것

3. 홍보팀 박람회 준비 일정표

월	화	수	목	금
5 • 부스 배치용 팸플릿 제작(~9)	6	7 • 기조 강연 연설자 섭외	8 • 영양 골든벨 문제 출제(~14)	9 • 캠페인 참여 포스터 제작(~13)
12	13 • 강연 연설자 1차 미팅	14 • 부스 제작 • 부스별 참여 인원 확인	15 • 골든벨 물품 주문 업체 선정	16 • 강연 연설자 2차 미팅 • 캠페인 진행(~19)
19 • 골든벨 물품 주문 • 강연 연설자 대본 확정	20 • 캠페인 당첨자 선발 • 골든벨 물품 배치	21 • 부스별 관리 인원 배치 • 부스 설치	22 • 강연 연설자 리허설	23 • 박람회 당일 • 박람회 종료 후 정리

[참고]
- 업체별 물품 판매 가격

구분	화이트보드	마커	지우개
A 업체	3,000원	1,000원	1,500원
B 업체	5,000원	1,000원	1,000원
C 업체	4,000원	1,500원	1,500원

※ B 업체: 화이트보드 + 마커 + 지우개 세트 30개 이상 구매 시 전체 금액에서 25% 할인
　C 업체: 화이트보드와 마커 함께 구매 시 화이트보드 개당 700원, 마커 개당 1,000원 할인

48. 위 회의록을 근거로 관련 업무를 파악하고자 할 때, 이해한 내용으로 옳지 않은 것은?

① 김 대리는 이번 달 첫 번째 수요일에 본인 담당 프로그램 업무를 진행할 것이다.
② 박 주임은 캠페인 참여 마지막 날에 문화상품권 60장을 구매할 것이다.
③ 사원급에 해당하는 홍보팀 직원들은 최소 박람회 이틀 전에는 박람회 장소를 방문해야 한다.
④ 골든벨과 캠페인 당첨자 발표에 모두 참여하고 싶은 사람이 체험 부스에도 참여하려면 오전에 박람회장에 도착해야 한다.

49. 다음은 이 주임이 영양 골든벨 프로그램을 위하여 새로 구매해야 할 필요 물품 목록이다. 위 회의록을 토대로 해당 물품들을 최소 금액으로 구매해야 한다면 이 주임이 선택할 업체와 최소 금액이 바르게 묶인 것은?

[영양 골든벨 프로그램 필요 물품 목록]

(단위: 개)

구분	개수
화이트보드	50
마커	50
지우개	50

① A 업체 - 252,500원　② B 업체 - 262,500원　③ C 업체 - 265,000원　④ B 업체 - 275,000원

[50 – 52] ◆◆회사는 신입사원을 대상으로 발전소 견학을 진행하려고 한다. 각 물음에 답하시오.

[발전소 견학 세부사항]

1. 발전소 견학은 5/13(수) 오전 10시부터 오후 5시까지 진행된다.
2. 발전소 견학 중 식사는 1회 진행하며, 식사는 도시락으로 제공한다.
3. 발전소 견학에 참여하는 신입사원은 총 78명이며, 동행하는 인사팀 직원은 총 12명이다.
   ※ 신입사원은 P 팀 16명, R 팀 13명, E 팀 18명, M 팀 16명, C 팀 15명이 참여함

[관광버스 업체 정보]

구분	1일 대절 가격	수용 인원	보유 시설	종합보험 가입 여부
갑 관광버스	230,000원	40인승	정수기, 무료 Wi-Fi	유
을 관광버스	250,000원	45인승	정수기, 냉장고, 마이크	유
병 관광버스	165,000원	30인승	USB 포트, 스크린, 냉장고	무
정 관광버스	170,000원	35인승	마이크, USB 포트, 스크린	유
무 관광버스	150,000원	25인승	냉장고, 마이크, 무료 Wi-Fi	유

※ 1) 1일 대절 가격 및 수용 인원은 관광버스 1대 기준임
   2) 수용 인원에 버스 기사는 포함되어 있지 않음

[도시락 종류별 가격]

구분	가격	혜택
동백 도시락	9,000원	도시락 1개당 생수 1병씩 제공, 100개 이상 구매 시 디저트 제공
매화 도시락	8,500원	도시락 1개당 생수 1병씩 제공
백합 도시락	7,500원	–
튤립 도시락	10,000원	도시락 1개당 생수 1병씩 제공, 50개 이상 구매 시 도시락 전체 가격의 5% 할인

※ 생수 별도 구매 시, 1병당 가격은 500원이며 별도로 구매한 생수는 할인 적용 불가함

50. 위 자료를 근거로 판단한 내용으로 옳은 것은?

① 1일 대절 가격이 가장 높은 관광버스 업체는 버스에 최대 46명까지 탑승할 수 있다.
② P 팀, R 팀, E 팀의 신입사원은 모두 한 대의 관광버스에 탑승할 수 있다.
③ 수용 인원 1인당 1일 대절 가격이 가장 낮은 관광버스 업체는 병 관광버스이다.
④ 튤립 도시락은 50개 이상 구매 시 생수도 할인을 적용받는다.

51. 다음 조건을 고려하여 발전소 견학을 최소한의 경비로 진행한다고 할 때, 발전소 견학에 발생하는 총경비는?

> • 관광버스는 종합보험이 가입되어 있고 냉장고를 보유한 버스로 대절한다.
> • 도시락은 버스 기사를 포함한 모든 인원수만큼 준비하며, 여분으로 5개를 추가 구매한다.
> • 생수는 버스 기사를 포함한 모든 인원당 2병씩 준비한다.

① 1,319,500원 ② 1,325,500원 ③ 1,367,000원 ④ 1,419,500원

52. ◆◆회사의 인사팀장은 P팀, R팀, M팀, C팀 중 한 팀을 시범 팀으로 선발하여 발전소 견학에 한 번 더 참여시키려고 한다. 시범 팀은 팀별 필요역량 점수에 각 가중치를 적용하였을 때 총점이 가장 높은 팀으로 선정되며, 선정된 팀은 인사팀 직원 3명과 함께 무 관광버스를 이용하여 견학에 참여한다. 해당 팀의 인원과 더불어 인사팀 직원 3명, 버스 기사 1명 모두에게 백합 도시락이 제공될 때, 도시락 비용과 관광버스의 1일 대절가격을 합산한 총경비는? (단, 체험 프로그램의 시범 팀은 16명을 초과해서는 안 되므로 E팀은 제외한다.)

[필요역량별 가중치 및 점수]

구분		창의력	수리력	기술능력	비판력
가중치(%)		40	10	20	30
점수(점)	P팀	15	25	30	20
	R팀	5	20	35	25
	M팀	15	15	40	25
	C팀	20	35	5	30

① 292,500원 ② 300,000원 ③ 307,500원 ④ 315,000원

[53-54] 다음은 택배회사에 근무하는 직원 A의 배송 예정 물품과 택배회사 배송 규정에 관한 자료이다. 각 물음에 답하시오.

[A의 배송 예정 물품]

구분	현재 위치	집하장 기준 배송지 방향	집하장 → 배송지 이동 소요 시간
특송 택배 1	가 집하장	동	10분
특송 택배 2	나 집하장	남	15분
특송 택배 3	나 집하장	북	20분
일반 택배 1	다 집하장	서	15분
일반 택배 2	나 집하장	남	10분
일반 택배 3	가 집하장	남	10분
일반 택배 4	다 집하장	동	10분
일반 택배 5	가 집하장	북	10분
일반 택배 6	다 집하장	서	10분

※ 1) 가 집하장은 나 집하장의 동쪽에 있고, 두 집하장 간 이동 소요 시간은 20분이며, 다 집하장은 나 집하장의 서쪽에 있고, 두 집하장 간 이동 소요 시간은 20분임
2) 이동 소요 시간은 차량으로 이동하는 시간을 나타냄

[배송 규정]

- 집하장에서 택배를 수령한 뒤 원칙적으로 특송 택배를 먼저 배송하고, 이후 일반 택배를 배송한 뒤 다음 집하장으로 이동한다.
- 예외적으로 먼저 배송하는 특송 택배와 배송지 방향이 같은 일반 택배는 이후 배송할 특송 택배보다 우선하여 배송할 수 있다. 예를 들어 집하장 기준 남쪽의 특송 택배를 배송한 뒤 남쪽의 일반 택배를 배송하고 집하장 기준 다른 방향에 있는 특송 택배를 배송할 수 있으나, 남쪽의 일반 택배를 배송하고 남쪽의 특송 택배를 배송할 수는 없다.
- 배송지 방향이 같은 경우 이동 소요 시간은 차감된다. 예를 들어 집하장 기준 서쪽의 2개의 배송지까지 이동 소요 시간이 각각 10분과 15분일 때, 첫 배송지에 10분, 다음 배송지에 5분의 이동 시간이 소요된다.
- 집하장 기준 다른 방향에 있는 배송지에 각각 배송하는 경우 배송지 이동 시 해당 집하장을 경유하여 다음 배송지로 이동한다.
- 택배 직원은 출근할 집하장을 임의로 정할 수 있으며, 집하장 기준 마지막 배송지의 방향이 다음 집하장의 방향과 일치하는 경우, 기존 집하장을 경유하지 않고 다음 집하장으로 이동하고, 집하장 기준 마지막 배송지의 방향이 다음 집하장의 방향과 일치하지 않는 경우, 기존 집하장을 경유하여 다음 집하장으로 이동하며, 모든 배송을 마치면 해당 배송지에서 바로 퇴근한다.

53. 위 자료를 토대로 판단한 내용으로 옳지 않은 것은?

① 일반 택배 2를 특송 택배 3보다 먼저 배송할 수 있다.
② 나 집하장을 출발하여 나 집하장의 택배 배송을 마친 뒤 나 집하장으로 돌아오는 데 최소 이동 소요 시간은 70분이다.
③ 특송 택배가 많은 순서대로 해당 집하장의 택배를 우선 배송할 경우 집하장 중 다 집하장을 가장 늦게 도착한다.
④ 집하장별 모든 택배를 배송하고 다시 해당 집하장으로 돌아오는 데 최소 이동 소요 시간은 가 집하장이 가장 짧다.

54. 택배회사 직원 A는 오전 9시에 출근하여 배송할 예정인 물품 9개를 모두 배송한 뒤 퇴근하였다. 다음 계획을 준수하여 직원 A가 택배를 배송했을 때, A가 택배를 모두 배송한 뒤 퇴근하는 시각은?

> 직원 A는 다 집하장으로 출근하여 배송 규정을 만족하는 가장 빠른 방법으로 배송을 마쳤다. 집하장마다 택배를 본인 차에 싣는 데 20분이 소요되었고, 10분 휴식 후 배송을 시작하였으며, 각 배송지에서 택배를 전달하는 데 5분씩 소요되었다. 또한, 오후 1시에 점심 식사로 60분이 소요되었다.

① 14시 45분 ② 15시 10분 ③ 15시 25분 ④ 15시 55분

[55 – 57] 다음은 국민행복카드 사용 안내문이다. 각 물음에 답하시오.

[국민행복카드 사용 안내]

1. 국민행복카드란?
   - 보육료, 유아학비, 건강보험 임신·출산 진료비 지원, 청소년산모 임신·출산 의료비 지원 및 사회서비스 전자바우처 등 정부에서 지원하는 국가바우처를 한 장의 카드로 이용할 수 있는 통합카드
   ※ 어린이집·유치원 어디서나 사용 가능함

2. 발급 대상
   - 국민행복카드: 국민 누구나 발급 가능

구분	신용카드	체크카드	전용카드
발급 조건	카드사별 자격심사	카드사별 만 14~19세 이상 자기명의 계좌 필요	신용/체크카드 발급이 어려운 경우 예외적으로 전용카드 발급

   ※ 국민행복카드 발급과 바우처 서비스 신청은 별개로 진행됨
   - 바우처 서비스: 서비스별로 지원 대상과 자격이 상이하며, 아래의 바우처 서비스 외에도 사회서비스사업 9종 등 다양한 바우처 서비스 이용이 가능함

구분	지원 대상
건강보험 임신·출산 진료비 지원	임신확인서로 임신이 확진된 건강보험 가입자 또는 피부양자 중 임신·출산 진료비 지원 신청자
청소년산모 임신·출산 의료비 지원	만 19세 이하 산모로 청소년산모 임신·출산 의료비 지원 신청자
기저귀·조제분유 지원	중위소득 40%(최저 생계비 100%) 이하 저소득층 영아(0~24개월) 가구
에너지바우처 지원	생계급여 또는 의료급여 수급자로서 노인, 영유아, 장애인, 임산부, 중증/희귀/중증난치질환자, 한부모가족, 소년소녀가정, 가정위탁보호아동 포함 가구
아이돌봄 서비스 지원	중위소득 150% 이하의 양육 공백이 발생하는 가정(맞벌이가정, 다자녀가정 등)
여성청소년 생리대 바우처 지원	생계·의료·주거·교육급여 수급자, 법정차상위계층, 한부모가족지원대상자에 해당하는 만 11~18세 여성청소년
보육료 지원	어린이집을 이용하는 만 0~5세
유아학비 지원	국·공·사립 유치원에 다니는 만 3~5세

3. 지원 혜택
   - 카드사별 신용카드/체크카드의 혜택을 그대로 적용받을 수 있으며, 연회비가 없음
   ※ 단, 일부 체크카드의 경우 은행별로 발급수수료가 있을 수 있으므로 발급 전 확인 요망
   - 바우처 서비스별 지원 혜택

건강보험 임신·출산 진료비 지원	• 임신 1회당 100만 원 이용권(국민행복카드, 고운맘카드) 지원 ※ 다태아 임산부는 140만 원 지원
청소년산모 임신·출산 의료비 지원	• 임신 1회당 120만 원 범위 내에서 임신부가 산부인과 병·의원에서 임신 및 출산과 관련하여 진료받은 급여 또는 비급여 의료비 지원
기저귀·조제분유 지원	• 기저귀 지원: 월 90,000원 • 기저귀 + 조제분유 지원: 월 200,000원 ※ 최대 24개월 지원

구분	
에너지바우처 지원	• 1인 가구: 96,500원 • 2인 가구: 136,500원 • 3인 가구: 170,500원 • 4인 이상 가구: 191,000원
아이돌봄 서비스 지원	• 영아종일제: 소득유형에 따라 시간당 1,828~10,962원 지원 • 시간제: 소득유형에 따라 시간당 1,828~10,962원 지원
여성청소년 생리대 바우처 지원	• 여성청소년 생리대 구매비용 연 최대 168,000원 지원
보육료 지원	• 만 0세: 540,000원/월 지원 • 만 1세: 475,000원/월 지원 • 만 2세: 394,000원/월 지원 • 만 3~5세: 280,000원/월 지원
유아학비 지원	• 국공립 유치원: 80,000원/월 • 사립 유치원: 260,000원/월

4. 발급 방법
   - 국민행복카드를 발급받은 후, 바우처 서비스 신청이 별도로 필요함
   - 국민행복카드를 이미 소지한 이용자는 카드 발급 절차 없이, 곧바로 각 바우처 서비스를 신청할 수 있음
   - 발급 단계

구분	상세 내용
국민행복카드 신청	• 국민행복카드는 3개의 카드사를 통하여 발급 가능함 • 카드사별로 방문 신청, 전화 신청, 온라인 신청을 통해 카드를 발급함
바우처 서비스별 신청	• 국가바우처는 혜택과 운영기관이 상이하므로, 바우처 서비스별로 신청 방법을 확인하여 신청해야 함

구분	신청 방법
건강보험 임신·출산 진료비 지원	• 국민건강보험공단 지사 또는 카드 영업점 방문 신청 • 카드사 홈페이지를 통한 온라인 신청
청소년산모 임신·출산 의료비 지원	• 사회서비스 전자바우처 포털을 이용한 온라인 신청
기저귀·조제분유 지원	• 영아의 주민등록상 주소지 관할 시·군·구 보건소에 방문 신청
에너지바우처 지원	• 주민등록상 거주지 읍·면사무소, 동 주민센터에 방문 신청
아이돌봄 서비스 지원	• 주소지 관할 주민센터 방문 신청 또는 복지 홈페이지 온라인 신청
여성청소년 생리대 바우처 지원	• 청소년의 주민등록상 주소지 관할 읍·면사무소, 동 주민센터에 방문 신청 또는 복지 홈페이지 온라인 신청
보육료 지원	• 아동의 주민등록상 주소지 읍·면사무소, 동 주민센터에 방문 신청 • 복지 홈페이지 온라인 신청 ※ 방문 신청은 부모 혹은 보호자 모두 신청 가능하나 온라인 신청은 부모만 가능함

바우처 서비스별 신청	유아학비 지원	• 아동의 주민등록상 주소지 읍·면사무소, 동 주민센터에 방문 신청 • 복지 홈페이지 온라인 신청 ※ 방문 신청은 부모 혹은 보호자 모두 신청 가능하나 온라인 신청은 부모만 가능함

55. 위 안내문을 토대로 판단한 내용으로 옳지 않은 것은?

① 국민행복카드를 신용카드로 발급받으면 연회비 없이 이용할 수 있으나 체크카드로 발급받으면 연회비를 내야 한다.
② 국민행복카드는 국민 누구나 발급받을 수 있으나, 국민행복카드를 발급받았다고 하여 모든 바우처 서비스를 이용할 수 있는 것은 아니다.
③ 국민행복카드는 3개의 카드사를 통하여 카드사별로 방문 신청, 전화 신청, 온라인 신청을 통해 발급할 수 있다.
④ 본인의 주소지 관할 주민센터에 방문하는 방법을 통해 아이돌봄 서비스 지원을 신청할 수 있다.

56. 위 안내문을 근거로 판단할 때, 바우처 서비스 지원에 대한 사례로 옳은 것은?

① 중위소득 50%에 해당하고, 12개월 영아의 자녀를 둔 가구는 기저귀·조제분유 지원 바우처 서비스의 지원 대상에 해당한다.
② 의료급여 수급자이면서 가족 구성원이 아버지와 자녀 1명인 한부모가족 가구는 에너지바우처 지원으로 136,500원이 지원된다.
③ 건강보험 임신·출산 진료비 지원은 임신 1회당 60만 원 이용권이 지원되며, 다태아 임산부는 100만 원이 추가 지원된다.
④ 국공립 어린이집을 이용하는 만 3세 아동은 유아학비 지원 대상에 해당하여 월 80,000원이 지원된다.

57. 위 안내문을 근거로 판단할 때, 갑의 가족이 올해 받을 수 있는 국민행복카드 바우처의 최대 지원금은?

[가구 구성원]

구분	관계	나이	기타
갑	본인	만 38세	-
을	배우자	만 35세	- 최근 1년간 임신·출산 이력 없음
병	아들	만 5세	- 사립 유치원 재학 중
정	딸	만 3세	- 어린이집 이용 중

※ 갑의 가구는 4인 가구로, 중위소득 120%에 해당하며, 생계급여 또는 의료급여 수급자에 해당하지 않음

[아이돌봄 서비스 지원 소득 유형에 따른 지원금]

구분	시간당 지원금	
	영아종일제	시간제
가형(중위소득 75% 이하)	10,962원	
나형(중위소득 120% 이하)	7,308원	
다형(중위소득 150% 이하)	3,654원	
라형(중위소득 200% 이하)	1,828원	
마형(중위소득 200% 초과)	없음	

※ 1) 영아종일제: 월 최대 200시간 지원(연간 최대 960시간 지원)
   2) 시간제: 연간 최대 960시간 지원

① 13,495,680원 ② 13,871,490원 ③ 14,275,250원 ④ 14,863,580원

[58 – 60] 다음은 T 회사 마케팅팀 정 대리의 6월 3주 차 업무를 나타낸 자료이다. 다음 자료를 보고 각 물음에 답하시오.

[정 대리의 6월 3주 차 업무]

구분	업무	업무 소요 시간	업무 기한
1	마케팅 비용 및 예산 집행 신청서 작성	6시간	6월 15일(월) 18시
2	시장조사 및 경쟁사 동향 파악	9시간	6월 16일(화) 18시
3	고객 관리	10시간	6월 17일(수) 18시
4	브랜드 관리 보고서 작성	8시간	6월 18일(목) 14시
5	MD	10시간	6월 19일(금) 18시

※ 1) 각 주 차별 업무는 해당 주 차에 시작하고, 각 업무는 업무 기한을 준수해야 하며, 시간이 부족할 시 해당 업무 기한 전날 야근을 할 수 있음
2) 정 대리는 매주 목요일 13~14시에 팀 회의가 있음
3) T 회사의 출근 시각은 9시, 점심 시간은 12~13시, 퇴근 시각은 18시이며 야근은 퇴근 시각 이후에 남아서 일하는 것을 의미함

58. 정 대리가 6월 3주 차 업무를 6월 15일(월) 9시에 시작해 순서대로 처리할 때, 정 대리가 6월 3주 차에 하게 되는 최소 야근 시간은? (단, 정 대리는 출근 시각보다 빨리 출근하여 업무를 진행하지 않는다.)

① 3시간　　　　　② 4시간　　　　　③ 5시간　　　　　④ 6시간

59. 정 대리는 6월 8일(월)과 23일(화)에 외근이 잡혀 있다. 다음과 같이 다른 팀 사람들이 외근 날짜를 바꿔 달라고 요청할 때, 6월 3주 차 업무와 팀 회의에 영향을 주지 않도록 바꿀 수 있는 사람은? (단, 외근을 간 다음 날은 출근하지 않으며 이틀 연속 외근을 갈 수 없다.)

① 인사팀 박 과장: "정 대리, 6월 10일에 예정된 내 외근이랑 자네 외근 중 하루를 바꿔줄 수 있겠나."
② 재무팀 이 대리: "정 대리님, 대리님의 6월 8일 외근이랑 제 6월 22일 외근이랑 바꿔주실 수 있나요?"
③ 생산팀 김 사원: "정 대리님, 제가 6월 15일과 6월 29일에 외근이 잡혀있는데 대리님 외근이랑 둘 다 바꿔주실 수 있으신가요?"
④ 연구팀 강 사원: "정 대리님, 제 6월 5일 외근이랑 대리님 외근 중 하루를 바꿔주실 수 있으신가요?"

60. 정 대리는 6월 3주 차에 계획된 5개의 업무를 모두 야근 없이 기한 내에 완료하기 위하여, 5개의 업무 중 2개의 업무를 같은 팀 박 사원과 분담하여 진행하려고 한다. 박 사원은 마감 기한 이전이라면 언제든지 업무를 진행할 수 있을 때, 박 사원이 분담받아야 할 업무와 그 비율은?

① 마케팅 비용 및 예산 집행 신청서 작성 업무의 20%, 브랜드 관리 보고서 작성 업무의 60%

② 마케팅 비용 및 예산 집행 신청서 작성 업무의 20%, 시장 조사 및 경쟁사 동향 파악 업무의 50%

③ 시장 조사 및 경쟁사 동향 파악 업무의 50%, MD 업무의 40%

④ 고객 관리 업무의 20%, MD 업무의 40%

국민건강보험법

총 20문항 / 20분

01. 다음 중 국민건강보험법상 근로자에 해당하는 사람을 모두 고르면?

> ㉠ 법인의 이사 및 임원
> ㉡ 사립학교 교직원
> ㉢ 공무원

① ㉠   ② ㉢   ③ ㉠, ㉡   ④ ㉠, ㉡, ㉢

02. 다음은 국민건강보험법상 준비금에 대한 내용이다. 빈칸에 들어갈 숫자로 적절한 것은?

> 국민건강보험공단은 회계연도마다 결산상의 잉여금 중에서 그 연도의 보험급여에 든 비용의 100분의 (㉠) 이상에 상당하는 금액을 그 연도에 든 비용의 100분의 (㉡)에 이를 때까지 준비금으로 적립하여야 한다. 이 준비금은 부족한 보험급여 비용에 충당하거나 지출할 현금이 부족할 때 외에는 사용할 수 없고, 현금 지출에 준비금을 사용한 경우 해당 회계연도 중에 이를 보전하여야 한다. 준비금의 관리 및 운영 방법 등에 필요한 사항은 보건복지부 장관이 정한다.

	㉠	㉡
①	5	50
②	5	80
③	10	50
④	10	80

03. 다음 중 국민건강보험법상 건강보험정책심의위원회에 대한 설명으로 옳은 것의 개수는?

> ㉠ 위원장과 부위원장을 제외하고 25명의 위원으로 구성한다.
> ㉡ 5년마다 국민건강보험종합계획 수립을 위하여 취약계층 지원에 관한 사항 등을 심의한다.
> ㉢ 국민건강보험종합계획에 따라 매년 연도별 시행계획에 따른 추진실적을 평가해야 한다.
> ㉣ 근로자단체 및 사용자단체가 추천하는 각 2명은 건강보험정책심의위원회 위원장이 임명 또는 위촉한다.

① 1개   ② 2개   ③ 3개   ④ 4개

04. 다음 중 국민건강보험법상 보험료 납부 대행 기관에 대한 설명으로 옳은 것은?
① 보험료 납부 대행 기관의 운영, 수수료 등에 필요한 사항은 보건복지부령으로 정한다.
② 보험료 납부 대행 기관은 보험료의 납부자로부터 보험료 납부를 대행하는 대가로 수수료는 필수로 받아야 한다.
③ 신용카드로 보험료를 납부하는 경우 보험료 납부 대행 기관의 승인일을 납부일로 본다.
④ 국민건강보험공단이 납입고지한 보험료를 납부하는 자는 대통령령으로 정하는 보험료 납부 대행 기관을 통하여 직불카드로는 납부할 수 없다.

05. 다음 중 국민건강보험법상 국민건강보험공단이 관장하는 자산의 관리·운영 및 증식사업에 해당하는 것을 모두 고르면?

> ㉠ 국민건강보험공단의 업무에 사용되는 부동산의 취득 및 일부 임대
> ㉡ 국민건강보험공단 자산의 증식을 위하여 대통령령으로 정하는 사업
> ㉢ 「자본시장과 금융투자업에 관한 법률」에 따른 신탁업자가 발행하거나 같은 법에 따른 집합투자업자가 발행하는 수익증권의 매입
> ㉣ 체신관서 또는 「은행법」에 따른 은행에의 예입 또는 신탁
> ㉤ 특별법에 따라 설립된 법인이 발행하는 유가증권의 매입
> ㉥ 국가·지방자치단체 또는 「은행법」에 따른 은행이 직접 발행하거나 채무이행을 보증하는 유가증권의 매입

① ㉠, ㉢, ㉥   ② ㉡, ㉣, ㉤   ③ ㉡, ㉢, ㉤, ㉥   ④ ㉠, ㉡, ㉢, ㉣, ㉤, ㉥

06. 다음 중 국민건강보험법상 재정운영위원회에 대한 설명으로 옳은 것의 개수는?

> ㉠ 재정운영위원회는 총 30명으로 구성한다.
> ㉡ 직장가입자를 대표하는 위원은 노동조합과 사용자단체에서 각각 50%의 비율로 보건복지부 장관에게 추천한다.
> ㉢ 공익을 대표하는 위원은 시민단체에서 추천하는 사람을 보건복지부 장관이 임명하거나 위촉한다.
> ㉣ 위원의 사임을 이유로 새로 위촉된 위원의 임기는 2년이다.

① 1개　　② 2개　　③ 3개　　④ 4개

07. 다음 중 국민건강보험법상 과태료 부과 대상에 해당하지 않는 사람은?

> • 제7조(사업장의 신고)　　• 제94조(신고 등)　　• 제96조의4(서류의 보존)
> • 제97조(보고와 검사)　　• 제98조(업무정지)　　• 제101조(제조업자 등의 금지행위 등)
> • 제103조(공단 등에 대한 감독 등)　　• 제105조(유사명칭의 사용금지)

① 제7조를 위반하여 신고를 하지 않은 사용자
② 제98조 제4항을 위반하여 행정처분절차 진행 중인 사실을 지체 없이 알리지 않은 자
③ 제103조에 따른 명령을 위반한 자
④ 제97조 제2항을 위반하여 거짓으로 보고하거나 거짓 서류를 제출한 자

08. 다음 중 국민건강보험법상 이의신청에 대한 설명으로 옳은 것은?
① 이의신청은 처분이 있음을 안 날부터 1개월 이내에 전자문서를 포함한 문서로 해야 한다.
② 요양기관이 건강보험심사평가원의 확인에 대하여 이의신청을 하려면 통보받은 날부터 60일 이내에 해야 한다.
③ 피부양자의 자격에 대한 국민건강보험공단의 처분에 이의가 있는 자는 국민건강보험공단에 이의신청을 할 수 있다.
④ 이의신청은 처분이 있은 날부터 90일을 지나면 제기하지 못한다.

09. 다음은 국민건강보험법의 일부 내용이다. 빈칸에 공통으로 들어갈 말로 적절한 것은?

> - 국민건강보험공단의 주요 사항을 심의·의결하기 위하여 국민건강보험공단에 (   )을/를 둔다.
> - 감사는 (   )에 출석하여 발언할 수 있으며, (   )의 의결 사항 및 운영 등에 필요한 사항은 대통령령으로 정한다.
> - 국민건강보험공단의 조직·인사·보수 및 회계에 관한 규정은 (   )의 의결을 거쳐 보건복지부 장관의 승인을 받아 정한다.

① 심사위원회　　　② 사무국　　　③ 심의위원회　　　④ 이사회

10. 다음 중 국민건강보험법상 외국인 등에 대한 특례에 대해 잘못 말한 사람은? (단, 제시되지 않은 사항은 고려하지 않는다.)

[갑] 국내에 체류하며 「재외동포의 출입국과 법적 지위에 관한 법률」 제6조에 따라 국내거소신고를 한 외국인이 건강보험 적용대상 사업장의 근로자이면서 국민건강보험법 제6조 제2항 각 호에 해당하지 않는다면 국민건강보험법 제5조에도 불구하고 직장가입자가 돼요.

[을] 「주민등록법」에 따라 등록하였으나, 직장가입자에 해당하지 않는 국내 체류 외국인이 보건복지부령으로 정하는 기간 동안 지속적으로 국내에 거주하였으면 지역가입자가 돼요.

[병] 「출입국관리법」에 따라 외국인 등록을 한 사람이 직장가입자의 배우자이면서 피부양자 자격의 인정 기준에 해당한다면 국민건강보험공단에 신청하지 않아도 피부양자로 인정돼요.

[정] 국내 체류가 법률에 위반되는 경우로서 대통령령으로 정하는 사유가 있는 외국인은 가입자나 피부양자가 될 수 없어요.

① 갑　　　② 을　　　③ 병　　　④ 정

11. 다음 중 국민건강보험법상 국민건강보험공단의 설립등기에 포함해야 하는 사항에 해당하지 않는 것의 개수는?

> ㉠ 예산에 관한 사항　　㉡ 명칭　　㉢ 재정운영위원회에 관한 사항
> ㉣ 목적　　㉤ 공고에 관한 사항　　㉥ 업무와 그 집행
> ㉦ 이사장의 주민등록번호　　㉧ 분사무소의 소재지　　㉨ 이사장의 주소

① 3개　　② 4개　　③ 5개　　④ 6개

12. 다음 중 국민건강보험법상 요양급여비용의 청구와 지급에 대한 설명으로 옳지 않은 것을 모두 고르면?

> ㉠ 의료법에 따른 조산사회가 요양급여비용의 심사청구를 대행할 수 있다.
> ㉡ 요양급여비용의 청구·심사·지급 등의 방법과 절차에 필요한 사항은 보건복지부령으로 정한다.
> ㉢ 요양급여비용을 청구하려는 요양기관은 건강보험심사평가원에 요양급여비용의 심사청구를 하여야 하며, 건강보험심사평가원은 이를 심사한 뒤 1개월 후 국민건강보험공단에 알려야 한다.
> ㉣ 국민건강보험공단은 건강보험심사평가원이 요양급여의 적정성을 평가하여 공단에 통보하면 그 평가 결과에 따라 요양급여비용을 가산하거나 감액 조정하여 지급한다.

① ㉠　　② ㉢　　③ ㉠, ㉡　　④ ㉢, ㉣

13. 교직원으로서 사립학교에 근무하는 교원 K 씨가 보험료액으로 232,700원을 부담하였을 때, K 씨가 소속되어 있는 사립학교를 설립·운영하는 자가 부담하는 보험료는?

① 69,810원　　② 139,620원　　③ 186,160원　　④ 232,700원

14. 다음은 국민건강보험법상 보험료의 납부기한에 대한 내용이다. 각 빈칸에 들어갈 숫자로 적절한 것은?

> - 보험료 납부의무가 있는 자는 가입자에 대한 그 달의 보험료를 그다음 달 (㉠)일까지 납부해야 한다. 다만, 직장가입자의 소득월액보험료 및 지역가입자의 보험료는 보건복지부령으로 정하는 바에 따라 분기별로 납부할 수 있다.
> - 국민건강보험공단은 납입 고지의 송달 지연 등 보건복지부령으로 정하는 사유가 있는 경우 납부의무자의 신청에 따라 납부기한부터 (㉡)개월의 범위에서 납부기한을 연장할 수 있다. 이 경우 납부기한 연장을 신청하는 방법, 절차 등에 필요한 사항은 보건복지부령으로 정한다.

	㉠	㉡
①	10	1
②	10	3
③	25	1
④	25	3

15. 다음은 국민건강보험법에 대한 OX 문제와 슬기의 답안이라고 할 때, 슬기의 총점은? (단, OX 문제의 배점은 1문제당 1점이다.)

	문제	슬기의 답안
Q1	요양기관에 대한 업무정지 처분의 효과는 그 처분이 확정된 요양기관을 양수한 자에게 무조건 승계된다.	O
Q2	지역가입자가 보험료의 납입 고지를 전자문서로 받는 경우 보험료를 감액받을 수 있다.	O
Q3	'교직원'은 사립학교나 사립학교의 경영기관에서 근무하는 교원과 직원을 가리킨다.	O

① 0점 ② 1점 ③ 2점 ④ 3점

16. 다음 중 국민건강보험법상 건강검진에 대한 설명으로 옳지 않은 것을 모두 고르면?

> ㉠ 건강검진의 검진항목은 성별, 연령 등의 특성 및 생애 주기에 맞게 설계되어야 한다.
> ㉡ 일반건강검진의 대상은 직장가입자, 세대주인 지역가입자, 20세 이상인 지역가입자 및 20세 이상인 피부양자이다.
> ㉢ 건강검진의 횟수·절차와 그 밖에 필요한 사항은 대통령령으로 정한다.
> ㉣ 국민건강보험공단은 가입자와 피부양자에 대해 질병의 조기 발견과 그에 따른 요양급여를 하기 위하여 건강검진을 실시한다.
> ㉤ 영유아건강검진의 대상은 7세 미만의 가입자 및 피부양자이다.

① ㉤   ② ㉠, ㉢   ③ ㉡, ㉣, ㉤   ④ ㉠, ㉡, ㉢, ㉣

17. 다음 중 국민건강보험법상 자격의 변동 및 상실 시기에 대한 설명으로 옳은 것을 모두 고르면?

> ㉠ 가입자는 국적을 잃거나 국내에 거주하지 않게 된 날에 그 자격을 잃는다.
> ㉡ 지역가입자는 적용대상 사업장의 사용자로 되거나, 근로자·공무원 또는 교직원으로 사용된 다음 날에 그 자격이 변동된다.
> ㉢ 건강보험을 적용받고 있던 사람은 의료보호 대상자가 되어 건강보험의 적용배제신청을 한 날에 그 자격을 잃는다.
> ㉣ 직장가입자인 근로자·공무원 또는 교직원은 그 사용관계가 끝난 날의 다음 날에 그 자격이 변동된다.

① ㉠, ㉡   ② ㉠, ㉣   ③ ㉡, ㉢   ④ ㉢, ㉣

18. 다음은 국민건강보험법상 약제에 대한 요양급여비용 상한금액의 감액에 대한 사례이다. 빈칸에 들어갈 숫자로 적절한 것은? (단, 약제가 감액된 날부터 5년의 범위에서 대통령령으로 정해진 기간은 5년이다.)

> ○○약국은 가입자의 출산에 대한 약제 중 A 약제에 관하여 최초로 「약사법」 제47조 제2항을 위반하였다. 이에 따라 A 약제의 요양급여비용 상한금액이 감액될 수 있는 최대 비율인 (㉠)%로 요양급여비용 상한금액이 감액되었다. 그로부터 3년 후 다시 A 약제에 관하여 「약사법」 제47조 제2항을 위반하여 요양급여비용 상한금액이 감액될 수 있는 최대 비율인 (㉡)%로 요양급여비용 상한금액이 감액되었다.

	㉠	㉡		㉠	㉡
①	20	20	②	20	40
③	30	30	④	30	40

19. 다음 중 국민건강보험법상 실시하는 건강검진의 종류와 그 대상이 올바르지 않게 짝지어진 것을 모두 고르면?

> ㉠ 일반건강검진 – 직장가입자
> ㉡ 일반건강검진 – 세대주 또는 비세대주인 지역가입자
> ㉢ 영유아건강검진 – 7세 미만의 피부양자
> ㉣ 암검진 – 암관리법 제11조 제2항에 따른 암의 종류별 검진주기와 연령 기준 등에 해당하는 사람
> ㉤ 일반건강검진 – 19세 이상인 피부양자 및 지역가입자

① ㉠, ㉣ ② ㉡, ㉢ ③ ㉡, ㉢, ㉤ ④ ㉢, ㉣, ㉤

20. 다음은 국민건강보험법상 과태료 대상인 A, B, C 3명이 각각 위반한 내용이다. 3명에게 부과될 수 있는 최대 과태료의 합은?

> • A: 자격 관리 및 보험료 산정 등 건강보험에 관한 서류의 기한을 지키지 않고 폐기함
> • B: 건강보험심사평가원이 아니지만 건강보험심사평가원이라는 명칭을 사용함
> • C: 휴업·폐업 등 보건복지부령으로 정하는 사유가 발생한 경우에 대하여 거짓으로 신고함

① 300만 원 ② 700만 원 ③ 1,100만 원 ④ 1,500만 원

노인장기요양보험법

총 20문항 / 20분

▶해설 p.42

01. 다음 중 노인장기요양보험법상 등급판정위원회에 대한 설명으로 옳지 않은 것은?

① 등급판정위원회는 위원장 1인을 포함하여 15인의 위원으로 구성된다.
② 등급판정위원회 위원은 국민건강보험공단 이사장이 위촉하며, 해당 경우에는 특별자치시장, 특별자치도지사, 시장, 군수, 구청장이 추천한 위원 7인이 반드시 포함되어야 한다.
③ 공무원이 아닌 등급판정위원회 위원의 임기는 3년이지만, 한 차례 연임이 가능하다.
④ 2 이상의 특별자치시·도, 시·군·구를 통합하여 하나의 등급판정위원회를 설치할 때는 해당 특별자치시장, 특별자치도지사, 시장, 군수, 구청장이 각각 위촉한다.

02. 다음 중 노인장기요양보험법상 장기요양위원회의 구성 및 운영에 대한 설명으로 옳지 않은 것은?

① 장기요양위원회의 효율적인 운영을 위하여 분야별로 실무위원회를 두는 것이 가능하다.
② 장기요양위원회는 위원장과 부위원장 각각 1인을 포함한 18인 이상 24인 이하의 위원으로 구성해야 한다.
③ 위원장이 아닌 위원은 의료계를 대표하는 자가 임명될 수 있다.
④ 위원의 임기는 원칙적으로 3년이지만 예외적으로 공무원에 해당하는 위원의 임기는 재임 기간으로 한다.

03. 다음 중 노인장기요양보험법상 장기요양기관의 지정에 대한 설명으로 옳지 않은 것의 개수는?

> ㉠ 장기요양기관의 지정절차와 그 밖에 필요한 사항은 보건복지부령으로 정한다.
> ㉡ 재가급여를 제공하는 장기요양기관으로 지정을 받을 수 있는 시설은 노인복지시설 중 보건복지부령으로 정하는 시설로 한다.
> ㉢ 시설급여를 제공하는 장기요양기관을 운영하려는 자는 대통령령으로 정하는 장기요양에 필요한 시설 및 인력을 갖추어 소재지를 관할 구역으로 하는 특별자치시장 등으로부터 지정을 받아야 한다.

① 0개 ② 1개 ③ 2개 ④ 3개

04. 다음 중 노인장기요양보험법상 보건복지부령으로 정하는 사항에 해당하지 않는 것은?

① 장기요양위원회의 구성 및 운영에 대한 사항
② 장기요양급여 월 한도액의 산정기준
③ 의사소견서의 발급비용 및 발급자의 범위
④ 방문간호지시서 발급에 사용되는 비용의 부담방법에 관하여 필요한 사항

05. 다음 중 노인장기요양보험법상 장기요양보험 및 가입 자격에 대한 설명으로 옳은 것의 개수는?

> ㉠ 대통령령으로 정하는 외국인이 신청하는 경우 장기요양보험의 가입자에서 제외할 수 있다.
> ㉡ 장기요양보험사업은 국민건강보험공단이 관장한다.
> ㉢ 장기요양보험사업의 보험자는 국민건강보험공단으로 한다.
> ㉣ 장기요양보험의 가입자는 「국민건강보험법」 제5조 및 제109조에 따른 가입자로 한다.

① 1개 ② 2개 ③ 3개 ④ 4개

06. 다음은 노인장기요양보험법상 장기요양급여에 대한 내용이다. 빈칸에 들어갈 말로 적절한 것은?

> 국민건강보험공단은 다음 각 호의 어느 하나에 해당하는 수급자가 가족 등으로부터 방문요양에 상당한 장기요양급여를 받은 때 대통령령으로 정하는 기준에 따라 해당 수급자에게 (   )를 지급할 수 있다.
> 1. 도서·벽지 등 장기요양기관이 현저히 부족한 지역으로서 보건복지부 장관이 정하여 고시하는 지역에 거주하는 자
> 2. 천재지변이나 그 밖에 이와 유사한 사유로 인하여 장기요양기관이 제공하는 장기요양급여를 이용하기가 어렵다고 보건복지부 장관이 인정하는 자
> 3. 신체·정신 또는 성격 등 대통령령으로 정하는 사유로 인하여 가족 등으로부터 장기요양을 받아야 하는 자

① 특례요양비   ② 가족요양비   ③ 기타재가급여   ④ 요양병원간병비

07. 다음 중 노인장기요양보험법상 장기요양요원지원센터가 수행하는 업무에 해당하는 것을 모두 고르면?

> ㉠ 장기요양요원의 권리 침해에 관한 상담 및 지원
> ㉡ 장기요양요원의 역량강화를 위한 교육지원
> ㉢ 장기요양요원의 근로조건에 관한 실태조사 및 결과 공표
> ㉣ 장기요양요원에 대한 건강검진 등 건강관리를 위한 사업

① ㉠, ㉡, ㉣   ② ㉠, ㉢, ㉣   ③ ㉡, ㉢, ㉣   ④ ㉠, ㉡, ㉢, ㉣

08. 다음 중 노인장기요양보험법상 장기요양등급판정위원회의 위원으로 위촉할 수 있는 대상에 해당하는 것을 모두 고르면?

> ㉠ 「사회복지사업법」에 따른 사회복지사
> ㉡ 국민건강보험공단 소속 직원
> ㉢ 「의료법」에 따른 의료인
> ㉣ 특별자치시·특별자치도·시·군·구 소속 공무원

① ㉠, ㉡, ㉢   ② ㉠, ㉡, ㉣   ③ ㉠, ㉢, ㉣   ④ ㉡, ㉢, ㉣

09. 다음 중 노인장기요양보험법상 장기요양기관의 폐업 등의 신고 등에 대한 설명으로 옳지 않은 것은?

① 특별자치시장·특별자치도지사·시장·군수·구청장은 장기요양기관의 장이 유효기간이 끝나기 30일 전까지 지정 갱신 신청을 하지 않는 경우 그 사실을 보건복지부에 통보해야 한다.
② 장기요양기관의 장은 폐업·휴업 신고를 할 때 또는 장기요양기관의 지정 갱신을 하지 아니하여 유효기간이 만료될 때 보건복지부령으로 정하는 바에 따라 장기요양급여 제공 자료를 국민건강보험공단으로 이관해야 한다.
③ 특별자치시장·특별자치도지사·시장·군수·구청장은 「노인복지법」 제43조에 따라 노인의료복지시설 등에 대해 사업정지 또는 폐업 명령을 하는 경우 지체 없이 국민건강보험공단에 그 내용을 통보해야 한다.
④ 장기요양기관의 장은 폐업하고자 하는 경우 폐업 예정일 전 30일까지 특별자치시장·특별자치도지사·시장·군수·구청장에게 신고해야 한다.

10. 다음 중 노인장기요양보험법에서 사용하는 용어의 정의로 옳은 것은?

① "노인등"이란 65세 이상의 노인 또는 65세 미만의 자로서 치매·뇌혈관성질환 등 보건복지부령으로 정하는 노인성 질병을 가진 자를 말한다.
② "장기요양급여"란 3개월 이상 동안 혼자서 일상생활을 수행하기 어렵다고 인정되는 자에게 신체활동·가사활동의 지원 또는 간병 등의 서비스나 이에 갈음하여 지급하는 현금 등을 말한다.
③ "장기요양사업"이란 장기요양보험료, 국가 및 지방자치단체의 부담금 등을 재원으로 하여 노인등에게 장기요양급여를 제공하는 사업을 말한다.
④ "장기요양요원"이란 장기요양기관에 소속되어 노인등의 신체활동 또는 정신활동 지원등의 업무를 수행하는 자를 말한다.

11. 다음 중 노인장기요양보험법상 수급자 또는 장기요양기관이 장기요양급여를 제공받거나 제공할 경우 요구하거나 제공하여서는 안 되는 급여외행위에 해당하지 않는 것을 모두 고르면?

> ㉠ 수급자의 일상생활에 지장이 없는 행위
> ㉡ 수급자 본인만을 위한 행위
> ㉢ 수급자의 자립생활 유지를 위한 지원 활동
> ㉣ 수급자의 생업을 지원하는 행위

① ㉠, ㉡   ② ㉠, ㉣   ③ ㉡, ㉢   ④ ㉢, ㉣

12. 다음 중 노인장기요양보험법상 행정제재처분 효과의 승계에 대해 바르게 설명한 사람을 모두 고르면?

> - 갑: 법인이 합병된 경우 행정제재처분의 효과는 그 처분을 한 날부터 5년간 합병으로 신설되거나 합병 후 존속하는 법인에 승계되지.
> - 을: 행정제재처분의 절차가 진행 중일 때에도 합병으로 신설되거나 합병 후 존속하는 법인에 대해 그 절차를 계속 이어서 할 수 있어.
> - 병: 하지만 합병으로 신설되거나 합병 후 존속하는 법인이 합병 시에 행정제재처분 또는 위반사실을 알지 못하였음을 증명하는 경우에는 그러하지 않아.

① 갑, 을 ② 갑, 병 ③ 을, 병 ④ 갑, 을, 병

13. 다음 중 노인장기요양보험법상 장기요양인정서를 작성할 경우 고려사항으로 옳은 것의 개수는?

> ㉠ 수급자와 그 가족의 욕구 및 선택
> ㉡ 수급자의 가족 구성원 수
> ㉢ 시설급여를 제공하는 경우 장기요양기관이 운영하는 시설 현황
> ㉣ 수급자의 장기요양등급 및 생활환경
> ㉤ 수급자의 과거 의료 이용 내역

① 2개 ② 3개 ③ 4개 ④ 5개

14. 다음 중 노인장기요양보험법상 장기요양인정의 신청에 대한 설명으로 옳은 것을 모두 고르면?

> ㉠ 장기요양보험 가입자 또는 그 피부양자일 경우에만 장기요양인정의 신청자격이 있다.
> ㉡ 장기요양인정 신청인은 국민건강보험공단에 의사소견서를 제출하는 것이 원칙이지만, 거동이 현저하게 불편하거나 도서·벽지 지역에 거주하여 의료기관을 방문하기 어려운 자는 의사소견서를 제출하지 않을 수 있다.
> ㉢ 장기요양인정의 유효기간이 만료된 후 장기요양급여를 계속하여 받고자 하는 경우 국민건강보험공단에 장기요양인정의 갱신을 해야 하며, 유효기간 만료일까지 이를 완료해야 한다.
> ㉣ 장기요양급여를 받고자 하는 자가 신체적·정신적인 사유로 장기요양인정의 신청을 직접 수행할 수 없을 때 그 가족이나 친족, 그 밖의 이해관계인이 이를 대리할 수 있다.

① ㉠, ㉡ ② ㉠, ㉢ ③ ㉡, ㉢ ④ ㉡, ㉣

15. 다음 중 노인장기요양보험법상 장기요양기관 지정의 취소 사유에 해당하지 않는 것은?

① 폐업 또는 휴업 신고를 하지 아니하고 6개월 이상 장기요양급여를 제공하지 아니한 경우
② 거짓이나 그 밖의 부정한 방법으로 재가 및 시설 급여비용을 청구한 경우
③ 장기요양기관의 종사자 등이 자신의 보호·감독을 받는 수급자를 유기하거나 의식주를 포함한 기본적 보호 및 치료를 소홀히 하는 방임행위를 한 경우
④ 업무정지기간 중에 장기요양급여를 제공한 경우

16. 다음 중 노인장기요양보험법상 장기요양급여의 종류가 재가급여에 해당하지 않는 것은?

① 장기요양요원인 간호사가 의사의 지시서에 따라 수급자의 가정에 방문하여 요양에 관한 상담을 제공하는 장기요양급여
② 장기요양기관에 장기간 입소한 수급자에게 심신기능의 향상을 위한 교육을 제공하는 장기요양급여
③ 장기요양요원이 수급자의 가정에 방문하여 가사활동을 지원하는 장기요양급여
④ 수급자를 하루 중 일정한 시간 동안 장기요양기관에 보호하여 심신기능의 유지를 위한 교육을 제공하는 장기요양급여

17. 다음 중 노인장기요양보험법상 재가 및 시설 급여비용의 청구 및 지급 등에 대한 설명으로 옳은 것은?

   ① 국민건강보험공단은 장기요양기관의 장기요양급여평가 결과에 따라 장기요양급여비용을 가산 또는 감액조정하여 지급하여야 한다.
   ② 장기요양기관은 수급자에게 재가급여 또는 시설급여를 제공한 경우 국민건강보험공단에 장기요양급여비용을 청구할 수 있다.
   ③ 국민건강보험공단은 장기요양급여비용을 심사한 결과 수급자가 이미 낸 본인부담금이 국민건강보험공단이 장기요양기관에 통보한 본인부담금보다 많으면 두 금액 간의 차액을 장기요양기관에 지급할 금액에서 공제하여 수급자에게 지급할 수 있다.
   ④ 장기요양기관은 지급받은 장기요양급여비용 중 보건복지부장관이 정하여 고시하는 비율에 따라 그 일부를 장기요양요원에 대한 인건비로 지출하여야 한다.

18. 다음은 2021년부터 2025년까지 장기요양보험료 예상수입액을 가정한 자료이다. 노인장기요양보험법상 2021년과 2025년에 국가에서 국민건강보험공단에 지원할 금액의 차이는? (단, 국가로부터 지원받는 금액은 매년 예산의 범위 안에 포함되는 금액으로, 지원 가능한 최대 금액을 지원받는다고 가정한다.)

[연도별 장기요양보험료 예상수입액]

구분	2021년	2022년	2023년	2024년	2025년
장기요양보험료 예상수입액	58,460억 원	63,530억 원	69,280억 원	73,710억 원	78,840억 원

① 1,026억 원   ② 1,912억 원   ③ 3,062억 원   ④ 4,076억 원

19. 다음은 노인장기요양보험법상 벌칙에 대한 내용이다. 각 설명에 해당하는 벌칙이 바르게 짝지어진 것은?

> (가) 거짓이나 그 밖의 부정한 방법으로 장기요양급여비용을 청구한 자
> (나) 수급자가 부담한 비용을 정산하지 아니한 자
> (다) 업무수행 중 알게 된 비밀을 누설한 자

	(가)	(나)	(다)
①	3년 이하의 징역 또는 3천만 원 이하의 벌금	2년 이하의 징역 또는 2천만 원 이하의 벌금	1년 이하의 징역 또는 1천만 원 이하의 벌금
②	3년 이하의 징역 또는 3천만 원 이하의 벌금	1년 이하의 징역 또는 1천만 원 이하의 벌금	2년 이하의 징역 또는 2천만 원 이하의 벌금
③	2년 이하의 징역 또는 2천만 원 이하의 벌금	3년 이하의 징역 또는 3천만 원 이하의 벌금	1년 이하의 징역 또는 1천만 원 이하의 벌금
④	2년 이하의 징역 또는 2천만 원 이하의 벌금	1년 이하의 징역 또는 1천만 원 이하의 벌금	3년 이하의 징역 또는 3천만 원 이하의 벌금

20. 다음 중 노인장기요양보험법상 장기요양기관 지정의 갱신에 대한 설명으로 옳은 것을 모두 고르면?

> ㉠ 특별자치시장·특별자치도지사·시장·군수·구청장은 장기요양기관 갱신 심사를 완료한 경우 그 결과를 지체 없이 보건복지부 장관에게 통보해야 한다.
> ㉡ 장기요양기관 지정의 갱신 신청을 받은 특별자치시장·특별자치도지사·시장·군수·구청장은 갱신 심사에 필요하다고 판단되는 경우에는 장기요양기관에 추가자료의 제출을 요구하거나 소속 공무원으로 하여금 현장심사를 하게 할 수 있다.
> ㉢ 장기요양기관의 장은 지정의 유효기간이 끝난 후에도 계속하여 그 지정을 유지하려는 경우에는 소재지를 관할구역으로 하는 특별자치시장·특별자치도지사·시장·군수·구청장에게 지정 유효기간이 끝나기 60일 전까지 지정 갱신을 신청해야 한다.
> ㉣ 장기요양기관 지정 갱신의 기준, 절차 및 방법 등에 필요한 사항은 보건복지부령으로 정한다.

① ㉠, ㉡   ② ㉡, ㉢   ③ ㉡, ㉣   ④ ㉢, ㉣

해커스잡

실전모의고사 2회

국민건강보험공단 필기시험 알아보기

1 필기시험 특징

1. 국민건강보험공단 일반공채 필기전형에서는 NCS 직업기초능력 60문항과 직무시험(법률) 20문항 총 80문항을 평가한다.
2. NCS 직업기초능력은 영역 간 세부 시간 구분 없이 60분 동안 진행되며, 직무시험(법률)은 NCS 직업기초능력 종료 후 10분의 직무시험 준비시간을 가진 뒤 20분간 진행된다.
3. 오답에 대한 감점은 없으나, 필기시험의 합격자는 과목별 40% 이상, 전 과목 총점의 60% 이상 득점자 중에서 가점을 합한 고득점자순으로 선발된다.

[참고] 국민건강보험공단 필기시험 출제 영역

직무	NCS 직업기초능력	직무시험(법률)
행정직/건강직/기술직	의사소통능력, 수리능력, 문제해결능력	국민건강보험법
요양직		노인장기요양보험법
전산직	의사소통능력, 수리능력, 문제해결능력, 전산개발 기초능력	국민건강보험법

2 의사소통능력 최신 시험 출제 경향

1. 중심 내용 파악, 세부 내용 파악, 글의 구조 파악 등의 독해력 문제와 문장 삭제 등의 문서작성기술 문제가 출제되었으며, 지문의 길이가 길지 않아 난이도는 쉬운 편이었다.
2. 국민건강보험공단과 관련된 보도자료의 출제 비중이 높았으며, 제시된 지문과 일치하거나 불일치하는 것을 고르는 문제가 비중 높게 출제되었다.

3 수리능력 최신 시험 출제 경향

1. 방정식, 통계 등의 기초연산 문제는 출제되지 않았고, 자료해석, 자료변환, 빈칸추론 등의 도표분석 문제만 출제되었으며, 난이도는 평이한 편이었다.
2. 계산이 비교적 간단한 문제가 출제되었으며, 자료에 제시된 수치가 깔끔한 문제가 많이 출제되었다.

4 문제해결능력 최신 시험 출제 경향

1. 명제추리, 조건추리 등의 사고력 문제는 출제되지 않았고, 문제처리 유형의 문제만 출제되었으며, 문제 풀이에 사용해야 하는 조건이 많아 난이도는 어려운 편이었다.
2. 국민건강보험공단, 의학, 보험 등과 관련된 문제의 출제 비중이 높았으며, 의사소통능력과 유사하게 자료와 선택지 간의 일치 여부를 묻는 문제와 자료의 수치를 비교하거나 계산하여 풀이하는 문제가 많이 출제되었다.

5 직무시험(법률) 최신 시험 출제 경향

1. '할 수 있다' 또는 '하여야 한다'와 같은 서술어의 차이를 묻는 문제와 보건복지부령과 대통령령을 구분해야 하는 문제 등이 다수 출제되었으며, 사례 제시형 문제가 낮은 비중으로 출제되어 난이도는 약간 어려운 편이었다.
2. 여러 개의 선택지를 고르거나 개수를 구하는 합답형 문제가 많이 출제되었다.

학습 플랜 & 취약 영역 분석표

- 하루에 1회씩 실전모의고사를 풀고 난 후, 아래 QR 코드를 통해 경쟁자와 나의 위치를 비교해보세요.
- 영역별로 맞힌 개수, 틀리거나 풀지 못한 문제 번호를 적고 나서 취약한 영역이 무엇인지 파악해보세요. 취약한 영역은 틀리거나 풀지 못한 문제를 다시 풀어보면서 확실히 극복하세요.

1일		실전모의고사 1회		
학습 날짜	구분	영역	맞힌 개수	틀리거나 풀지 못한 문제 번호
___월 ___일	NCS 직업기초능력	의사소통능력	/20	
		수리능력	/20	
		문제해결능력	/20	
	직무시험(법률)	국민건강보험법	/20	
		노인장기요양보험법	/20	

2일		실전모의고사 2회		
학습 날짜	구분	영역	맞힌 개수	틀리거나 풀지 못한 문제 번호
___월 ___일	NCS 직업기초능력	의사소통능력	/20	
		수리능력	/20	
		문제해결능력	/20	
	직무시험(법률)	국민건강보험법	/20	
		노인장기요양보험법	/20	

'바로 채점 및 성적 분석 서비스'로 바로 확인하는 내 위치! ▶

실전모의고사 1회

NCS 직업기초능력 정답·해설

01 의사소통 ④	02 의사소통 ③	03 의사소통 ①	04 의사소통 ④	05 의사소통 ④	06 의사소통 ①	07 의사소통 ③	08 의사소통 ④	09 의사소통 ③	10 의사소통 ④
11 의사소통 ②	12 의사소통 ③	13 의사소통 ④	14 의사소통 ③	15 의사소통 ④	16 의사소통 ④	17 의사소통 ①	18 의사소통 ③	19 의사소통 ②	20 의사소통 ②
21 수리 ②	22 수리 ④	23 수리 ③	24 수리 ②	25 수리 ③	26 수리 ④	27 수리 ②	28 수리 ④	29 수리 ③	30 수리 ①
31 수리 ①	32 수리 ③	33 수리 ④	34 수리 ②	35 수리 ③	36 수리 ④	37 수리 ①	38 수리 ②	39 수리 ②	40 수리 ③
41 문제해결 ③	42 문제해결 ③	43 문제해결 ④	44 문제해결 ②	45 문제해결 ③	46 문제해결 ②	47 문제해결 ③	48 문제해결 ④	49 문제해결 ③	50 문제해결 ③
51 문제해결 ④	52 문제해결 ②	53 문제해결 ①	54 문제해결 ②	55 문제해결 ④	56 문제해결 ④	57 문제해결 ④	58 문제해결 ①	59 문제해결 ④	60 문제해결 ④

[01-03]
01 의사소통능력 　　　　　　　　　정답 ④

2문단에서 생활실험실 활용 기술개발 사업은 자유공모 12개, 지정공모 2개 총 14개의 과제를 지원한다고 하였으므로 생활실험실 활용 기술개발 사업의 지원 과제 개수는 자유공모보다 지정공모가 더 많은 것은 아님을 알 수 있다.

오답 체크

① 3문단에서 확산단계에서는 축적된 소비자 선호 데이터를 활용하고 공공구매 판로를 확보한다고 하였으므로 적절한 내용이다.
② 1문단에서 소비자가 기술혁신의 주체로 참여해서 중소기업에 소비자 맞춤형 제품개발을 지원한다고 하였으므로 적절한 내용이다.
③ 4문단에서 운영기관 선정평가 항목은 운영 역량, 사용자 관리 역량, 기술혁신 역량, 성과확산 역량, 재정운용 역량으로 나뉘며, 각 평가항목의 배점은 제시된 순서대로 30점, 20점, 25점, 20점, 5점이라고 하였으므로 적절한 내용이다.

02 의사소통능력 　　　　　　　　　정답 ③

4문단에서 생활실험실 플랫폼 지속성 확보를 위한 자립화 방안의 타당성은 성과확산 역량에 해당하는 평가지표라고 하였으므로 생활실험실(리빙랩) 플랫폼의 지속성 확보에 필요한 자립화 방안이 준비된 기업은 성과확산 역량에서 높은 배점을 받을 것임을 추론할 수 있다.

오답 체크

① 1문단에서 중소기업이 기획, 개발, 실증의 전체 단계에서 소비자 선호를 반영해 제품화하기에는 어려움이 많다고 하였으므로 적절하지 않은 내용이다.
② 5문단에서 다양해지고 있는 소비자의 취향에 부응하는 제품개발이 무엇보다도 중요하다고 하였으므로 적절하지 않은 내용이다.
④ 2문단에서 생활실험실 플랫폼 구축 및 운영 사업의 총 지원 금액은 10억 원으로 컨소시엄 1개만 선정된다고 하였으므로 적절하지 않은 내용이다.

03 의사소통능력 　　　　　정답 ①

이 보도자료는 중소기업이 제품 기획부터 개발, 실증까지 전 단계에 소비자를 참여시켜 맞춤형 제품을 개발하도록 지원하는 생활실험실 활용 기술개발 사업을 본격 추진한다는 내용이므로 이 보도자료의 중심 내용으로 가장 적절한 것은 ①이다.

오답 체크
② 인공지능 기술을 활용한 제품개발 사업에 대해서는 다루고 있지 않으므로 적절하지 않은 내용이다.
③ 중소기업의 해외 진출을 확대하기 위한 새로운 방안에 대해서는 다루고 있지 않으므로 적절하지 않은 내용이다.
④ 소비자 보호를 위한 생활제품에 대한 안전성 기준 강화에 대해서는 다루고 있지 않으므로 적절하지 않은 내용이다.

[04-06]
04 의사소통능력 　　　　　정답 ④

(라)문단에서 신선한 달걀은 빛에 비춰봤을 때 더 투명하고 맑은 것이며, 흔들어도 소리가 나지 않고 크기 대비 무게가 더 나가는 것이라고 하였으므로 달걀은 흔들었을 때 소리가 나야 더 신선하다고 판단되는 것은 아님을 추론할 수 있다.

오답 체크
① (가)문단에서 단순히 단백질을 섭취하고자 한다면 흰자위만 먹어도 된다고 하였으므로 적절한 내용이다.
② (나)문단에서 달걀의 노른자위에 함유된 콜린 성분은 뇌 속 신경전달물질인 아세틸콜린의 분비를 활성화시켜 기억력 및 근육의 조절 능력 증진에 도움을 준다고 하였으므로 적절한 내용이다.
③ (다)문단에서 달걀에 함유되어 있는 단백질인 아비딘은 수용성 비타민인 비오틴의 흡수를 방해할 수 있다고 하였으므로 적절한 내용이다.

05 의사소통능력 　　　　　정답 ②

(다)문단에서 열을 가하면 아비딘의 성질이 변하더라도 다른 영양소는 파괴되지 않는다고 하였으므로 열을 가하면 일부 단백질의 성질이 변하면서 비타민과 미네랄도 함께 파괴되는 것은 아님을 알 수 있다.

오답 체크
① (가)문단에서 탄수화물과 지방도 일부 포함되어 있지만 거의 미미한 수준이어서 무시 가능하다고 하였으므로 적절한 내용이다.
③ (나)문단에서 달걀 노른자위에는 두뇌와 신경조직 형성에 도움을 주는 인지질이 다량 함유되어 있다고 하였으므로 적절한 내용이다.
④ (가)문단에서 달걀을 난각 아래에 속껍질이 존재하고, 속껍질을 벗기면 흰자위를 확인할 수 있다고 하였으므로 적절한 내용이다.

06 의사소통능력 　　　　　정답 ①

<보기>는 다이어트 중이거나 운동을 즐겨 하는 사람들이 노른자위를 제외하고 흰자위만 섭취하는 경우가 많다는 내용이다.
따라서 흰자위는 대부분이 단백질로 구성되어 있고, 그 속에는 필수 아미노산도 함유되어 있으므로 단백질 섭취만이 목적이라면 흰자위만 먹는 것이 효율적일 수 있다는 (가)문단 뒤에 위치하는 것이 가장 적절하다.

[07-08]
07 의사소통능력 　　　　　정답 ③

이 글은 수면 장애를 불면증, 수면호흡장애, 수면과다증, 사건수면으로 분류하고 유형별 특징을 설명하는 내용이므로 이 글의 제목으로 가장 적절한 것은 ③이다.

오답 체크
① 2문단에서 만성 불면증이 치매, 파킨슨병, 수면성 간질 등 다른 질병의 원인이 될 수 있다고 하였지만, 글 전체를 포괄할 수 없으므로 적절하지 않은 내용이다.
② 증상에 따른 불면증 치료법의 장점과 단점에 대해서는 다루고 있지 않으므로 적절하지 않은 내용이다.
④ 충분한 수면으로 얻을 수 있는 긍정적 효과에 대해서는 다루고 있지 않으므로 적절하지 않은 내용이다.

08 의사소통능력 　　　　　정답 ②

2문단에서 불면증은 국내 성인의 20% 이상이 증상을 호소할 만큼 수면 장애 중에서도 가장 흔하게 접할 수 있는 유형이며, 증상이 한 달 이상 지속되면 만성 불면증을 의심해야 한다고 하였으므로 불면증은 국내 성인 인구의 20% 이상이 경험한다고 알려져 있으며, 한 달 이상 지속되면 만성 불면증을 의심해야 하는 것임을 알 수 있다.

오답 체크
① 3문단에서 수면 무호흡증을 보이는 환자의 약 95%가 본인의 증상을 알지 못하는 것으로 알려져 있다고 하였으므로 적절하지 않은 내용이다.
③ 4문단에서 기면증은 수면과다증의 대표적인 질환이라고 하였고, 5문단에서 사건수면은 자는 도중이나 잠이 완전히 깨지 않은 상태에서 생기는 비정상적인 행동이나 사건을 말한다고 하였으므로 적절하지 않은 내용이다.
④ 5문단에서 하지 불안 증후군은 심한 경우 일상 생활 도중에도 사지가 갑자기 움직이기도 한다고 하였으므로 적절하지 않은 내용이다.

[09-10]

09 의사소통능력   정답 ③

이 발표는 미각의 특징과 혀의 맛지도를 소개하며 흥미를 유발하고, 미각의 민감도에 따른 순응 현상과 건강과의 상관관계를 설명하는 발표이다.
따라서 '(다) 미각의 종류와 맛을 감지하는 미뢰의 특성 → (가) 잘못된 정보인 혀의 맛지도 → (라) 미각의 순응 현상 → (나) 미각의 순응 현상을 고려한 맛의 배합: 단맛과 짠맛 → (마) 미각의 민감도와 건강의 상관관계' 순으로 연결되어야 한다.

10 의사소통능력   정답 ④

(다)문단에서 맛을 느끼는 감각인 미각은 각각의 맛이 미뢰에 의해 감지되며, 미뢰는 혀를 포함한 구강 전체에 분포하고 있어서 입안 어디에서든 맛을 느낄 수 있다고 하였으므로 미각은 혀를 포함한 입 전체에 분포된 미뢰에 의해 자극되므로, 특정 부위에서만 맛을 느낀다는 생각은 잘못된 고정관념인 것임을 알 수 있다.

오답 체크

① (라)문단에서 음식을 씹으면 미각 물질이 침에 계속 새로 녹아 나와서 음식의 맛을 아예 느끼지 못하는 것은 아니라고 하였으므로 적절하지 않은 내용이다.
② (나)문단에서 단맛에 순응된 미각은 짠맛에 더 민감하게 반응하고, 짠맛에 순응된 미각은 단맛에 더 민감하게 반응하며, 단맛과 짠맛을 동시에 느낄 수 있는 제품은 혀의 한쪽을 단맛으로 나머지 한쪽을 짠맛으로 자극하여 단맛을 강하게 느끼게 만든 것이라고 하였으므로 적절하지 않은 내용이다.
③ (마)문단에서 스트레스를 받거나 피로하면 평소보다 더 달고, 짜고 매운 음식을 먹는 경우가 많으며, 이는 미각의 균형이 깨졌기 때문에 나타나는 현상이라고 하였으므로 적절하지 않은 내용이다.

[11-13]

11 의사소통능력   정답 ②

이 글은 예방접종과 건강검진의 중요성을 강조함으로써 이를 통해 감염병 예방과 질병의 조기 발견이 가능하다는 내용이므로 윗글의 중심 내용으로 가장 적절한 것은 ②이다.

오답 체크

① 2문단에서 예방접종의 연령별 적절한 시기를 서술하고 있고, 3문단에서 연령별 건강검진이 건강관리에 필수적이라는 내용을 서술하고 있으나 글 전체를 포괄할 수 없으므로 적절하지 않은 내용이다.
③ 4문단에서 정부와 지방자치단체의 지원에 대한 내용을 서술하고 있으나 글 전체를 포괄할 수 없으므로 적절하지 않은 내용이다.
④ 예방접종과 건강검진을 개인의 선택사항이나 의무사항으로 구분하는 내용은 다루고 있지 않으므로 적절하지 않은 내용이다.

12 의사소통능력   정답 ③

4문단에서 정부와 지방자치단체는 국가예방접종사업과 건강검진 서비스를 제공하고 있으며, 국민건강보험공단은 연령별 맞춤 검진은 물론 일부 예방접종을 무료로 지원하고 있다고 하였으므로 일부 건강검진과 예방접종은 연령에 따라 무상으로 지원받을 수 있음을 알 수 있다.

오답 체크

① 2문단에서 성인이 되면 소아기 접종으로 형성된 면역이 감소하거나, 새롭게 필요한 백신이 생기므로 예방접종이 다시 중요해진다고 하였고, 예방접종과 건강검진의 중요성을 비교한 내용은 다루지 않았으므로 적절하지 않은 내용이다.
② 3문단에서 청소년기에는 시력·청력, 척추측만증 등을 점검해야 하며, 성인기에는 혈압·혈당·지질 수치로 만성질환을 조기에 감지한다고 하였으므로 적절하지 않은 내용이다.
④ 2문단에서 해외여행 전에는 황열, 장티푸스, A형 간염 등 여행지에 따라 백신을 최소 한 달 전에 접종해야 한다고 하였으므로 적절하지 않은 내용이다.

13 의사소통능력   정답 ④

4문단에서 예방접종과 건강검진은 제도적 지원과 함께 개인의 자발적인 실천과 정보 이해가 병행될 때 효과적인 건강관리가 가능하다고 하였으므로 예방접종으로 인해 느낄 수 있는 불편함은 면역을 형성하고 건강을 지키기 위한 대가라는 내용의 ㉣은 삭제되어야 한다.

[14-15]

14 의사소통능력   정답 ③

'2. 대상자 선정 기준'에서 금연캠프 대상자는 흡연 관련 질병력이 있거나 20년 이상 담배를 피우고 1회 이상 금연 실패 경험이 있는 흡연자가 해당된다고 하였으므로 흡연 관련 질병력이 없으면서 10년 동안 흡연한 사람이 금연캠프 대상자로 선정될 수 있는 것은 아님을 알 수 있다.

오답 체크

① '4. 캠프 전체 일정'에서 5일 차 검진 결과 상담 후 필요에 따라 센터 추가 방문을 요청할 수 있다고 하였으므로 적절한 내용이다.
② '3. 신청방법'에서 방문 또는 온라인 접수 두 가지 방법을 통해 신청할 수 있으며 캠프 대상자가 직접 신청해야 한다고 하였으므로 적절한 내용이다.
④ '6. 유의사항 - 1)'에서 만 65세 이상 노인은 모든 캠프 프로그램 정상 수료 시 참가비 전액이 환급된다고 하였으므로 적절한 내용이다.

15 의사소통능력   정답 ④

'4. 캠프 전체 일정'에서 금연 스트레스 관리 및 분노 조절 훈련은 4일 차에 진행하는 것이고, 필요에 따라 센터 추가 방문을 요청할 수 있는 것은 5일 차 검진 결과 상담이 진행된 뒤이므로 적절하지 않은 내용이다.

> **오답 체크**
> ① '5. 캠프 참가비'에서 입금 기한은 프로그램 1일 차 시작하는 날로부터 일주일 전까지라고 하였으므로 적절한 내용이다.
> ② '4. 캠프 전체 일정'에서 5일 차 일정에 심리상담으로 금연지지자(가족, 친구 등)에게 금연 도움받기가 포함되어 있으므로 적절한 내용이다.
> ③ '6. 유의사항'에서 6개월 성공 확인 시 5만 원 이내 금연 성공 기념품을 제공한다고 하였으므로 적절한 내용이다.

[16-18]
16 의사소통능력   정답 ④

이 글은 열사병의 발생 원인과 대응의 핵심에 대한 내용이므로 이 글의 중심 내용으로 가장 적절한 것은 ④이다.

> **오답 체크**
> ① 열사병 치료 과정에서 중점을 두어야 하는 부분에 대해서 다루고 있지 않으므로 적절하지 않은 내용이다.
> ② 열사병과 심혈관계의 연관성에 대해서 다루고 있지 않으므로 적절하지 않은 내용이다.
> ③ 열사병의 예방과 치료를 위한 개인의 노력과 정부 차원의 체계적인 관리 및 정책 지원의 필요성에 대해서는 다루고 있지 않으므로 적절하지 않은 내용이다.

17 의사소통능력   정답 ①

㉠ 3문단에서 열사병 자체를 진단하는 검사가 없어 유사한 증상을 일으킬 수 있는 다른 질환을 제외한 다음 병명을 결정한다고 하였으므로 적절한 내용이다.
㉤ 2문단에서 고열은 간세포에도 영향을 미치기 때문에 열사병이 발생한 지 24~72시간 이후 황달이나 손발 떨림 등의 증상이 나타날 수 있다고 하였으므로 적절한 내용이다.

> **오답 체크**
> ㉡ 4문단에서 열사병 환자로 의심되는 사람이 있다면 빨리 시원한 곳으로 옮겨 고온의 환경에서 최대한 멀리 이동시키고, 옷을 벗겨 찬물에 적신 수건으로 몸을 감싸고 찬물을 부어주는 등 체온이 떨어질 수 있는 처치를 해주어야 한다고 하였으므로 적절하지 않은 내용이다.
> ㉢ 3문단에서 구강이나 고막에서 측정된 체온은 중심 체온을 반영하지 못하여 식도 체온 등을 통해 신체 내부의 체온을 측정하여 열사병을 진단해야 한다고 하였으므로 적절하지 않은 내용이다.
> ㉣ 4문단에서 의식이 명료하지 않은 열사병 환자는 물과 같은 액체류를 절대 복용해서는 안 된다고 하였으므로 적절하지 않은 내용이다.

18 의사소통능력   정답 ③

빈칸 앞에서는 열사병의 주요 증상과 심각한 경우 나타날 수 있는 상태에 대한 내용을 말하고 있고, 빈칸 뒤에서는 열사병으로 인한 추가적인 증상에 대한 내용을 말하고 있다.
따라서 앞의 정보에 내용을 덧붙이는 접속어인 '게다가'가 들어가는 것이 가장 적절하다.

[19-20]
19 의사소통능력   정답 ②

6문단에서 말라리아 유행국가로 여행 가기 전에는 의료진과 상담을 통해 미리 예방약을 복용하여야 한다고 하였으므로 해외 말라리아 유행국가 여행 시 귀국하고 나서 병원에 방문하여 말라리아 예방약을 복용하는 것은 가장 적절하지 않은 내용이다.

> **오답 체크**
> ① 5문단에서 홍역 유행국가인 베트남 여행 시 홍역에 감염될 수 있어 20~30대의 성인은 홍역을 앓았던 전적이 없는 경우, 홍역 항체 검사 결과가 음성인 경우, 홍역 예방접종을 2회 이상 받지 않았을 경우 중 해당되는 내역이 있다면 홍역에 대한 면역의 증거가 없는 것이며, 그 경우 출국 전 홍역 예방접종을 받아야 한다고 하였으므로 적절한 내용이다.
> ③ 11문단에서 해외여행을 하고 난 뒤 호흡기 증상으로 의료기관 방문 시 의료진에게 해외여행력을 반드시 알려야 한다고 하였으므로 적절한 내용이다.
> ④ 9문단에서 질병관리본부에서는 '해외감염병 NOW 누리' 사이트를 운영하고 있으며, 이 사이트에서는 여행지 감염병 발생 상황 및 감염병 정보, 여행 전·중·후 감염병 예방 수칙 등의 관련 정보를 제공하고 있다고 하였으므로 적절한 내용이다.

20 의사소통능력   정답 ②

빈칸 앞에서는 말라리아 예방을 위한 주의사항을 말하고 있고, 빈칸 뒤에서는 임신부라는 특정 대상에 대한 추가 권고사항에 대해 말하고 있다.
따라서 앞의 일반적 내용에 구체적인 예시나 사례를 들 때 사용하는 접속어 '특히'가 들어가는 것이 가장 적절하다.

[21-23]

21 수리능력   정답 ②

2024년 검사 동기별 전체 HIV 감염자 수에서 남자 HIV 감염자 수가 차지하는 비중은 질병 원인 확인이 (211 / 218) × 100 ≒ 97%, 수술 입원 시 검사가 (196 / 201) × 100 ≒ 98%, 건강검진이 (115 / 122) × 100 ≒ 94%, 자발적 검사가 (162 / 167) × 100 ≒ 97%, 기타가 (67 / 71) × 100 ≒ 94%, 무응답이 (39 / 39) × 100 = 100%이므로 옳은 설명이다.

오답 체크

① 2024년 전체 HIV 총 감염자 수는 2020년 대비 (1,060 – 818) / 1,060 × 100 ≒ 23% 감소하였으므로 옳지 않은 설명이다.
③ 2021년 이후 여자 HIV 총 감염자 수가 전년 대비 가장 많이 감소한 2024년에 건강검진 여자 HIV 감염자 수는 전년 대비 증가하였으므로 옳지 않은 설명이다.
④ 기타를 제외한 제시된 검사 동기 중 2024년 전체 HIV 감염자 수가 4년 전 대비 증가한 검사 동기는 수술 입원 시 검사, 건강검진이며, 두 검사 동기의 2024년 전체 HIV 감염자 수의 합은 201 + 122 = 323명이므로 옳지 않은 설명이다.

⏱ 빠른 문제 풀이 Tip

② 검사 동기별 전체 HIV 감염자 수의 10%와 검사 동기별 여자 HIV 감염자 수를 비교한다.
2024년 검사 동기별 전체 HIV 감염자의 10%는 질병 원인 확인이 218 × 0.1 = 21.8명, 수술 입원 시 검사가 201 × 0.1 = 20.1명, 건강검진이 122 × 0.1 = 12.2명, 자발적 검사가 167 × 0.1 = 16.7명, 기타가 71 × 0.1 = 7.1명, 무응답이 39 × 0.1 = 3.9명임에 따라 검사 동기별 여자 HIV 감염자 수보다 각각 많으므로 2024년 검사 동기별 남자 HIV 감염자 수의 비중은 90% 이상임을 알 수 있다.

22 수리능력   정답 ④

제시된 기간 중 남자와 여자의 HIV 총 감염자 수 차이는 2020년에 1,000 – 60 = 940명, 2021년에 958 – 50 = 908명, 2022년에 945 – 44 = 901명, 2023년에 953 – 53 = 900명, 2024년에 790 – 28 = 762명으로 900명 초과인 해는 2020년, 2021년, 2022년이다. 따라서 2020~2022년 건강검진 전체 HIV 감염자 수의 연평균은 (108 + 115 + 95) / 3 = 106명이다.

23 수리능력   정답 ③

제시된 자료에 따르면 2020년 전체 HIV 여자 감염자 수는 25 + 12 + 2 + 5 + 3 + 13 = 60명으로, 2020년 검사 동기별 HIV 여자 감염자 수 비중은 무응답이 (13 / 60) × 100 ≒ 21.7%, 수술 입원 시 검사가 (12 / 60) × 100 = 20.0%이지만, 그래프에서는 무응답이 20.0%, 수술 입원 시 검사가 21.7%이므로 옳지 않은 그래프는 ③이다.

오답 체크

① 2022년 전체 HIV 감염자 수는 292 + 203 + 95 + 267 + 51 + 81 = 989명으로, 2022년 검사 동기별 HIV 감염자 수 비중은 질병 원인 확인이 (292 / 989) × 100 ≒ 29.5%, 수술 입원 시 검사가 (203 / 989) × 100 ≒ 20.5%, 건강검진이 (95 / 989) × 100 ≒ 9.6%, 자발적 검사가 (267 / 989) × 100 ≒ 27.0%, 기타가 (51 / 989) × 100 ≒ 5.2%, 무응답이 (81 / 989) × 100 ≒ 8.2%이므로 옳은 그래프이다.
② 연도별 자발적 검사 성별 HIV 감염자 수는 여자가 2020년에 5명, 2021년에 5명, 2022년에 5명, 2023년에 9명, 2024년에 5명이고, 남자가 2020년에 179명, 2021년에 205명, 2022년에 262명, 2023년에 264명, 2024년에 162명이므로 옳은 그래프이다.
④ 연도별 무응답 HIV 감염자 수는 2020년에 212명, 2021년에 96명, 2022년에 81명, 2023년에 79명, 2024년에 39명이므로 옳은 그래프이다.

[24-25]

24 수리능력   정답 ③

2023년 대비 2024년 평균 신장의 증가폭은 성인 남성의 경우 20대가 175.1 – 169.7 = 5.4cm, 30대가 174.5 – 168.1 = 6.4cm, 40대가 173.9 – 167.5 = 6.4cm, 50대 이상이 172.0 – 166.9 = 5.1cm이며, 성인 여성의 경우 20대가 163.3 – 156.1 = 7.2cm, 30대가 161.9 – 155.5 = 6.4cm, 40대가 161.3 – 154.8 = 6.5cm, 50대 이상이 159.1 – 153.9 = 5.2cm로 2023년 대비 2024년 평균 신장의 증가폭이 가장 작은 연령대는 성인 남성과 성인 여성이 50대 이상으로 동일하므로 옳은 설명이다.

오답 체크

① 2023년 평균 신장은 성인 남성과 여성 모두 연령대가 높아질수록 작아지지만, 평균 체중은 성인 남성의 경우 연령대가 높아질수록 증가하는 것은 아니므로 옳지 않은 설명이다.
② 2024년 동일 연령대의 성인 여성 대비 성인 남성의 평균 체중은 20대가 76.8 / 57.2 ≒ 1.34, 30대가 78.0 / 59.1 ≒ 1.32, 40대가 77.2 / 60.5 ≒ 1.28, 50대 이상이 74.5 / 60.7 ≒ 1.23이므로 옳지 않은 설명이다.
④ 성인 남성의 30대 평균 체중 대비 40대 평균 체중은 2023년에 66.7 / 67.1 ≒ 1.0배, 2024년에 77.2 / 78.0 ≒ 1.0배이므로 옳지 않은 설명이다.

25 수리능력   정답 ②

2024년 성인 여성 중 평균 신장이 가장 작은 연령대인 50대 이상의 평균 체중은 평균 신장이 가장 큰 연령대인 20대의 평균 체중의 60.7 / 57.2 ≒ 1.1배이다.

[26-28]
26 수리능력   정답 ④

수발서비스 항목을 제외한 모든 항목에서 80~84세가 85세 이상보다 비율이 높거나 같으므로 옳은 설명이다.

오답 체크

① 소득보장 항목과 의료서비스 항목의 비율의 차이는 65~69세가 34 - 24 = 10%p, 70~74세가 34 - 27 = 7%p, 75~79세가 31 - 27 = 4%p, 80~84세가 27 - 27 = 0%p, 85세 이상이 27 - 22 = 5%p로 65~69세가 가장 크므로 옳지 않은 설명이다.

② 70~74세와 75~79세 노인 인구수가 같다면 각 항목의 응답 비율을 합산하여 응답한 노인수를 비교할 수 있음에 따라 수발서비스 항목에 응답한 비율의 합인 15 + 20 = 35는 경제활동 지원에 응답한 비율의 합인 12 + 7 = 19의 35 / 19 ≒ 1.8배이므로 옳지 않은 설명이다.

③ 경제활동 지원 항목의 비율 대비 여가생활 지원 및 기타 항목의 비율은 65~69세가 16 / 14 ≒ 1.1배, 70~74세가 12 / 12 = 1.0배, 75~79세가 15 / 7 ≒ 2.1배, 80~84세가 12 / 4 = 3.0배, 85세 이상이 11 / 2 = 5.5배로, 여가생활 지원 및 기타 항목의 비율이 경제활동 지원 항목의 비율의 3배를 초과하는 연령대는 85세 이상 1개이므로 옳지 않은 설명이다.

27 수리능력   정답 ②

여가생활 지원 및 기타 항목 대비 소득보장 항목의 비율은 65~69세가 34 / 16 ≒ 2.13, 70~74세가 34 / 12 ≒ 2.83, 75~79세가 31 / 15 ≒ 2.07, 80~84세가 27 / 12 = 2.25, 85세 이상이 22 / 11 = 2.00이므로 여가생활 지원 및 기타 항목 대비 소득보장 항목의 비율이 가장 높은 연령대는 70~74세이다.

28 수리능력   정답 ④

80~84세 노인 인구수가 85세 이상 노인 인구수의 두 배일 때, 85세 이상 노인 인구수를 x라고 하면, 80~84세 노인 인구수는 $2x$이다. 이때 연령대별 비율의 합은 100%이므로 80세 이상 노인 중 의료서비스를 가장 중요하게 생각하는 노인의 비율은 $\{(2x \times 0.27 + x \times 0.27) / 3x\} \times 100 = 27\%$이다.

[29-30]
29 수리능력   정답 ②

2014년에 남자와 여자 각각 봉사자 수가 많은 연령대부터 나열하면 남자가 60대 이상, 50대, 10대 이하, 40대, 20대, 30대 순이고, 여자가 60대 이상, 50대, 40대, 10대 이하, 20대, 30대 순임에 따라 남자와 여자의 세 번째 순위와 네 번째 순위가 서로 다르므로 옳지 않은 설명이다.

오답 체크

① 2019년 전체 여자 봉사자 수는 1,262 + 1,090 + 293 + 1,874 + 5,136 + 12,695 = 22,350명, 전체 남자 봉사자 수는 1,228 + 690 + 292 + 536 + 1,175 + 3,138 = 7,059명임에 따라 전체 여자 봉사자 수는 전체 남자 봉사자 수의 22,350 / 7,059 ≒ 3.2배이므로 옳은 설명이다.

③ 제시된 기간 중 20대 남자 봉사자 수가 가장 적은 2015년에 20대 여자 봉사자 수는 전년 대비 1,222 - 836 = 386명 감소하였으므로 옳은 설명이다.

④ 제시된 기간에 10대 이하 봉사자 수는 여자가 남자보다 매년 많으므로 옳은 설명이다.

30 수리능력   정답 ①

제시된 자료에 따르면 2017년 20대 이하 남자 봉사자 수는 1,675 + 606 = 2,281명으로 2,000명 이상이지만, 그래프에서는 2,000명보다 낮게 나타나므로 옳지 않은 그래프는 ①이다.

[31-33]
31 수리능력   정답 ①

㉠ 서울의 진료 인원 1명당 진료비는 2018년에 (7,508 × 1,000,000,000) / (5,766 × 1,000) ≒ 1.3백만 원, 2019년에 (8,531 × 1,000,000,000) / (5,941 × 1,000) ≒ 1.4백만 원, 2020년에 (8,717 × 1,000,000,000) / (5,379 × 1,000) ≒ 1.6백만 원임에 따라 2018년이 가장 적으므로 옳지 않은 설명이다.

㉡ 제시된 기간 동안 진료 인원이 매년 400천 명 미만인 지역은 울산, 세종, 전북, 제주 4개 지역이며, 4개 지역의 2020년 내원일수 평균은 (2,168 + 893 + 2,760 + 645) / 4 = 1,616.5천 일이므로 옳지 않은 설명이다.

오답 체크

㉢ 2011년 이후 진료비는 매년 서울이 경기의 2배 이상이므로 옳은 설명이다.

㉣ 2018년 진료 인원이 많은 상위 3개 지역은 서울, 경기, 부산이고, 내원 일수가 많은 상위 3개 지역도 서울, 경기, 부산이므로 옳은 설명이다.

32 수리능력   정답 ③

2018년 이후 서울과 경기의 연도별 진료비 차이는 2018년에 7,508 − 2,707 = 4,801십억 원, 2019년에 8,531 − 2,964 = 5,567 십억 원, 2020년에 8,717 − 3,007 = 5,710십억 원으로 2020년이 가장 크다. 이에 따라 2020년 진료 인원 1명당 내원일수는 서울이 (44,573 × 1,000) / (5,379 × 1,000) ≒ 8.3일, 경기가 (26,273 × 1,000) / (2,837 × 1,000) ≒ 9.3일이다.
따라서 서울과 경기의 진료 인원 1명당 내원일수의 차이는 9.3 − 8.3 ≒ 1.0일이다.

33 수리능력   정답 ④

제시된 자료에 따르면 서울과 경기의 진료비의 차이는 2011년에 3,975 − 1,678 = 2,297십억 원, 2013년에 4,534 − 1,813 = 2,721 십억 원이지만, 그래프에서는 2011년이 2013년보다 높게 나타나므로 옳지 않은 그래프는 ④이다.

오답 체크

① 2017~2020년 서울 진료비의 전년 대비 증가량은 2017년에 6,615 − 5,996 = 619십억 원, 2018년에 7,508 − 6,615 = 893십억 원, 2019년에 8,531 − 7,508 = 1,023십억 원, 2020년에 8,717 − 8,531 = 186십억 원이므로 옳은 그래프이다.
② 강원과 충북의 진료 인원의 합은 2018년에 511 + 483 = 994천 명, 2019년에 507 + 475 = 982천 명, 2020년에 424 + 403 = 827천 명이므로 옳은 그래프이다.
③ 2018~2020년 인천의 내원일수는 2018년에 6,748천 일, 2019년에 6,816천 일, 2020년에 6,272천 일이므로 옳은 그래프이다.

[34-35]
34 수리능력   정답 ②

2020년 이후 장애영아 및 유치원 학생 수는 전년 대비 매년 증가하지만, 2024년 중학교 학생 수는 전년 대비 증가하였으므로 옳지 않은 설명이다.

오답 체크

① 2022년 특수학교 1개교당 특수학급 수는 10,676 / 175 ≒ 61.0학급이므로 옳은 설명이다.
③ 2024년 특수학급 수는 2019년 대비 {(11,661 − 9,868) / 9,868} × 100 ≒ 18.2% 증가하였으므로 옳은 설명이다.
④ 제시된 기간 중 교원 수가 처음으로 20,000명을 넘은 2022년에 교원 수는 전년 대비 20,039 − 19,327 = 712명 증가하였으므로 옳은 설명이다.

35 수리능력   정답 ②

전체 학생 중 초등학교 학생이 차지하는 비중은 2019년에 (33,591 / 88,067) × 100 ≒ 38.1%, 2024년에 (43,205 / 95,420) × 100 ≒ 45.3%로, 2019년과 2024년의 전체 학생 중 초등학교 학생이 차지하는 비중의 차이는 45.3 − 38.1 ≒ 7.2%p이다.

[36-37]
36 수리능력   정답 ①

2023년 대비 2024년 진료인원의 증가량은 고혈압이 7,474 − 7,283 = 191천 명, 당뇨병이 3,831 − 3,698 = 133천 명, 고지혈증이 3,045 − 2,851 = 194천 명으로 고지혈증이 가장 많으므로 옳지 않은 설명이다.

오답 체크

② 2021년 이후 고혈압의 진료건수와 진료비는 모두 꾸준히 증가하였으므로 옳은 설명이다.
③ 당뇨병의 진료인원수 대비 진료건수는 2020년에 22,915 / 3,228 ≒ 7.1배, 2021년에 23,264 / 3,348 ≒ 6.9배, 2022년에 24,438 / 3,569 ≒ 6.8배, 2023년에 24,708 / 3,698 ≒ 6.7배, 2024년에 25,135 / 3,831 ≒ 6.6배로, 당뇨병 진료건수는 매년 진료인원수의 8배 미만이므로 옳은 설명이다.
④ 제시된 기간 중 다른 해에 비해 고지혈증 진료비가 가장 많은 해는 2024년이며, 고지혈증 진료인원이 가장 많은 해도 2024년이므로 옳은 설명이다.

37 수리능력   정답 ①

(가) 2020년 제시된 질병 유형의 진료인원의 합은 총 12,080명이므로 고혈압 진료인원은 12,080 − (3,228 + 2,210) = 6,642천 명이다.
(나) 진료인원 대비 진료건수는 2020년에 고혈압이 46,494 / 6,642 = 7이고, 고혈압이 고지혈증의 2배이므로 고지혈증 진료건수는 2,210 × (7/2) = 7,735천 건이다.
따라서 (가)는 6,642, (나)는 7,735이다.

[38-40]
38 수리능력   정답 ②

2024년 건강진단 실시근로자 수의 여자 대비 남자의 비율은 30~39세가 465 / 90 ≒ 5.2, 60세 이상이 135 / 27 = 5로 30~39세가 60세 이상보다 높으므로 옳은 설명이다.

오답 체크

① 남자 건강진단 실시근로자 수의 전년 대비 증가량은 2021년에 1,145 − 940 = 205천 명, 2022년에 1,364 − 1,145 = 219천 명, 2023년에 1,549 − 1,364 = 185천 명, 2024년에 1,576 − 1,549 = 27천 명으로 2021년 이후 남자 건강진단 실시근로자 수의 전년 대비 증가량의 최댓값은 219천 명이므로 옳지 않은 설명이다.
③ 2015년 이후 여자 건강진단 실시근로자 수가 전년 대비 감소한 해는 2016년이고, 2016년 남자 건강진단 실시근로자 수는 전년 대비 742 − 723 = 19천 명 증가하였으므로 옳지 않은 설명이다.
④ 2024년 연령별 건강진단 실시근로자 수는 30세 미만이 249 + 133 = 382천 명, 30~39세가 465 + 90 = 555천 명, 40~49세가 393 + 95 = 488천 명, 50~59세가 334 + 102 = 436천 명, 60세 이상이 135 + 27 = 162천 명으로 2024년 건강진단 실시근로자 수가 가장 많은 연령대는 30~39세이므로 옳지 않은 설명이다.

39 수리능력   정답 ②

전체 건강진단 실시근로자 수는 2021년에 1,145 + 265 = 1,410명, 2024년에 1,576 + 447 = 2,023명이다.
따라서 2021년 대비 2024년 전체 건강진단 실시근로자 수의 증가율은 {(2,023 − 1,410) / 1,410} × 100 ≒ 43.5%이다.

40 수리능력   정답 ③

제시된 자료에 따르면 남자 건강진단 실시근로자 수의 전년 대비 증가율은 2018년에 {(832 − 785) / 785} × 100 ≒ 6.0%, 2019년에 {(928 − 832) / 832} × 100 ≒ 11.5%, 2020년에 {(940 − 928) / 928} × 100 ≒ 1.3%이지만, 그래프에서는 2020년에 2.0%보다 높게 나타나므로 옳지 않은 그래프는 ③이다.

오답 체크

① 전체 건강진단 실시근로자 수는 2014년에 672 + 127 = 799천 명, 2015년에 723 + 133 = 856천 명, 2016년에 742 + 118 = 860천 명, 2017년에 785 + 134 = 919천 명이므로 옳은 그래프이다.
② 2023년 전체 건강진단 실시근로자 수는 1,549 + 427 = 1,976천 명으로 2023년 성별 건강진단 실시근로자 비중은 남자가 (1,549 / 1,976) × 100 ≒ 78.4%, 여자가 (427 / 1,976) × 100 ≒ 21.6%이므로 옳은 그래프이다.
④ 2024년 연령별 남자와 여자 건강진단 실시근로자 수의 차이는 30세 미만이 249 − 133 = 116천 명, 30~39세가 465 − 90 = 375천 명, 40~49세가 393 − 95 = 298천 명, 50~59세가 334 − 102 = 232천 명, 60세 이상이 135 − 27 = 108천 명이므로 옳은 그래프이다.

[41-42]
41 문제해결능력   정답 ③

'5. 사업 수행 − 방역보조인력'에 따르면 방역보조인력이 보유한 자격증에 불문하고 수급자에게 간호처치, 신체활동 보조 등의 직접 서비스는 제공할 수 없다고 하였으므로 옳지 않은 내용이다.

오답 체크

① '4. 참여방법 및 대상 기관 선정'에 따르면 신청기간은 4월 26일부터 5월 4일까지이며, '3. 대상 및 기간'에서 사업기간은 6월 1일부터 10월 31일까지라고 하였으므로 옳은 내용이다.
② '5. 사업 수행'에 따르면 급여 지급은 익월 1일 시설에서 방역보조인력에게 월 급여의 100%를 지급하며, 보조금 신청은 매월 5일 공단업무 포털에서 신청한다고 하였으므로 옳은 내용이다.
④ '3. 대상 및 기간'에 따르면 노인요양시설, 노인요양공동생활가정, 주야간·단기보호시설, 양로시설, 병원급 의료기관(지방의료원 포함) 및 보건기관이 대상에 해당하며, 보건소는 제외된다고 하였으므로 옳은 내용이다.

42 문제해결능력   정답 ③

'2. 사업 내용'에 따르면 방역보조인력 인건비는 1일 8시간 근무 기준 1인당 월 183만 원이며, 4대 보험 사업주부담금은 월 19만 원으로 방역보조인력 1인당 월 202만 원의 금액 중 국고보조로 90%의 금액을 지원하고, 10%의 금액은 자부담한다고 하였으므로 T 기관에서는 방역보조인력 1인당 월 202 × 0.1 = 20.2만 원의 금액을 자부담한다. 또한, 사업기간은 6월 1일부터 10월 31일까지 5개월이므로 T 기관에서는 5개월간 5명의 방역보조인력의 인건비를 자부담하게 된다.
따라서 T 기관에서 자부담한 금액은 20.2 × 5 × 5 = 505만 원이다.

[43-44]
43 문제해결능력   정답 ④

기타 케이크 종류를 선호하는 사람은 전체 1,000명 중 7.5%이고, 그중 40%가 티라미수를 선호한다고 응답했으므로 티라미수를 선호하는 사람은 1,000 × 0.075 × 0.40 = 30명이므로 옳은 내용이다.

오답 체크

① 생크림 케이크를 선택한 사람은 1,000 × 0.552 = 552명, 치즈 케이크를 선택한 사람은 1,000 × 0.153 = 153명으로 그 차이는 522 − 153 = 399명이므로 옳지 않은 내용이다.
② 30대 단골 고객 비율은 {(60 + 158) / 250} × 100 = 87.2%이고, 20대 이하 단골 고객 비율은 {(52 + 174) / 250} × 100 = 90.4%이므로 30대의 비율이 20대 이하보다 낮으므로 옳지 않은 내용이다.
③ 40대 응답자 중에서 생일에 케이크를 구매한다고 응답한 비율은 (130 / 250) × 100 = 52%이므로 옳지 않은 내용이다.

44 문제해결능력   정답 ③

도수분포표에서의 평균은 각 계급의 계급값과 도수를 곱하여 더한 뒤, 도수의 총합으로 나누어 구한다.
따라서 202X년에 책정되는 케이크의 표준 가격은 (15,000 × 393 + 25,000 × 230 + 35,000 × 164 + 45,000 × 213) / 1,000 = 26,970원이다.

[45-46]
45 문제해결능력   정답 ③

제시된 자료에 따르면 상현이는 6개월 전 ○○보험의 기본계약과 선택계약을 모두 가입하였고, 202X년 03월 15일에 응급실에 내원하여 진료를 받았다. 이때 상현이는 응급환자에 해당하지 않으므로 '2. 선택계약 - 응급실 내원비 보장'에 따라 1만 원을 지급받으며, 진료 결과 1종 수술로 분류되는 척추 중재 시술을 받았고, 질병이 아닌 일반 상해이므로 '1. 기본계약 - 수술비'에 따라 20만 원을 모두 지급받는다. 또한, △△상급종합병원에서 5일간 입원 치료를 받아 '1. 기본계약 - 통합 입원'에 따라 1일당 5만 원씩 지급받고 '2. 선택계약 - 종합병원 입원'에 따라 1일당 2만 원씩 지급받아 1일당 7만 원씩 총 7 × 5 = 35만 원을 지급받는다. 이때 입원 기간 5일 중 2일간 간병인을 지원받았으므로 '2. 선택계약 - 간병인 지원'에 따라 간병인을 지원받지 않은 3일 치 금액인 2 × 3 = 6만 원을 지급받는다.
따라서 상현이가 지급받을 총보험금은 1 + 20 + 35 + 6 = 62만 원이다.

46 문제해결능력   정답 ④

일반 상해 또는 질병으로 입원할 경우, 병원 또는 의원은 입원 1일당 2만 원, 상급종합병원은 입원 1일당 5만 원, 중환자실은 입원 1일당 10만 원이 지급되지만 입원일 수는 최대 30일 한도까지만 산정하고, 수술 분류에 따라 1종 수술은 20만 원, 2종 수술은 25만 원, 4종 수술은 60만 원이 지급되지만 질병 치료를 목적으로 수술 시 50%만 지급된다. 또한, 간병인은 입원 1일마다 지원받을 수 있으나 받지 않은 경우에는 입원 1일마다 2만 원을 지급받고, 종합병원에 입원한 경우에는 입원 1일마다 2만 원을 지급받으며, 응급실에 내원하였다면 응급환자에 해당할 경우 2만 원, 응급환자에 해당하지 않을 경우 1만 원을 지급받는다. 이에 따라 A~D가 지급받을 총 보험금(통합 입원 지급금액 + 수술비 지급금액 + 간병인 지원 지급금액 + 종합병원 입원 지급금액 + 응급실 내원비 보장 지급금액)을 계산하면 다음과 같다.
- A: (10만 원 × 5일) + 20만 원 + {2만 원 × (5 - 2)일} + (2만 원 × 5일) + 2만 원 = 50 + 20 + 6 + 10 + 2 = 88만 원
- B: (2만 원 × 7일) + (60만 원 × 0.5) + {2만 원 × (7 - 0)일} + (0만 원 × 7일) + 2만 원 = 14 + 30 + 14 + 0 + 2 = 60만 원
- C: (5만 원 × 3일) + 30만 원 + {2만 원 × (3 - 3)일} + (2만 원 × 3일) + 1만 원 = 15 + 30 + 0 + 6 + 1 = 52만 원
- D: (2만 원 × 30일) + 0만 원 + {2만 원 × (35 - 20)일} + (0만 원 × 35일) + 1만 원 = 60 + 0 + 30 + 0 + 1 = 91만 원

따라서 총보험금을 가장 많이 지급받을 사람은 D이다.

[47-49]
47 문제해결능력   정답 ④

[독서실 요금표]에 따르면 하루에 10시간씩 5일 동안 연이어 1인석을 이용하는 경우 정액권으로 1주 이용하면 요금은 60,000원이고, 시간권으로 50시간을 이용하면 요금은 70,000원이다.
따라서 하루에 10시간씩 5일 동안 연이어 1인석을 이용하는 경우 정액권이 시간권보다 더 저렴하므로 옳은 내용이다.

오답 체크

① [독서실 요금표]에 따르면 하루에 3시간씩 16일간 1인석을 이용하는 경우 당일권의 하루 요금은 4,500원이므로 16일간 요금은 16 × 4,500 = 72,000원이고, 이용 시간은 총 3 × 16 = 48시간임에 따라 시간권으로 50시간을 이용하면 요금은 70,000원이다. 따라서 시간권이 당일권보다 더 저렴하므로 옳지 않은 내용이다.
② [독서실 요금표]에 따르면 스터디룸은 1실당 6인까지 수용 가능하여 시간당 최소 요금은 1인이 이용하는 경우로 1,700원이고, 최대 요금은 6인이 이용하는 경우로 6 × 1,700 = 10,200원이므로 옳지 않은 내용이다.
③ [스터디 모임 규정]에 따르면 오프라인 모임으로 공휴일에 상관없이 매주 월요일, 수요일, 금요일 오후 1시부터 오후 5시까지 스터디룸에서 문제 풀이 및 질의응답을 진행하므로 옳지 않은 내용이다.

48 문제해결능력   정답 ④

제시된 자료에 따르면 A는 스터디 첫날 ☆☆독서실에서 4주간 사용할 수 있는 사물함 요금 12,000원을 결제하고, A를 포함한 4명이 매주 월요일, 수요일, 금요일에 사용할 스터디룸 요금을 수금하여 한 번에 결제한다고 했으므로 총 스터디룸 이용 요금은 1,700원 × 4시간 × 3회 × 4주 × 4명 = 326,400원이다. 또한, 오프라인 모임 다음 날인 화요일, 목요일, 토요일은 오전 9시부터 오후 6시까지 개별 스터디 시간이며, 오후 1시부터 오후 2시까지 점심시간이므로 8시간씩 1인석을 이용한다. 당일권, 시간권, 정액권의 4주간 요금을 계산하면 당일권의 경우 오전 9시부터 오후 1시까지, 오후 2시부터 오후 6시까지 4시간씩 2번 이용하는 것이 가장 저렴하므로 3 × 4 × 2 × 4,500 = 108,000원, 시간권의 경우 총 스터디 시간은 3 × 4 × 8 = 96시간으로 100시간을 이용하는 것이 가장 저렴하므로 130,000원, 정액권의 경우 4주를 이용하는 것이 가장 저렴하므로 140,000원이다. 이에 따라 A는 당일권을 이용하는 경우 요금이 가장 저렴함을 알 수 있다.

따라서 A가 스터디 모임을 위해 결제할 총 요금은 12,000 + 326,400 + 108,000 = 446,400원이다.

49 문제해결능력 정답 ②

당일권에는 15%, 시간권에는 30%, 정액권에는 15% 할인이 적용되고, B는 4주간 2시간의 개별 스터디를 추가로 진행하였으므로 당일권, 시간권, 정액권의 4주간 요금을 계산하면 다음과 같다.

· 당일권: (4시간 + 4시간 + 2시간) × 0.85 × 3일 × 4주
→ (4,500 + 4,500 + 3,000) × 0.85 × 3 × 4 = 122,400원
· 시간권: 10시간 × 3일 × 4주 = 120시간 (150시간 요금)
→ 180,000 × 0.7 = 126,000원
· 정액권: 4주
→ 140,000 × 0.85 = 119,000원

따라서 B가 가장 저렴한 요금으로 개별 스터디 요금만 따로 결제하였을 때, B가 결제한 요금은 119,000원이다.

[50-52]
50 문제해결능력 정답 ②

제시된 자료에 따르면 신재생 에너지 공급의무 비율 = (신재생 에너지 생산량 / 예상 에너지 사용량) × 100이고, 신재생 에너지 생산량 = 원별 설치규모 × 단위 에너지 생산량 × 원별 보정계수이며, 예상 에너지 사용량 = 건축 연면적 × 단위 에너지 사용량 × 지역계수이다. 사업자 갑은 전라남도에서 건축 연면적이 2,000m^2인 판매 및 영업시설을 운영하므로 단위 에너지 사용량은 408.45kWh/m^2이고, 지역계수는 0.99이므로 예상 에너지 사용량은 2,000 × 408.45 × 0.99 = 808,731kWh이다. 또한, 갑은 설치규모가 100kW인 고정식 태양광 발전 설비를 사용하므로 원별 설치규모는 100kW이고, 단위 에너지 생산량은 1,358kWh/kW이며, 원별 보정계수는 1.56이므로 신재생 에너지 생산량은 100 × 1,358 × 1.56 = 211,848kWh이다.
따라서 신재생 에너지 공급의무 비율은 (211,848 / 808,731) × 100 ≒ 26.2%이다.

51 문제해결능력 정답 ④

'3. 예상 에너지 사용량'에 따르면 예상 에너지 사용량 = 건축 연면적 × 단위 에너지 사용량 × 지역계수이므로 단위 에너지 사용량이 높을수록 예상 에너지 사용량이 높다. 이때 업무시설의 단위 에너지 사용량은 374.47kWh/m^2이고, 위락시설의 단위 에너지 사용량은 400.33kWh/m^2임에 따라 건축 연면적과 지역계수가 동일한 경우 단위 에너지 사용량이 업무 시설보다 높은 위락시설의 예상 에너지 사용량이 더 높으므로 옳지 않은 내용이다.

오답 체크

① '1. 신재생 에너지 공급의무 비율'에 따르면 신재생 에너지 공급의무 비율 = (신재생 에너지 생산량 / 예상 에너지 사용량) × 100으로 예상 에너지 사용량이 동일한 경우 신재생 에너지 공급의무 비율은 신재생 에너지 생산량에 비례하므로 옳은 내용이다.

② '3. 예상 에너지 사용량'에 따르면 건축 연면적은 연면적에서 주차장 면적을 제외한 면적이므로 옳은 내용이다.

③ '5. 전라도 지역계수'에 따르면 전라북도가 전라남도보다 지역계수가 높고 '3. 예상 에너지 사용량'에서 지역계수가 높을수록 예상 에너지 사용량이 높다는 것을 알 수 있으며, '1. 신재생 에너지 공급의무 비율'에 따라 예상 에너지 사용량이 높을수록 신재생 에너지 공급의무 비율이 낮아지므로 다른 조건이 동일한 경우 지역계수가 전라남도보다 더 높은 전라북도의 신재생 에너지 공급의무 비율이 더 낮으므로 옳은 내용이다.

52 문제해결능력 정답 ②

위락시설 건축물의 단위 에너지 사용량은 400.33kWh/m^2이므로 원별 설치규모 = (신재생 에너지 공급의무 비율 × 건축 연면적 × 400.33 × 지역계수) / (1,000 × 1 × 100)임을 적용하면, 원별 설치규모는 신재생 에너지 공급의무 비율 × 건축 연면적 × 지역계수에 비례함을 알 수 있다. 이에 따라 신재생 에너지 공급의무 비율 × 건축 연면적 × 지역계수는 을이 0.30 × 1,800 × 1.04 = 561.60, 병이 0.28 × 2,200 × 0.99 = 609.84, 정이 0.32 × 1,700 × 0.99 = 538.56, 무가 0.25 × 2,000 × 1.04 = 520.00이므로 원별 설치규모가 가장 큰 사업자는 병이다.

[53-55]

영업 이익 = 부품 판매 가격 - (제조 원가 + 운영비용)이고, 제조 원가는 미국과 유럽 모두 500,000원으로 동일함에 따라 판매 가격이 개당 1,000,000원이고 운영비용이 개당 200,000원인 미국과 판매 가격이 개당 950,000원이고 운영비용이 개당 250,000원인 유럽에서 발생하는 자율주행 자동차 부품 한 개당 예상 영업 이익을 각각 계산하면 다음과 같다.

· 미국: 1,000,000 - (500,000 + 200,000) = 300,000원
· 유럽: 950,000 - (500,000 + 250,000) = 200,000원

53 문제해결능력 정답 ①

미국에서 발생하는 부품 한 개당 예상 영업 이익은 300,000원이므로 옳은 내용이다.

오답 체크

② 유럽에서 발생하는 부품 한 개당 예상 영업 이익은 200,000원이므로 옳지 않은 내용이다.

③ 부품의 개당 판매 가격이 1,000,000원인 미국과 950,000원인 유럽의 부품 5개 판매 가격의 차이는 (1,000,000 - 950,000) × 5 = 250,000원이므로 옳지 않은 내용이다.
④ 부품의 연간 예상 영업 이익은 유럽이 200,000 × 105 = 21,000,000원이고, 미국이 300,000 × 70 = 21,000,000원으로 서로 동일하므로 옳지 않은 내용이다.

54 문제해결능력 정답 ②

제시된 자료에 따르면 기존에 미국에서 판매될 것이라 예상한 부품은 연간 70개이며, 올해에는 그보다 10개 더 판매될 예정이므로 올해 미국에서 판매될 부품의 개수는 80개이고, 유럽에서는 판매될 것이라 예상한 부품 개수와 동일하게 판매될 예정이므로 올해 유럽에서 판매될 부품의 개수는 105개이다. 이때 미국에서는 영업 이익의 20%를 세금으로 부과하고 유럽에서는 영업 이익의 10%를 세금으로 부과한다. 이에 따라 미국에서 발생하는 올해 순수익은 300,000 × 80 × (1 - 0.2) = 19,200,000원이고, 유럽에서 발생하는 올해 순수익은 200,000 × 105 × (1 - 0.1) = 18,900,000원이다.
따라서 올해 순수익이 더 높은 나라는 미국이며, 순수익은 19,200,000원이다.

55 문제해결능력 정답 ④

제시된 자료에 따르면 판매국에 부품 생산 공장을 세워 제품을 판매할 경우 개당 운영비용은 50,000원 증가하고, 부품 제조 원가는 기존 대비 15% 감소하므로 부품 생산 공장을 세웠을 경우 유럽에서 판매되는 부품의 개당 영업 이익은 950,000 - [(250,000 + 50,000) + {500,000 × (1 - 0.15)}] = 225,000원이다. 이때 연간 판매되는 부품의 개수는 동일하므로 유럽에 부품 생산 공장을 세울 경우 향후 13년간 유럽에서 발생하는 영업 이익은 225,000 × 105 × 13 = 307,125,000원이고, 부품 생산 공장을 세우지 않을 경우 유럽에서 향후 13년간 발생하는 영업 이익은 200,000 × 105 × 13 = 273,000,000원이다.
따라서 유럽에 부품 생산 공장을 세울 경우 향후 13년간 유럽에서 발생하는 영업 이익과 부품 생산 공장을 세우지 않을 경우 유럽에서 발생하는 영업 이익의 차이는 307,125,000 - 273,000,000 = 34,125,000원이다.

[56-58]
56 문제해결능력 정답 ④

'3. 인턴십 내용 - 1)'에 따르면 전문교육 시에는 빅데이터 개요, 분석기술, 공공 빅데이터 표준분석모델 활용, 프로젝트 기반 실습 등을 학습하므로 옳은 내용이다.

오답 체크
① '3. 인턴십 내용 - 3)'에 따르면 연장·야간·휴일 수련은 필요성이 객관적으로 명확히 인정될 경우에 한하여 시행 가능하므로 옳지 않은 내용이다.
② '1. 개요'에 따르면 참여자는 노동관계법령상 근로자가 아닌 일경험 수련생의 지위를 가지므로 옳지 않은 내용이다.
③ '4. 지원 내용'에 따르면 데이터 전문교육은 무료로 진행되므로 옳지 않은 내용이다.

57 문제해결능력 정답 ④

'6. 유의사항'에 따르면 본 사업은 일경험 수련으로, 해당 기관의 정규직으로 전환되지 않으므로 옳은 내용이다.

오답 체크
① '3. 인턴십 내용 - 2)'에 따르면 일경험 수련 시 세부 업무는 수련 기관별로 상이할 수 있으므로 옳지 않은 내용이다.
② '4. 지원 내용'에 따르면 인턴십 종료 후 수료를 완료한 사람에 한하여 수료증을 발급하므로 옳지 않은 내용이다.
③ '6. 유의사항'에 따르면 전문교육 실시 후 평가결과에 따라 기관에 배치하므로 옳지 않은 내용이다.

58 문제해결능력 정답 ①

'4. 지원 내용'에 따라 인턴십 기간 중 받을 수 있는 지원금은 전문교육기간 교육 지원금 45만 원과 일경험 수련기간 중 훈련 지원금 180 × 3 = 540만 원으로 총 45 + 540 = 585만 원이다.

[59-60]
59 문제해결능력 정답 ④

K 팀장의 지시 내용에 따르면 20XX년 하반기 □□기업 연수에 참석하는 기술팀의 신입사원은 4명이고, 신입사원은 부산 시설과 대구 본부 근처의 숙소에 모두 2인 1실 중 저렴한 숙소를 사용하므로 부산 그랜드 호텔과 대구 시즌 호텔 모두 스탠더드를 사용해야 한다. 이때 8월 23일부터 25일까지는 부산 시설 근처인 부산 그랜드 호텔을 사용하고, 8월 25일부터 26일까지는 대구 본부 근처인 대구 시즌 호텔을 사용한다. 또한, K 팀장은 이론 TEST 내용의 보안상 연수자들과 함께 방을 쓸 수 없고, 저녁에는 K 팀장과 신입사원이 다 함께 프라이빗 라운지에 입장할 수 있는 객실을 예약해야 하므로 5인 이상이 라운지를 이용할 수 있는 부산 그랜드 호텔의 이그제큐티브 객실을 사용해야 하며 다음 날 대구 본부에서 바로 퇴근하므로 1박 2일 동안만 숙소를 사용한다.
따라서 예약한 숙박비의 총액은 {(85,000 × 2 × 2) + (95,000 × 2) + 210,000} = 740,000원이다.

60 문제해결능력　　　　　　　　　정답 ④

K 팀장이 강의 때 사용할 활선 안전사고 사례별 대책 논의에 대한 자료는 미리 강의를 준비할 수 있도록 강의가 있는 날보다 일주일 전인 8월 17일 전에 전달되어야 하므로 19일에 전달하였다는 소감이 가장 적절하지 않은 내용이다.

오답 체크

① K 팀장이 점심시간은 일정 중에 바쁘니 간단히 먹을 수 있는 샌드위치가 좋다고 하였으며, 저녁은 함께 즐길 수 있도록 뷔페를 방문한다고 하였으므로 C 코스로 식사를 하였다는 소감은 적절한 내용이다.

② K 팀장은 자신이 활선 안전관리와 활선 안전사고 사례 부문을 강의하기 위해 해당 강의가 있는 날짜에 합류한 뒤, 신입사원들과 시간을 보낸다고 하였으며, K 팀장이 24일 저녁에 신입사원들과 친목 도모 자리를 마련할 수 있도록 다 함께 프라이빗 라운지에 입장할 수 있는 객실로 예약해 달라고 요청하였으므로 신입사원들과 K 팀장이 24일에 서로 프라이빗 라운지에서 친목 도모하는 시간을 가졌다는 소감은 적절한 내용이다.

③ 모든 조건을 만족시키는 숙박과 식사를 예약할 경우 740,000＋(15,000×5)＝815,000원으로 처음 팀에 배정되는 예산을 초과하므로 8월 16일에 추가 예산을 신청한 뒤 예약을 진행하였다는 소감은 적절한 내용이다.

국민건강보험법 정답·해설

01	02	03	04	05	06	07	08	09	10
③	③	③	②	③	④	④	③	④	②
11	12	13	14	15	16	17	18	19	20
④	①	①	②	①	②	②	④	②	①

01 정답 ③

국민건강보험법 제5조 제2항에 따라 ㉠~㉣ 중 직장가입자의 피부양자가 될 수 있는 사람은 ㉠, ㉡, ㉢, ㉣, ㉤, ㉥, ㉧으로 총 7명이다.

> 🔍 **더 알아보기**
>
> 적용대상 등(국민건강보험법 제5조 제2항)
> ② 제1항의 피부양자는 다음 각 호의 어느 하나에 해당하는 사람 중 직장가입자에게 주로 생계를 의존하는 사람으로서 소득 및 재산이 보건복지부령으로 정하는 기준 이하에 해당하는 사람을 말한다.
> 1. 직장가입자의 배우자
> 2. 직장가입자의 직계존속(배우자의 직계존속을 포함한다)
> 3. 직장가입자의 직계비속(배우자의 직계비속을 포함한다)과 그 배우자
> 4. 직장가입자의 형제·자매

02 정답 ③

국민건강보험법 제51조 제1항 및 제109조 제1항에 따라 ㉠~㉢ 중 특례에 대한 설명으로 옳은 것은 ㉡, ㉢이다.

> [오답 체크]
>
> ㉠ 국민건강보험법 제9조 제1항 제3호에 따라 직장가입자인 근로자등은 그 사용관계가 끝난 날의 다음 날 자격이 변동되지만, 제110조 제1항에 따라 사용관계가 끝난 사람 중 직장가입자로서의 자격을 유지한 기간이 보건복지부령으로 정하는 기간 동안 통산 1년 이상인 사람은 지역가입자가 된 이후 최초로 지역가입자 보험료를 고지받은 날부터 그 납부기한에서 2개월이 지나기 이전까지 국민건강보험공단에 직장가입자로서의 자격을 유지할 것을 신청할 수 있으므로 옳지 않은 설명이다.

03 정답 ③

국민건강보험법 제100조 제1항에 따라 ㉠에 들어갈 숫자는 1,500, ㉡에 들어갈 숫자는 20이다.

04 정답 ②

국민건강보험법 제105조 제1항에 따라 ㉠에 들어갈 말은 국민건강보험공단, 제43조 제1항에 따라 ㉡에 들어갈 말은 건강보험심사평가원, 제57조 제5항에 따라 ㉢에 들어갈 말은 국민건강보험공단, 제69조 제1항에 따라 ㉣에 들어갈 말은 국민건강보험공단이다. 따라서 ㉠~㉣ 중 빈칸에 들어갈 말이 나머지와 다른 것은 ㉡이다.

05 정답 ③

국민건강보험법 제75조에 따라 ㉠~㉢ 중 보험료의 일부 경감 대상에 해당하는 사람은 ㉠, ㉡, ㉣, ㉤이다.

> [오답 체크]
>
> ㉢ 국민건강보험법 제75조 제1항 제6조에 따라 보험료를 경감할 필요가 있다고 보건복지부 장관이 정하여 고시하는 사람이 보험료의 일부 경감 대상에 해당한다.

> 🔍 **더 알아보기**
>
> 보험료의 경감 대상(국민건강보험법 제75조 제1항 및 제2항)
> ① 다음 각 호의 어느 하나에 해당하는 가입자 중 보건복지령으로 정하는 가입자에 대하여는 그 가입자 또는 그 가입자가 속한 세대의 보험료의 일부를 경감할 수 있다.
> 1. 섬·벽지(僻地)·농어촌 등 대통령령으로 정하는 지역에 거주하는 사람
> 2. 65세 이상인 사람
> 3. 「장애인복지법」에 따라 등록한 장애인
> 4. 「국가유공자 등 예우 및 지원에 관한 법률」에 따른 국가유공자
> 5. 휴직자
> 6. 그 밖에 생활이 어렵거나 천재지변 등의 사유로 보험료를 경감할 필요가 있다고 보건복지부 장관이 정하여 고시하는 사람
> ② 제77조에 따른 보험료 납부의무자가 다음 각 호의 어느 하나에 해당하는 경우에는 대통령령으로 정하는 바에 따라 보험료를 감액하는 등 재산상의 이익을 제공할 수 있다.
> 1. 제81조의6 제1항에 따라 보험료의 납입고지 또는 독촉을 전자문서로 받는 경우
> 2. 보험료를 계좌 또는 신용카드 자동이체의 방법으로 내는 경우

06 정답 ④

국민건강보험법 제82조 제3항에 따라 국민건강보험공단은 분할납부 승인을 받은 자가 정당한 사유 없이 5회(제1항에 따라 승인받은 분할납부 횟수가 5회 미만인 경우에는 해당 분할납부 횟수를 말한다) 이상 그 승인된 보험료를 납부하지 아니하면 그 분할납부의 승인을 취소하므로 옳지 않은 설명이다.

오답 체크
① 국민건강보험법 제82조 제2항에 따라 국민건강보험공단은 보험료를 3회 이상 체납한 자에 대하여 같은 법 제81조 제3항에 따른 체납처분을 하기 전에 분할납부를 신청할 수 있음을 알리고, 보건복지부령으로 정하는 바에 따라 분할납부 신청의 절차·방법 등에 관한 사항을 안내하여야 하므로 옳은 설명이다.
② 국민건강보험법 제82조 제4항에 따라 분할납부의 승인과 취소에 관한 절차·방법·기준 등에 필요한 사항은 보건복지부령으로 정하므로 옳은 설명이다.
③ 국민건강보험법 제82조 제1항에 따라 국민건강보험공단은 보험료를 3회 이상 체납한 자가 신청하는 경우 보건복지부령으로 정하는 바에 따라 분할납부를 승인할 수 있으므로 옳은 설명이다.

07 정답 ④

국민건강보험법 제54조 제4호에 따라 보험급여를 받을 수 있는 사람이 교도소에 수용되어 있는 경우 보험급여를 하지 않으며, 국민건강보험법 제74조 제1항에 따라 국민건강보험공단은 직장가입자가 제54조에 해당하는 경우 그 가입자의 보험료를 면제하므로 옳지 않은 설명이다.

08 정답 ③

국민건강보험법 제96조의4 제1항에 따라 ⊙에 들어갈 숫자는 5, ⓒ에 들어갈 숫자는 3이다.

09 정답 ④

국민건강보험법 제69조 제4항에 따르면 직장가입자의 월별 보수월액보험료는 제70조에 따라 산정한 보수월액에 제73조 제1항 또는 제2항에 따른 보험료율을 곱하여 얻은 금액. 제70조 제2항에 따라 휴직이나 그 밖의 사유로 보수의 전부 또는 일부가 지급되지 아니하는 가입자의 보수월액보험료는 해당 사유가 생기기 전 달의 보수월액을 기준으로 산정하고, 제73조 제1항에 따라 직장가입자의 보험료율은 1천분의 80의 범위에서 심의위원회의 의결을 거쳐 대통령령으로 정하므로 5월 보수월액이 3,232,000원인 甲에게 적용되는 월 보험료율은 7.85%이다.
따라서 甲에게 부과된 5월 건강보험료는 3,232,000 × 0.0785 ≒ 253,710원이다.

10 정답 ②

국민건강보험법 제44조 제1항에 따라 요양급여를 받는 자가 요양급여비용의 일부를 본인이 부담하는 경우 선별급여에 대해서는 다른 요양급여에 비하여 본인일부부담금을 상향 조정할 수 있으므로 옳지 않은 설명이다.

11 정답 ④

산후조리원은 요양기관에 해당하지 않는다.

🔍 더 알아보기
요양기관(국민건강보험법 제42조 제1항)
① 요양급여(간호와 이송은 제외한다)는 다음 각 호의 요양기관에서 실시한다. 이 경우 보건복지부 장관은 공익이나 국가정책에 비추어 요양기관으로 적합하지 아니한 대통령령으로 정하는 의료기관 등은 요양기관에서 제외할 수 있다.
  1. 「의료법」에 따라 개설된 의료기관
  2. 「약사법」에 따라 등록된 약국
  3. 「약사법」 제91조에 따라 설립된 한국희귀·필수의약품센터
  4. 「지역보건법」에 따른 보건소·보건의료원 및 보건지소
  5. 「농어촌 등 보건의료를 위한 특별조치법」에 따라 설치된 보건진료소

12 정답 ①

㉠~㉣ 중 이사회에 대한 설명으로 옳은 것은 ㉢으로 총 1개이다.
㉢ 국민건강보험법 제26조 제3항에 따라 감사는 이사회에 출석하여 발언할 수 있으므로 옳은 설명이다.

오답 체크
㉠ 국민건강보험법 제26조 제1항에 따라 국민건강보험공단의 주요 사항을 심의·의결하기 위하여 국민건강보험공단에 이사회를 두므로 옳지 않은 설명이다.
㉡ 국민건강보험법 제26조 제2항에 따라 이사회는 이사장과 이사로 구성하므로 옳지 않은 설명이다.
㉣ 국민건강보험법 제26조 제4항에 따라 이사회의 의결 사항 및 운영 등에 필요한 사항은 대통령령으로 정하므로 옳지 않은 설명이다.

13 정답 ①

국민건강보험법 제34조 제3항에 따라 공무원인 위원을 제외하고 재정운영위원회 위원의 임기는 2년으로 하고, 위원의 사임 등으로 새로 위촉된 위원의 경우에 한해서 임기는 전임위원 임기의 남은 기간으로 하므로 甲의 임기가 만료되는 날은 2024년 3월 14일이다.

14 정답 ②

국민건강보험법 제6조 제2항에 따라 ㉠~㉣ 중 직장가입자에서 제외되는 사람으로 옳은 것은 ㉠, ㉡, ㉣로 총 3개이다.

> **🔍 더 알아보기**
> 가입자의 종류(국민건강보험법 제6조 제2항)
> ② 모든 사업장의 근로자 및 사용자와 공무원 및 교직원은 직장가입자가 된다. 다만, 다음 각 호의 어느 하나에 해당하는 사람은 제외한다.
>   1. 고용 기간이 1개월 미만인 일용근로자
>   2. 「병역법」에 따른 현역병(지원에 의하지 아니하고 임용된 하사를 포함한다), 전환복무된 사람 및 군간부후보생
>   3. 선거에 당선되어 취임하는 공무원으로서 매월 보수 또는 보수에 준하는 급료를 받지 아니하는 사람
>   4. 그 밖에 사업장의 특성, 고용 형태 및 사업의 종류 등을 고려하여 대통령령으로 정하는 사업장의 근로자 및 사용자와 공무원 및 교직원

15 정답 ①

국민건강보험법 제22조 제3항에 따라 이사장이 부득이한 사유로 직무를 수행할 수 없는 경우에는 정관으로 정하는 바에 따라 상임이사 중 1명이 그 직무를 대행하고, 상임이사가 없거나 그 직무를 대행할 수 없는 경우에 정관으로 정하는 임원이 그 직무를 대행하므로 옳지 않은 설명이다.

> **🔍 더 알아보기**
> 임원의 직무(국민건강보험법 제22조)
> ① 이사장은 공단을 대표하고 업무를 총괄하며, 임기 중 공단의 경영성과에 대하여 책임을 진다.
> ② 상임이사는 이사장의 명을 받아 공단의 업무를 수행한다.
> ③ 이사장이 부득이한 사유로 그 직무를 수행할 수 없을 때에는 정관으로 정하는 바에 따라 상임이사 중 1명이 그 직무를 대행하고, 상임이사가 없거나 그 직무를 대행할 수 없을 때에는 정관으로 정하는 임원이 그 직무를 대행한다.
> ④ 감사는 공단의 업무, 회계 및 재산 상황을 감사한다.

16 정답 ②

국민건강보험법 제14조에 따라 국민건강보험공단의 업무에 대해 바르게 설명한 사람은 명년, 철승이다.

> **오답 체크**
> • 용일: 국민건강보험법 제63조에 따라 심사 기준 및 평가 기준을 개발하는 업무는 건강보험심사평가원의 업무에 해당하므로 옳지 않은 설명이다.

• 원형: 국민건강보험법 제63조에 따라 요양급여비용의 심사와 적정성을 평가하는 업무는 건강보험심사평가원의 업무에 해당하므로 옳지 않은 설명이다.

17 정답 ②

미용 목적으로 주근깨 시술을 받은 B 씨는 요양급여대상에 해당하지 않는다.

> **🔍 더 알아보기**
> 요양급여(국민건강보험법 제41조)
> ① 가입자와 피부양자의 질병, 부상, 출산 등에 대하여 다음 각 호의 요양급여를 실시한다.
>   1. 진찰·검사
>   2. 약제(藥劑)·치료재료의 지급
>   3. 처치·수술 및 그 밖의 치료
>   4. 예방·재활
>   5. 입원
>   6. 간호
>   7. 이송(移送)
> ② 제1항에 따른 요양급여(이하 "요양급여"라 한다)의 범위(이하 "요양급여대상"이라 한다)는 다음 각 호와 같다.
>   1. 제1항 각 호의 요양급여(제1항 제2호의 약제는 제외한다): 제4항에 따라 보건복지부 장관이 비급여대상으로 정한 것을 제외한 일체의 것
>   2. 제1항 제2호의 약제: 제41조의3에 따라 요양급여대상으로 보건복지부 장관이 결정하여 고시한 것
> ③ 요양급여의 방법·절차·범위·상한 등의 기준은 보건복지부령으로 정한다.
> ④ 보건복지부 장관은 제3항에 따라 요양급여의 기준을 정할 때 업무나 일상생활에 지장이 없는 질환에 대한 치료 등 보건복지부령으로 정하는 사항은 요양급여대상에서 제외되는 사항(이하 "비급여대상"이라 한다)으로 정할 수 있다.

18 정답 ④

국민건강보험법 제98조 제4항에 따라 업무정지 처분을 받았거나 업무정지 처분의 절차가 진행 중인 자는 행정처분을 받은 사실 또는 행정처분절차가 진행 중인 사실을 보건복지부령으로 정하는 바에 따라 양수인 또는 합병 후 존속하는 법인이나 합병으로 설립되는 법인에 지체 없이 알려야 하므로 업무정지 사항에 대해 잘못 설명한 사람은 D이다.

> **오답 체크**
> ① 국민건강보험법 제98조 제1항 제1호에 따라 보건복지부 장관은 속임수나 그 밖의 부당한 방법으로 보험자·가입자 및 피부양자에게 요양급여비용을 부담하게 한 요양기관에 대하여 1년의 범위에서 기간을 정하여 업무정지를 명할 수 있으므로 옳은 설명이다.

② 국민건강보험법 제98조 제1항 제2호에 따라 제97조 제2항에 따른 명령에 위반하거나 거짓 보고를 하거나 거짓 서류를 제출하거나, 소속 공무원의 검사 또는 질문을 거부·방해 또는 기피한 요양기관에 대하여 1년의 범위에서 기간을 정하여 업무정지를 명할 수 있으므로 옳은 설명이다.

③ 국민건강보험법 제98조 제3항에 따라 업무정지 처분의 효과는 그 처분이 확정된 요양기관을 양수한 자 또는 합병 후 존속하는 법인이나 합병으로 설립되는 법인에 승계되지만, 양수인 또는 합병 후 존속하는 법인이나 합병으로 설립되는 법인이 그 처분 또는 위반사실을 알지 못하였음을 증명하는 경우에는 그러하지 아니하므로 옳은 설명이다.

19 정답 ②

국민건강보험법 제10조 제1항에 따라 ㉠~㉥ 중 보험자격 상실 시기로 옳은 것은 ㉠, ㉣, ㉥이다.

> **🔍 더 알아보기**
>
> 자격의 상실 시기 등(국민건강보험법 제10조 제1항)
> ① 가입자는 다음 각 호의 어느 하나에 해당하게 된 날에 그 자격을 잃는다.
>   1. 사망한 날의 다음 날
>   2. 국적을 잃은 날의 다음 날
>   3. 국내에 거주하지 아니하게 된 날의 다음 날
>   4. 직장가입자의 피부양자가 된 날
>   5. 수급권자가 된 날
>   6. 건강보험을 적용받고 있던 사람이 유공자등 의료보호대상자가 되어 건강보험의 적용배제신청을 한 날

20 정답 ①

국민건강보험법 제71조 제1항에 따라 보수 외 소득이 대통령령으로 정하는 금액을 초과하는 경우 보수 외 소득월액은 (연간 보수 외 소득−대통령령으로 정하는 금액)×(1/12)이다.

따라서 직장가입자 갑의 보수 외 소득월액은 (3,800−2,000)×(1/12)=150만 원이다.

노인장기요양보험법 정답·해설

01	02	03	04	05	06	07	08	09	10
③	②	①	②	①	②	③	④	③	①
11	12	13	14	15	16	17	18	19	20
④	①	③	②	②	①	①	③	③	②

01 정답 ③

장기요양기관 지정 거부는 전자문서교환방식을 이용하지 않는다.

🔍 더 알아보기

전자문서의 사용(노인장기요양보험법 제59조)
① 장기요양사업에 관련된 각종 서류의 기록, 관리 및 보관은 보건복지부령으로 정하는 바에 따라 전자문서로 한다.
② 국민건강보험공단 및 장기요양기관은 장기요양기관의 지정신청, 재가·시설급여비용의 청구 및 지급, 장기요양기관의 재무·회계정보 처리 등에 대하여 전산매체 또는 전자문서교환방식을 이용하여야 한다.
③ 제1항 및 제2항에도 불구하고 정보통신망 및 정보통신서비스 시설이 열악한 지역 등 보건복지부 장관이 정하는 지역의 경우 전자문서·전산매체 또는 전자문서교환방식을 이용하지 아니할 수 있다.

02 정답 ②

노인장기요양보험법 제29조에 따라 장기요양급여를 제한할 수 있는 경우에 해당하는 것은 ㉠, ㉡, ㉢이다.

오답 체크

㉣ 장기요양기관이 영리를 목적으로 금전 제공을 약속하여 수급자를 장기요양기관에 소개한 경우는 노인장기요양보험법 제67조 제2항에 따라 2년 이하의 징역 또는 2천만 원 이하의 벌금에 처하는 경우에 해당한다.

🔍 더 알아보기

장기요양급여의 제한(노인장기요양보험법 제29조)
① 국민건강보험공단은 장기요양급여를 받고 있는 자가 정당한 사유 없이 제15조 제4항(거짓이나 그 밖의 부정한 방법으로 장기요양인정을 받은 경우 또는 고의로 사고를 발생하도록 하거나 본인의 위법행위에 기인하여 장기요양인정을 받은 경우로 의심되는 경우)에 따른 조사나 제60조(자료의 제출) 또는 제61조(보고 및 검사)에 따른 요구에 응하지 아니하거나 답변을 거절한 경우 장기요양급여의 전부 또는 일부를 제공하지 아니하게 할 수 있다.
② 국민건강보험공단은 장기요양급여를 받고 있거나 받을 수 있는 자가 장기요양기관이 거짓이나 그 밖의 부정한 방법으로 장기요양급여비용을 받는 데에 가담한 경우 장기요양급여를 중단하거나 1년의 범위에서 장기요양급여의 횟수 또는 제공 기간을 제한할 수 있다.
③ 제2항에 따른 장기요양급여의 중단 및 제한 기준과 그 밖에 필요한 사항은 보건복지부령으로 정한다.

03 정답 ①

노인장기요양보험법 제35조의3 제3항에 따라 보건복지부 장관은 인권교육을 효율적으로 실시하기 위해 인권교육기관을 지정할 수 있으므로 옳은 설명이다.

오답 체크

② 노인장기요양보험법 제35조의3 제5항에 따라 인권교육의 대상·내용·방법, 인권교육기관의 지정 및 지정취소·업무정지 처분의 기준 등에 필요한 사항은 보건복지부령으로 정하므로 옳지 않은 설명이다.
③ 노인장기요양보험법 제35조의3 제4항에 따라 보건복지부 장관은 인권교육기관의 지정을 취소하거나 6개월 이내의 기간을 정하여 업무의 정지를 명할 수 있지만, 거짓이나 그 밖의 부정한 방법으로 지정을 받은 경우에는 그 지정을 취소해야 하므로 옳지 않은 설명이다.
④ 노인장기요양보험법 제35조의3 제1항에 따라 장기요양기관 중 대통령령으로 정하는 기관을 운영하는 자와 그 종사자는 인권교육을 받아야 하므로 옳지 않은 설명이다.

04 정답 ②

㉠~㉣ 중 벌칙에 대한 설명으로 옳지 않은 것은 ㉢, ㉣이다.
㉢ 노인장기요양보험법 제69조 제1항 제2의2호에 따라 정당한 사유 없이 장기요양기관에 관한 정보를 게시하지 아니하거나 거짓으로 게시한 자에게는 500만 원 이하의 과태료를 부과하므로 옳지 않은 설명이다.
㉣ 노인장기요양보험법 제68조에 따라 원칙적으로 법인의 대표자, 법인이나 개인의 대리인·사용인 및 그 밖의 종사자가 그 법인 또는 개인의 업무에 관하여 제67조에 해당하는 위반행위를 한 때에는 그 행위자를 벌하는 외에 그 법인 또는 개인에 대하여도 해당 조의 벌금형을 과하므로 옳지 않은 설명이다.

오답 체크

㉠ 노인장기요양보험법 제67조 제1항에 따라 거짓이나 그 밖의 부정한 방법으로 장기요양급여비용을 청구한 자는 3년 이하의 징역 또는 3천만 원 이하의 벌금에 처하므로 옳은 설명이다.

㉡ 노인장기요양보험법 제67조 제3항 제1호에 따라 정당한 사유 없이 장기요양급여의 제공을 거부한 자는 1년 이하의 징역 또는 1천만 원 이하의 벌금에 처하므로 옳은 설명이다.

㉣ 노인장기요양보험법 제67조 제2항 제5호에 따라 업무수행 중 알게 된 비밀을 누설한 자는 2년 이하의 징역 또는 2천만 원 이하의 벌금에 처하므로 옳은 설명이다.

05 정답 ①

노인장기요양보험법 제23조 제1항 제1호에 따라 ㉠~㉥ 중 재가급여에 해당하는 것은 ㉠, ㉡, ㉣, ㉤, ㉥으로 총 5개이다.

🔍 더 알아보기

장기요양급여의 종류(노인장기요양보험법 제23조 제1항)

① 이 법에 따른 장기요양급여의 종류는 다음 각 호와 같다.
  1. 재가급여
     가. 방문요양: 장기요양요원이 수급자의 가정 등을 방문하여 신체활동 및 가사활동 등을 지원하는 장기요양급여
     나. 방문목욕: 장기요양요원이 목욕설비를 갖춘 장비를 이용하여 수급자의 가정 등을 방문하여 목욕을 제공하는 장기요양급여
     다. 방문간호: 장기요양요원인 간호사 등이 의사, 한의사 또는 치과의사의 지시서에 따라 수급자의 가정 등을 방문하여 간호, 진료의 보조, 요양에 관한 상담 또는 구강위생 등을 제공하는 장기요양급여
     라. 주·야간보호: 수급자를 하루 중 일정한 시간 동안 장기요양기관에 보호하여 신체활동 지원 및 심신기능의 유지·향상을 위한 교육·훈련 등을 제공하는 장기요양급여
     마. 단기보호: 수급자를 보건복지부령으로 정하는 범위 안에서 일정 기간 동안 장기요양기관에 보호하여 신체활동 지원 및 심신기능의 유지·향상을 위한 교육·훈련 등을 제공하는 장기요양급여
     바. 기타재가급여: 수급자의 일상생활·신체활동 지원 및 인지기능의 유지·향상에 필요한 용구를 제공하거나 가정을 방문하여 재활에 관한 지원 등을 제공하는 장기요양급여로서 대통령령으로 정하는 것
  2. 시설급여: 장기요양기관에 장기간 입소한 수급자에게 신체활동 지원 및 심신기능의 유지·향상을 위한 교육·훈련 등을 제공하는 장기요양급여
  3. 특별현금급여
     가. 가족요양비: 제24조에 따라 지급하는 가족장기요양급여
     나. 특례요양비: 제25조에 따라 지급하는 특례장기요양급여
     다. 요양병원간병비: 제26조에 따라 지급하는 요양병원장기요양급여

06 정답 ②

노인장기요양보험법 제27조 제3항에 따라 수급자는 장기요양급여를 받으려면 장기요양기관에 장기요양인정서와 개인별장기요양이용계획서를 제시해야 하며, 수급자가 장기요양인정서 및 개인별장기요양이용계획서를 제시하지 못하는 경우 장기요양기관은 국민건강보험공단에 전화나 인터넷 등을 통하여 그 자격 등을 확인할 수 있으므로 옳지 않은 설명이다.

오답 체크

① 노인장기요양보험법 제27조 제1항에 따라 수급자는 장기요양인정서와 개인별장기요양이용계획서가 도달한 날부터 장기요양급여를 받을 수 있으므로 옳은 설명이다.

③ 노인장기요양보험법 제28조 제1항에 따라 장기요양급여는 월 한도액 범위 안에서 제공하며, 이 경우 월 한도액은 장기요양등급 및 장기요양급여의 종류 등을 고려하여 산정하므로 옳은 설명이다.

④ 노인장기요양보험법 제28조의2 제1항에 따라 수급자 또는 장기요양기관은 장기요양급여를 제공받거나 제공할 경우 수급자의 가족만을 위한 행위, 수급자 또는 그 가족의 생업을 지원하는 행위, 그 밖에 수급자의 일상생활에 지장이 없는 행위를 요구하거나 제공해서는 안 되므로 옳은 설명이다.

07 정답 ③

노인장기요양보험법 제48조에 따라 장기요양기관 종사자의 자격기준을 정하고 교육을 실시하는 것은 장기요양사업의 관리운영기관이 관장하는 업무에 해당하지 않는다.

🔍 더 알아보기

관리운영기관등(노인장기요양보험법 제48조)

① 장기요양사업의 관리운영기관은 공단으로 한다.
② 공단은 다음 각 호의 업무를 관장한다.
  1. 장기요양보험가입자 및 그 피부양자와 의료급여수급권자의 자격관리
  2. 장기요양보험료의 부과·징수
  3. 신청인에 대한 조사
  4. 등급판정위원회의 운영 및 장기요양등급 판정
  5. 장기요양인정서의 작성 및 개인별장기요양이용계획서의 제공
  6. 장기요양급여의 관리 및 평가
  7. 수급자 및 그 가족에 대한 정보제공·안내·상담 등 장기요양급여 관련 이용지원에 관한 사항
  8. 재가 및 시설 급여비용의 심사 및 지급과 특별현금급여의 지급
  9. 장기요양급여 제공내용 확인
  10. 장기요양사업에 관한 조사·연구, 국제협력 및 홍보
  11. 노인성질환예방사업
  12. 이 법에 따른 부당이득금의 부과·징수 등

13. 장기요양급여의 제공기준을 개발하고 장기요양급여비용의 적정성을 검토하기 위한 장기요양기관의 설치 및 운영
　　14. 그 밖에 장기요양사업과 관련하여 보건복지부장관이 위탁한 업무

08　　　　　　　　　　　　　　　　　　　　정답 ④

노인장기요양보험법 제23조 제1항 제3호에 따라 요양병원간병비는 특별현금급여에 해당하고, 제40조 제1항에 따라 특별현금급여를 제외한 장기요양급여를 받는 자는 대통령령으로 정하는 바에 따라 비용의 일부를 본인이 부담하므로 옳지 않은 설명이다.

09　　　　　　　　　　　　　　　　　　　　정답 ③

장기요양요원으로 구성된 실무위원회의 운영은 장기요양요원지원센터의 수행 업무에 해당하지 않는다.

🔍 **더 알아보기**

장기요양요원지원센터의 설치 등(노인장기요양보험법 제47조의2)
① 국가와 지방자치단체는 장기요양요원의 권리를 보호하기 위하여 장기요양요원지원센터를 설치·운영할 수 있다.
② 장기요양요원지원센터는 다음 각 호의 업무를 수행한다.
　1. 장기요양요원의 권리 침해에 관한 상담 및 지원
　2. 장기요양요원의 역량강화를 위한 교육지원
　3. 장기요양요원에 대한 건강검진 등 건강관리를 위한 사업
　4. 그 밖에 장기요양요원의 업무 등에 필요하여 대통령령으로 정하는 사항
③ 장기요양요원지원센터의 설치·운영 등에 필요한 사항은 보건복지부령으로 정하는 바에 따라 해당 지방자치단체의 조례로 정한다.

10　　　　　　　　　　　　　　　　　　　　정답 ①

노인장기요양보험법 제46조에 따라 빈칸에 들어갈 숫자는 16, 22, 3으로 각 빈칸에 들어갈 숫자의 합은 16 + 22 + 3 = 41이다.

11　　　　　　　　　　　　　　　　　　　　정답 ④

노인장기요양보험법 제4조 제3항에 따라 국가 및 지방자치단체는 노인인구 및 지역특성 등을 고려하여 장기요양급여가 원활하게 제공될 수 있도록 적정한 수의 장기요양기관을 확충하고 장기요양기관의 설립을 지원하여야 하므로 옳은 설명이다.

오답 체크
① 노인장기요양보험법 제4조 제5항에 따라 국가 및 지방자치단체는 장기요양급여가 원활히 제공될 수 있도록 공단에 필요한 행정적 또는 재정적 지원을 할 수 있으므로 옳지 않은 설명이다.

② 노인장기요양보험법 제4조 제7항에 따라 국가 및 지방자치단체는 지역의 특성에 맞는 장기요양사업의 표준을 개발·보급할 수 있으므로 옳지 않은 설명이다.
③ 노인장기요양보험법 제4조 제2항에 따라 국가는 노인성질환예방사업을 수행하는 지방자치단체 또는 「국민건강보험법」에 따른 국민건강보험공단에 대하여 이에 소요되는 비용을 지원할 수 있으므로 옳지 않은 설명이다.

12　　　　　　　　　　　　　　　　　　　　정답 ①

노인장기요양보험법 제33조에 따라 ㉠~㉢ 중 장기요양기관의 시설·인력에 관한 변경에 대한 설명으로 옳은 것은 없다.

🔍 **더 알아보기**

장기요양기관의 시설·인력에 관한 변경(노인장기요양보험법 제33조)
① 장기요양기관의 장은 시설 및 인력 등 보건복지부령으로 정하는 중요한 사항을 변경하려는 경우에는 보건복지부령으로 정하는 바에 따라 특별자치시장·특별자치도지사·시장·군수·구청장의 변경지정을 받아야 한다.
② 제1항에 따른 사항 외의 사항을 변경하려는 경우에는 보건복지부령으로 정하는 바에 따라 특별자치시장·특별자치도지사·시장·군수·구청장에게 변경신고를 하여야 한다.
③ 제1항 및 제2항에 따라 변경지정을 하거나 변경신고를 받은 특별자치시장·특별자치도지사·시장·군수·구청장은 지체 없이 해당 변경 사항을 국민건강보험공단에 통보하여야 한다.

13　　　　　　　　　　　　　　　　　　　　정답 ③

㉠~㉢ 중 장기요양기관을 폐업·휴업하려는 경우 또는 장기요양기관의 지정 갱신을 하지 않으려는 경우 수급자의 권익을 보호하기 위하여 취해야 하는 조치에 대한 설명으로 옳지 않은 것은 ㉠, ㉢이다.
㉠ 노인장기요양보험법 제36조 제3항 제3호에 따라 장기요양기관의 장은 수급자의 권익 보호를 위하여 필요하다고 인정되는 조치로서 보건복지부령으로 정하는 조치를 취해야 하므로 옳지 않은 설명이다.
㉢ 노인장기요양보험법 제36조 제3항 제1호에 따라 장기요양기관의 장은 해당 장기요양기관을 이용하는 수급자가 다른 장기요양기관을 선택하여 이용할 수 있도록 계획을 수립하고 이행하는 조치를 취해야 하므로 옳지 않은 설명이다.

오답 체크
㉡ 노인장기요양보험법 제36조 제3항 제2호에 따라 장기요양기관의 장은 해당 장기요양기관에서 수급자가 부담한 비용 중 정산하여야 할 비용이 있는 경우 이를 정산하는 조치를 취해야 하므로 옳은 설명이다.

14 정답 ②

금고의 실형을 선고받고 집행이 면제된 날부터 6년이 경과된 자는 장기요양기관의 결격 사유에 해당하지 않는다.

> 🔍 **더 알아보기**
>
> **결격사유(노인장기요양보험법 제32조의2)**
> 다음 각 호의 어느 하나에 해당하는 자는 제31조에 따른 장기요양기관으로 지정받을 수 없다.
> 1. 미성년자, 피성년후견인 또는 피한정후견인
> 2. 「정신건강증진 및 정신질환자 복지서비스 지원에 관한 법률」 제3조 제1호의 정신질환자. 다만, 전문의가 장기요양기관 설립·운영 업무에 종사하는 것이 적합하다고 인정하는 사람은 그러하지 아니하다.
> 3. 「마약류 관리에 관한 법률」 제2조 제1호의 마약류에 중독된 사람
> 4. 파산선고를 받고 복권되지 아니한 사람
> 5. 금고 이상의 실형을 선고받고 그 집행이 종료(집행이 종료된 것으로 보는 경우를 포함한다)되거나 집행이 면제된 날부터 5년이 경과되지 아니한 사람
> 6. 금고 이상의 형의 집행유예를 선고받고 그 유예기간 중에 있는 사람
> 7. 대표자가 제1호부터 제6호까지의 규정 중 어느 하나에 해당하는 법인

15 정답 ②

노인장기요양보험법 제13조 제1항에 따라 신청인은 국민건강보험공단에 보건복지부령으로 정하는 바에 따라 장기요양인정신청서에 의사소견서를 첨부하여 제출해야 하지만, 의사소견서는 국민건강보험공단이 장기요양등급판정위원회에 자료를 제출하기 전까지 제출할 수 있으므로 옳지 않은 설명이다.

> **오답 체크**
> ① 노인장기요양보험법 제12조에 따라 장기요양인정을 신청할 수 있는 자는 노인 등으로서 장기요양보험가입자 또는 그 피부양자, 의료급여수급권자 중 하나에 해당하는 자격을 갖추어야 하므로 옳은 설명이다.
> ③ 노인장기요양보험법 제15조 제2항에 따라 장기요양등급판정위원회는 신청인이 신청자격요건을 충족하고 6개월 이상 동안 혼자서 일상생활을 수행하기 어렵다고 인정하는 경우 심신상태 및 장기요양이 필요한 정도 등 대통령령으로 정하는 등급판정기준에 따라 수급자로 판정하므로 옳은 설명이다.
> ④ 노인장기요양보험법 제17조 제2항에 따라 국민건강보험공단은 장기요양등급판정위원회가 장기요양인정 및 등급판정의 심의를 완료한 경우 수급자로 판정받지 못한 신청인에게 그 내용 및 사유를 통보해야 하므로 옳은 설명이다.

16 정답 ①

노인장기요양보험법 제27조에 따라 ㉠~㉢ 중 장기요양급여의 제공에 대한 설명으로 옳은 것은 ㉠, ㉡이다.

> **오답 체크**
> ㉢ 노인장기요양보험법 제27조 제5항에 따라 장기요양급여 인정 범위와 절차, 장기요양급여 제공 계획서 작성 절차에 관한 구체적인 사항 등은 대통령령으로 정하므로 옳지 않은 설명이다.

17 정답 ①

노인장기요양보험법 제6조에 따라 ㉠~㉣ 중 장기요양기본계획에 포함되어야 하는 사항은 ㉠, ㉡, ㉣이다.

> 🔍 **더 알아보기**
>
> **장기요양기본계획(노인장기요양보험법 제6조)**
> ① 보건복지부장관은 노인등에 대한 장기요양급여를 원활하게 제공하기 위하여 5년 단위로 다음 각 호의 사항이 포함된 장기요양기본계획을 수립·시행하여야 한다.
> 1. 연도별 장기요양급여 대상인원 및 재원조달 계획
> 2. 연도별 장기요양기관 및 장기요양전문인력 관리 방안
> 3. 장기요양요원의 처우에 관한 사항
> 4. 그 밖에 노인등의 장기요양에 관한 사항으로서 대통령령으로 정하는 사항
> ② 지방자치단체의 장은 제1항에 따른 장기요양기본계획에 따라 세부시행계획을 수립·시행하여야 한다.

18 정답 ③

노인장기요양보험법 제3조 제3항에 따라 ㉢에 들어갈 말은 재가급여이다.

19 정답 ③

노인장기요양보험법 제52조 제5항에 따라 등급판정위원회 위원의 임기는 3년으로 하되, 한 차례만 연임할 수 있으며, 공무원인 위원의 임기는 재임기간으로 하므로 옳은 설명이다.

> **오답 체크**
> ① 노인장기요양보험법 제52조 제3항에 따라 등급판정위원회는 위원장 1인을 포함하여 15인의 위원으로 구성하므로 옳지 않은 설명이다.
> ② 노인장기요양보험법 제52조 제1항에 따라 장기요양인정 및 장기요양등급 판정 등을 심의하기 위하여 국민건강보험공단에 장기요양등급판정위원회를 두므로 옳지 않은 설명이다.

④ 노인장기요양보험법 제52조 제4항에 따라 등급판정위원회 위원 중에는 특별자치시장·특별자치도지사·시장·군수·구청장이 추천한 위원이 7인, 의사 또는 한의사가 1인 이상 각각 포함되어야 하므로 옳지 않은 설명이다.

20   정답 ②

노인장기요양보험법 제37조의3 제2항에 따라 보건복지부 장관 또는 특별자치시장·특별자치도지사·시장·군수·구청장은 장기요양기관이 자료제출 명령에 따르지 아니하거나 거짓으로 자료제출을 한 경우나 질문 또는 검사를 거부·방해 또는 기피하거나 거짓으로 답변하였다는 이유로 장기요양기관 지정의 취소 또는 과징금의 부과 등의 처분이 확정된 경우 위반사실, 처분내용, 장기요양기관의 명칭·주소, 장기요양기관의 장의 성명, 그 밖에 다른 장기요양기관과의 구별에 필요한 사항으로서 대통령령으로 정하는 사항을 공표해야 하므로 옳지 않은 설명이다.

오답 체크

① 노인장기요양보험법 제37조의3 제3항에 따라 보건복지부 장관 또는 특별자치시장·특별자치도지사·시장·군수·구청장은 위반사실 등의 공표 여부 등을 심의하기 위하여 건강보험공표심의위원회를 설치·운영할 수 있으므로 옳은 설명이다.

③ 노인장기요양보험법 제37조의3 제1항에 따라 보건복지부 장관 또는 특별자치시장·특별자치도지사·시장·군수·구청장은 장기요양기관이 거짓으로 재가·시설 급여비용을 청구했다는 이유로 장기요양기관 지정의 취소 또는 과징금 부과 등의 처분이 확정된 경우로서 거짓으로 청구한 금액이 1천만 원 이상이거나 거짓으로 청구한 금액이 장기요양급여비용 총액의 100분의 10 이상인 경우 위반사실, 처분내용, 장기요양기관의 명칭·주소, 장기요양기관의 장의 성명, 그 밖에 다른 장기요양기관과의 구별에 필요한 사항으로서 대통령령으로 정하는 사항을 공표해야 하므로 옳은 설명이다.

④ 노인장기요양보험법 제37조의3 제4항에 따라 공표 여부의 결정 방법, 공표 방법·절차 및 건강보험공표심의위원회의 구성·운영 등에 필요한 사항은 대통령령으로 정하므로 옳은 설명이다.

취업강의 1위, 해커스잡
ejob.Hackers.com

실전모의고사 2회

NCS 직업기초능력 정답·해설

01 의사소통 ④	02 의사소통 ④	03 의사소통 ③	04 의사소통 ④	05 의사소통 ④	06 의사소통 ④	07 의사소통 ④	08 의사소통 ④	09 의사소통 ④	10 의사소통 ③
11 의사소통 ②	12 의사소통 ③	13 의사소통 ①	14 의사소통 ②	15 의사소통 ③	16 의사소통 ①	17 의사소통 ②	18 의사소통 ②	19 의사소통 ②	20 의사소통 ②
21 수리 ③	22 수리 ④	23 수리 ②	24 수리 ③	25 수리 ②	26 수리 ③	27 수리 ②	28 수리 ②	29 수리 ③	30 수리 ③
31 수리 ②	32 수리 ①	33 수리 ②	34 수리 ②	35 수리 ④	36 수리 ①	37 수리 ③	38 수리 ③	39 수리 ④	40 수리 ①
41 문제해결 ③	42 문제해결 ③	43 문제해결 ④	44 문제해결 ④	45 문제해결 ④	46 문제해결 ④	47 문제해결 ④	48 문제해결 ②	49 문제해결 ②	50 문제해결 ①
51 문제해결 ①	52 문제해결 ④	53 문제해결 ④	54 문제해결 ③	55 문제해결 ③	56 문제해결 ②	57 문제해결 ③	58 문제해결 ④	59 문제해결 ④	60 문제해결 ①

[01-03]

01 의사소통능력   정답 ④

5문단에서 최근 필리핀, 말레이시아 등의 동남아에서 소아마비 환자가 발생하며 빠르게 퍼지고 있으므로 관련 국가 여행 전 예방접종을 하고, 폴리오 바이러스가 전 세계적으로 퍼지지 않도록 관련 부처에서 주의해야 한다고 하였으므로 동남아를 여행하기 전에 보건복지부에 미리 신고하고 허가받아야 하는 것은 아님을 알 수 있다.

오답 체크

① 2문단에서 구강으로 체내에 들어온 폴리오 바이러스는 국소 림프계를 침범한 이후 혈액을 통해 중추신경계에 도달하여 척수 전각 및 뇌간의 운동신경 세포를 파괴한다고 하였으므로 적절한 내용이다.
② 1문단에서 소아마비는 선천적 또는 후천적 뇌 장애로 유발되는 뇌성 소아마비와 폴리오 바이러스로 인해 생기는 척수성 소아마비로 구분된다고 하였으므로 적절한 내용이다.
③ 4문단에서 우리나라는 생후 2, 4, 6개월마다 맞는 3회의 기본 접종과 만 4~6세에 맞는 1회의 추가 접종을 더해 총 4회의 예방접종을 진행하도록 권고하고 있다고 하였으므로 적절한 내용이다.

02 의사소통능력   정답 ④

이 글은 전염성이 강한 척수성 소아마비의 원인과 전염 경로, 증상, 예방 방법을 설명하며, 예방접종과 국제적 대응에 대한 중요성을 서술하고 있으므로 이 글의 중심 내용으로 가장 적절한 것은 ④이다.

오답 체크

① 소아마비 예방을 위해 깨끗한 환경을 조성해야 한다는 내용에 대해서 다루고 있지 않으므로 적절하지 않은 내용이다.
② 3문단에서 폴리오 바이러스에 의한 후유증에 대해 서술하고 있으나 후유증 치료의 국가적 지원의 필요성에 대해서 다루고 있지 않으므로 적절하지 않은 내용이다.
③ 4문단에서 예방접종 권고에 대해 서술하고 있으나 글 전체를 포괄할 수 없으므로 적절하지 않은 내용이다.

03 의사소통능력   정답 ③

3문단에서 폴리오 바이러스 감염 시 나타나는 증상의 다양성과 후유증을 설명하고 있고, 4문단에서 우리나라는 백신 예방접종을 통해 척수성 소아마비를 대비하고 있다고 하였으므로 WHO에서 뇌성 소아마비 퇴치를 위한 국제 캠페인을 진행하고 있다는 내용의 ⓒ은 삭제되어야 한다.

[04-05]
04 의사소통능력   정답 ④

3문단에서 공공부조는 경제적 자립 능력이 부족한 빈곤계층에 생계급여나 의료급여, 주거급여, 교육급여 등의 경제적 기반을 제공하는 제도라고 하였으므로 생계급여, 의료급여, 주거급여 등과 같이 국민이 일상을 살아가는 데 필요한 혜택을 제공하는 것을 일컬어 공공부조라고 함을 알 수 있다.

> 오답 체크

① 3문단에서 공공부조는 수혜자가 별도의 비용을 지불하지 않아도 국가나 지방자치단체가 관련 비용을 부담한다고 하였으므로 적절하지 않은 내용이다.
② 1문단에서 우리나라는 1960년 제4차 개정 헌법에서 국가의 사회보장에 관한 노력을 최초로 규정하였으며, 1963년 사회보장 관련 법률을 제정하면서 관련 보험들이 시행되었다고 하였으므로 적절하지 않은 내용이다.
③ 4문단에서 사회복지 서비스 제공 시 국가가 선별한 대상자에게 전액 국비로 제공하던 과거와 달리 현재는 선별 대상자가 서비스의 일부 비용을 부담하고 있다고 하였으므로 적절하지 않은 내용이다.

05 의사소통능력   정답 ④

1문단에서 1935년 당시 미국의 대통령이었던 루스벨트는 뉴딜 정책을 시행하여 경제를 포함해 각 부문에 적극적으로 개입했다고 하였으므로 미국의 루스벨트 대통령은 국가의 전체가 국민에 의해 자유롭게 운용될 수 있도록 방임하는 정책을 펼친 것은 아님을 알 수 있다.

> 오답 체크

① 4문단에서 오늘날 국가는 사회서비스를 제공함으로써 국민의 사회적 신뢰를 높여 사회통합에 기여한다고 하였으므로 적절한 내용이다.
② 2문단에서 사회보험은 국민이 예상하지 못한 사고로 경제적 능력을 상실할 경우를 대비해 국민 개개인에게 매달 보험료를 갹출함은 물론 아니라 피고용인이 있는 사업체의 고용주, 국가가 보험료를 분담한다고 하였으므로 적절한 내용이다.
③ 3문단에서 국가에서 시행하는 공공부조는 빈곤계층에 속하는 국민이 하루속히 생활 능력을 갖춰 빈곤에서 벗어날 수 있도록 돕는 데 목적이 있다고 하였으므로 적절한 내용이다.

[06-07]
06 의사소통능력   정답 ④

이 글은 치약의 역사적 기원과 치약이 발전해 온 과정을 설명하며, 현대 치약의 구성 성분인 계면활성제와 불소에 대해 자세히 안내한 뒤, 마지막으로 치약 사용 시 주의할 점을 설명하는 글이다.

따라서 '(라) 치약의 역사적 기원과 과거 사용법 소개 → (다) 18세기 후반부터 20세기 중반까지 치약 발전과정 → (나) 현대 치약의 구성 성분과 기능 → (마) 불소의 역할과 사용 시 주의점 → (가) 올바른 치약 사용법과 주의사항' 순으로 연결되어야 한다.

07 의사소통능력   정답 ④

(마)문단에서 식약처에서 불소의 과량 섭취를 방지하기 위해 치약 내 불소의 배합 한도를 1,500ppm 이하로 정하였다고 하였으므로 식약처의 권고에 따라 시판되는 치약의 불소 배합 한도는 최대 1,500ppm으로 규정되어 있음을 알 수 있다.

> 오답 체크

① (나)문단에서 오늘날 우리가 사용하는 치약은 주성분 중 절반 이상이 연마제이고, 치약은 기본적으로 연마제에 적은 양의 계면활성제와 불소를 첨가하여 만든다고 하였으므로 적절하지 않은 내용이다.
② (가)문단에서 치약의 계면활성제는 수용성 성분과 지용성 성분을 섞는 기능을 하기 때문에 입속에 남아있으면 치아가 착색되고 구취가 날 수 있다고 하였으므로 적절하지 않은 내용이다.
③ (라)문단에서 기원전 2000년경에 이집트 사람들은 부석의 가루와 식초를 섞어 치약으로 사용하였으며, 로마 사람들이 소변으로 입안을 헹구었다고 하였으므로 적절하지 않은 내용이다.

[08-10]
08 의사소통능력   정답 ④

㉠ 1문단에서 초미세먼지의 지름은 2.5μm 이하라고 하였고, 2문단에서 초미세먼지 농도가 10μg/m³ 증가할 때마다 호흡기 질환으로 입원하는 환자는 1.06% 증가했다고 하였으므로 적절하지 않은 내용이다.
㉡ 4문단에서 기온역전 현상으로 인해 공기의 상하 이동이 일어나지 않으면 지상의 미세먼지가 낮은 고도에 머무르게 되며 이에 따라 자연스럽게 미세먼지 농도가 높아진다고 하였으므로 적절하지 않은 내용이다.
㉣ 1문단에서 미세먼지 입자의 지름이 2.5μm 이하인 초미세먼지의 경우 폐포까지 침투하여 혈관에 들어가 심혈관 질환을 유발할 수 있다고 하였으므로 적절하지 않은 내용이다.

따라서 제시된 글의 내용과 일치하지 않는 것의 개수는 3개이다.

> 오답 체크

㉢ 5문단에서 지구 온난화는 극지방의 빙하가 녹는 속도에 영향을 미친다고 하였으며, 이로 인해 유라시아 대륙의 풍속이 줄어든다고 하였으므로 적절한 내용이다.

09 의사소통능력   정답 ④

이 글은 미세먼지의 정의와 위험성 및 기상현상과 기후 변화가 미세먼지 농도에 어떤 영향을 미치는지에 대하여 설명하며, 앞으로도 미세먼지 문제가 더욱 심각해질 것이라는 전망과 함께 이를 해결하기 위한 적극적인 대책의 필요성을 강조하는 내용이므로 이 글의 중심 내용으로 가장 적절한 것은 ④이다.

오답 체크
① 3~4문단에서 미세먼지와 기상현상 및 기후 변화의 관계에 대하여 서술하고 있으나 과학적 이해의 필요성을 중심으로 다루는 것은 아니므로 적절하지 않은 내용이다.
② 1~2문단에서 미세먼지에 의한 건강 피해에 대한 내용을 서술하고 있으나 글 전체의 내용을 포괄할 수 없으므로 적절하지 않은 내용이다.
③ 미세먼지 문제 해결을 위한 친환경 대중교통 확대와 산업구조 개편의 시급성에 대하여 다루고 있지 않으므로 적절하지 않은 내용이다.

10 의사소통능력   정답 ③

3문단에서 미세먼지 농도가 강수, 바람 등의 기상현상에 따라 어떻게 변화하는지에 대하여 서술하고 있으므로 초미세먼지의 생성 원인을 내용으로 하는 ⓒ은 삭제되어야 한다.

[11-13]
11 의사소통능력   정답 ②

이 신문기사는 중세시대 페스트 이후 가장 강한 유행병으로 여겨지는 스페인 독감이 제1차 세계대전 중에 처음 발병하여 발원지, 감염 경로 등을 정확하게 파악할 수 없었으며, 당시 참전국들이 언론을 통제한 반면에 중립국이었던 스페인은 전시 보도 통제를 하지 않아서 해당 독감의 심각성과 사망 사례를 최초로 보도하여 스페인 독감이라는 명칭이 굳어졌다고 설명하고 있다.
따라서 당시 스페인이 전시 보도 통제를 하지 않아서 최초로 해당 독감의 심각성과 사망 사례를 보도했기 때문에 스페인 독감이라고 불리게 되었다는 내용의 ②가 가장 적절하다.

오답 체크
① 인플루엔자가 영유아와 노인층에서 높은 치사율을 보이는 것과 달리 스페인 독감은 20~45세가 전체 사망자의 60%를 차지할 정도로 젊은층의 사망률이 굉장히 높았다고 하였지만, 스페인에서만 이러한 독특한 양상이 나타난 것은 아니므로 적절하지 않은 내용이다.
③ 스페인 독감 이후 질병에 잘못된 이름이 붙는 문제를 예방하기 위해 2015년 WHO에서 동물, 특정 직군뿐만 아니라 지역명을 병명에 사용하지 않도록 권고하는 가이드라인을 마련했다고 하였으므로 적절하지 않은 내용이다.
④ 스페인 독감의 기원에 대하여 미국에서 시작되어 유럽에 파견된 미군을 통해 퍼졌다는 가설이 있다고 하였지만, 제1차 세계대전 당시 스페인은 중립국이라고 하였으며 미군이 스페인에 파견되었는지는 알 수 없으므로 적절하지 않은 내용이다.

12 의사소통능력   정답 ③

이 신문기사는 스페인 독감의 치명적인 전염성과 치사율, 그리고 명칭의 오류와 사회적 맥락에 대한 내용이므로 이 신문기사의 중심 내용으로 가장 적절한 것은 ③이다.

오답 체크
① 스페인 독감이 방역 체계 정비의 계기가 되었다는 내용에 대해서는 다루고 있지 않으므로 적절하지 않은 내용이다.
② 스페인 독감 관련 의료 기술 및 치료법에 대해서는 다루고 있지 않으므로 적절하지 않은 내용이다.
④ 3문단에서 2015년 세계보건기구(WHO)가 질병명에 지역명, 동물, 특정 직군을 사용하지 않도록 권고하는 가이드라인을 마련하였다고 서술하고 있으나 글 전체를 포괄할 수 없으므로 적절하지 않은 내용이다.

13 의사소통능력   정답 ①

빈칸 앞에서는 인플루엔자보다 스페인 독감의 치사율이 더 높았다고 말하고 있고, 빈칸 뒤에서는 인플루엔자는 영유아와 노인층의 치사율이 높지만 스페인 독감은 젊은 층의 사망률이 매우 높았다고 말하고 있다.
따라서 앞의 내용에 새로운 내용을 덧붙일 때 사용하는 접속어 '또한'이 들어가는 것이 가장 적절하다.

[14-15]
14 의사소통능력   정답 ②

'4. 보험료율 부담 내역'에서 사립학교 교원은 가입자 부담이 3.335%, 사용자 부담이 2.001%, 국가 부담이 1.334%로 총 6.67%의 보험료를 부담해야 한다고 하였으므로 사립학교 교원의 보험료율과 관련하여 가입자와 국가가 50:50의 비율로 부담해야 한다는 답변은 가장 적절하지 않은 내용이다.

15 의사소통능력   정답 ③

'3. 보험료율 인상 내역'에서 장기요양보험료율은 2019년 대비 2020년 건강보험료의 8.51%에서 10.25%로 1.74%p 증가하므로 적절하지 않은 내용이다.

[오답 체크]
① '4. 보험료율 부담 내역'에서 건강보험료 = 보수월액 × 보험료율(6.67%)이며, 장기요양보험료(월) = 건강보험료 × 보험료율(10.25%)이라고 하였으므로 적절한 내용이다.
② '2. 인상 배경'에서 척추 질환, 근골격질환, 안·이비인후과질환 등 단계적 급여화는 2020년 중반기에 시행된다고 하였으므로 적절한 내용이다.
④ '5. 기타 참고사항: 건강보험 직장가입자 피부양자 인정 요건'에서 건강보험 직장가입자의 피부양자로 등록되기 위해서는 연소득이 3,400만 원 이하여야 하며, 가족 중 건강보험 직장가입자에 의하여 생계 유지하는 자여야 한다고 하였으므로 적절한 내용이다.

[16-18]
16 의사소통능력   정답 ①

(나)문단에서 1953년 로즈 치폴론의 유가족들이 담배 회사인 리젯 그룹을 상대로 건 소송에서 1심에서는 40만 달러의 배상 판결을 받았으나, 이후 항소를 거쳐 소송이 대법원까지 이어지자 유족들이 소송을 취하했다고 하였으므로 로즈 치폴론의 유가족이 담배 회사와의 소송에서 이겨 40만 달러를 배상받은 것은 아님을 알 수 있다.

[오답 체크]
② (가)문단에서 화학물질 중 니코틴 성분으로 흡연 시 담배에 쉽게 중독된다고 하였으므로 적절한 내용이다.
③ (다)문단에서 우리나라의 담배 소송은 1999년 첫 소송 후 개인 및 집단 소송이 진행되었으나 아직 원고가 승소한 판결은 없다고 하였으므로 적절한 내용이다.
④ (나)문단에서 1995년 담배 회사의 내부 문서가 유출되었고, 그 문서에는 니코틴의 중독성과 담배가 인체에 유해하다는 내용을 담배 회사들이 이미 알고 있었으나 알려지지 않도록 음모를 꾸몄다는 내용이 포함되어 있으므로 적절한 내용이다.

17 의사소통능력   정답 ②

이 글은 담배의 유해성과 중독성을 설명한 후, 미국과 한국에서 진행되어 온 담배 소송 사례들을 통해 흡연의 유해함을 강조하는 내용이므로 이 글의 중심 내용으로 가장 적절한 것은 ②이다.

[오답 체크]
① 담배 소비의 감소가 전 세계적으로 미치는 긍정적인 영향에 대해서는 다루고 있지 않으므로 적절하지 않은 내용이다.
③ (가)문단에서 담배의 기원과 유럽으로의 전파에 대해 서술하고 있으나 개인의 자유와 사회적 규제에 대해서는 다루고 있지 않으므로 적절하지 않은 내용이다.
④ (라)문단에서 전자 담배의 유해성에 대해 서술하고 있으나 글 전체를 포괄할 수 없으므로 적절하지 않은 내용이다.

18 의사소통능력   정답 ②

<보기>는 미국에서 원고가 승소하는 담배 소송이 늘어나게 되었다는 내용이다.
따라서 미국 법원은 담배 회사의 편에서 판결을 내려왔으나, 담배 회사들이 니코틴의 중독성과 해로움을 알면서도 숨겼다는 내부 문서가 공개되었다는 내용을 이야기하고 있는 (나)문단 뒤에 위치하는 것이 적절하다.

[19-20]
19 의사소통능력   정답 ②

'4. 프로그램 전체 일정'에 따르면 근육 이완 운동은 3일 차와 4일 차에 진행되어 총 2번 진행되므로 위 안내문을 잘못 이해한 사람은 '을'이다.

[오답 체크]
① '2. 대상자 선정 기준'에 따르면 스트레스 진단 설문에서 중증도 이상 스트레스군에 해당하고, 현 직장에서 6개월 이상 재직 중이어야 하므로 적절한 내용이다.
③ '5. 참가비'에 따르면 근속연수가 10년 이상일 경우 기본 참가비 15만 원에 70% 할인이 적용되어 참가비는 15 × 0.3 = 4.5만 원이므로 적절한 내용이다.
④ '6. 수료자 혜택'에 따르면 수료증 소지자에 한하여 A 센터의 건강 지원 프로그램 우선 등록 혜택이 부여되므로 적절한 내용이다.

20 의사소통능력   정답 ②

'4. 프로그램 전체 일정'에서 5일간 전체 일정에 참석한 참가자에 한해 수료증이 발급된다고 하였으므로 적절하지 않은 내용이다.

[오답 체크]
① '3. 신청 방법'에서 온라인 신청은 A센터 홈페이지 회원가입 후 신청이라고 하였으므로 적절한 내용이다.
③ '5. 참가비'에서 참가비 입금 마감은 프로그램 시작 7일 전까지라고 하였고, '7. 환불 규정 및 기타 유의사항'에서 프로그램 시작 5일 전 취소 시 참가비 전액 환불이라고 하였으므로 적절한 내용이다.
④ '3. 신청방법'에서 신청시, 스트레스 진단 설문지, 재직 증명서 등 증빙자료를 필수 제출하여야 한다고 하였고, '7. 환불 규정 및 기타 유의사항'에서 허위 증빙자료를 제출한 경우 대상자 선정이 취소되고, 대상자 선정 취소 시 참가비 전액 환불이 불가하다고 하였으므로 적절한 내용이다.

[21-23]

21 수리능력   정답 ③

ⓒ 제시된 기간 동안 충북 평균보험료의 연평균은 (87+90+92+98+103) / 5 = 94천 원이므로 옳지 않은 설명이다.
ⓔ 제시된 기간 동안 경기와 인천의 평균보험료 차이는 2016년에 99-91=8천 원, 2017년에 103-94=9천 원, 2018년에 105-95=10천 원, 2019년에 113-103=10천 원, 2020년에 119-109=10천 원임에 따라 경기와 인천의 평균보험료 차이가 가장 적은 2016년의 경기와 인천의 평균보험료 차이는 8천 원이므로 옳지 않은 설명이다.

오답 체크

㉠ 2020년 평균보험료가 가장 높은 서울과 가장 낮은 전남의 평균보험료 차이는 134-96=38천 원이므로 옳은 설명이다.
ⓒ 2020년 전북의 평균보험료는 2016년 대비 {(97-82)/82} × 100 ≒ 18% 증가하였으므로 옳은 설명이다.

⏱ 빠른 문제 풀이 Tip

ⓒ 선택지에 제시된 수치와 각 수치의 편차를 이용하여 계산한다.
선택지에 제시된 평균 95천 원과 2016년 이후 충북의 평균보험료를 비교하면 2016년에 87-95 = -8천 원, 2017년 90-95 = -5천 원, 2018년에 92-95 = -3천 원, 2019년에 98-95 = 3천 원, 2020년에 103-95 = 8천 원으로 각 수치의 합이 -8-5-3+3+8 = -5천 원으로 음수임에 따라 충북 평균보험료의 연평균이 95천 원 미만임을 알 수 있다.

22 수리능력   정답 ①

ⓒ 2017년 경북의 평균보험료는 충북의 평균보험료인 90천 원보다 낮으므로 B가 경북이다.
ⓔ 2018년 대구의 평균보험료는 울산과 전남의 평균보험료의 평균인 (115+83) / 2 = 99천 원과 동일하므로 C가 대구이다.
ⓑ 제시된 기간 중 부산과 대구의 평균보험료가 동일한 해는 3개이고 A와 C의 평균보험료가 2016년, 2017년, 2020년에 동일하므로 A가 부산, D가 경남이다.

따라서 A는 부산, B는 경북, C는 대구, D는 경남이다.

23 수리능력   정답 ④

2017년 대비 2019년 평균보험료 증가율은 서울이 {(126-113)/113} × 100 ≒ 11.5%이고, 전북이 {(91-85)/85} × 100 ≒ 7.1%로, 2017년 대비 2019년 서울의 평균보험료 증가율과 같은 기간 전북의 평균보험료 증가율의 차이는 11.5-7.1 ≒ 4.4%p이다.

[24-25]

24 수리능력   정답 ②

2019년 민간 어린이집 보육아동 수는 전년 대비 감소하였지만, 민간 어린이집 개소당 보육아동 수는 2018년에 711,209 / 13,518 ≒ 52.6명, 2019년에 664,106 / 12,568 ≒ 52.8명으로 증가하였으므로 옳은 설명이다.

오답 체크

① 전체 어린이집 수에서 가정 어린이집 수가 차지하는 비중은 2016년에 (20,598 / 41,084) × 100 ≒ 50.1%, 2017년에 (19,656 / 40,238) × 100 ≒ 48.8%로, 2016년이 더 크므로 옳지 않은 설명이다.
③ 제시된 기간에 협동 어린이집 수는 2017년까지 매년 증가, 2018년에는 유지, 2019년에는 감소하였으므로 옳지 않은 설명이다.
④ 제시된 기간의 직장 어린이집 연평균 보육아동 수는 (39,265 + 44,765 + 52,302 + 58,454 + 62,631 + 66,023) / 6 ≒ 53,907명이므로 옳지 않은 설명이다.

25 수리능력   정답 ③

제시된 자료에 따르면 2019년 법인 어린이집 수는 2,050개소이지만, 그래프에서는 2,000개소보다 낮게 나타나므로 옳지 않은 그래프는 ③이다.

[26-28]

26 수리능력   정답 ②

2024년 전체 종사자 수가 가장 많은 달은 7월이고, 가장 적은 달은 2월로, 2월과 7월의 취득자 수 합은 36,583 + 47,451 = 84,034명이므로 옳지 않은 설명이다.

오답 체크

① 취득자 수보다 상실자 수가 더 많은 달은 2024년에 1월, 2월, 5월, 6월, 8월, 9월, 10월, 11월로 총 8개이고, 2022년 1월, 2월, 8월, 10월로 총 4개이므로 옳은 설명이다.
③ 2024년에 처음으로 전체 종사자 수가 1,105천 명 이상이었던 달은 4월이며, 4월의 전월 대비 취득자 수는 각각 모두 3월 대비 감소하였으므로 옳은 설명이다.
④ 2024년 12월 전체 종사자 수에서 취득자 수가 차지하는 비중은 {33,156 / (1,105 × 1,000)} × 100 ≒ 3%이므로 옳은 설명이다.

27 수리능력   정답 ③

제시된 자료에 따르면 2024년 분기당 월별 전체 종사자 수의 총합은 1분기에 1,097 + 1,091 + 1,103 = 3,291천 명이지만, 그래프에서는 3,250천 명보다 낮게 나타나므로 옳지 않은 그래프는 ③이다.

28 수리능력　　　　　　　　　　　　　정답 ②

2024년 7월 전체 종사자 수의 같은 해 2월 대비 증가율은 {(1,116 - 1,091) / 1,091} × 100 ≒ 2%이다.

[29-31]
29 수리능력　　　　　　　　　　　　　정답 ③

2022년 의사 수가 다른 국가 대비 가장 많은 국가는 의사 수가 239,642명인 E 국이고, 두 번째로 의사 수가 많은 국가는 의사 수가 209,367명인 B 국으로 두 국가의 의사 수의 차이는 239,642 - 209,367 = 30,275명이므로 옳지 않은 설명이다.

오답 체크

① 2021년에 의사 수가 가장 적은 국가인 C 국의 의사 수는 제시된 기간 동안 꾸준히 증가하고 있으므로 옳은 설명이다.

② 2023년 D 국의 인구 천 명당 의사 수는 3.1명이고 의사 수는 14,738명으로 같은 해 D 국의 전체 인구수는 (14,738 × 1,000) / 3.1 ≒ 4,754,194명이므로 옳은 설명이다.

④ 2021년 인구 천 명당 의사 수가 가장 많은 국가는 인구 천 명당 의사 수가 4.4명인 F 국으로 2024년에도 인구 천 명당 의사 수가 4.8명으로 가장 많으므로 옳은 설명이다.

30 수리능력　　　　　　　　　　　　　정답 ③

E 국의 의사 수는 2023년에 241,512명, 2024년에 241,136명이고, 인구 천 명당 의사 수는 4.0명으로 동일하므로 전체 인구수의 차이는 {(241,512 - 241,136) × 1,000} / 4.0 = 94,000명이다.

31 수리능력　　　　　　　　　　　　　정답 ②

제시된 자료에 따르면 H 국 의사 수의 전년 대비 증가율은 2023년에 {(15,655 - 14,687) / 14,687} × 100 ≒ 6.6%이지만, 그래프에서는 8.0%보다 높게 나타나므로 옳지 않은 그래프는 ②이다.

오답 체크

① C 국의 전체 인구 수는 2021년에 (1,249 / 3.8) × 1,000 ≒ 328,684명, 2022년에 (1,292 / 3.9) × 1,000 ≒ 331,282명, 2023년에 (1,330 / 3.9) × 1,000 ≒ 341,026명, 2024년에 (1,373 / 3.9) × 1,000 ≒ 352,051명이므로 옳은 그래프이다.

③ F 국의 인구 천 명당 의사 수는 2021년에 4.4명, 2022년에 4.5명, 2023년에 4.7명, 2024년에 4.8명이므로 옳은 그래프이다.

④ B 국과 G 국 의사 수의 차이는 2021년에 207,789 - 180,444 = 27,345명, 2022년에 209,367 - 182,534 = 26,833명, 2023년에 211,162 - 185,692 = 25,470명, 2024년에 212,337 - 188,783 = 23,554명이므로 옳은 그래프이다.

[32-33]
32 수리능력　　　　　　　　　　　　　정답 ①

46세 남성의 일일 권장 단백질 섭취량인 55g을 초과하지 않는 범위에서 두부만 섭취한다고 할 때, 하루 최대 섭취량은 (55 / 7.8) × 100 ≒ 705g이므로 옳지 않은 설명이다.

오답 체크

② 제시된 모든 연령대에서 일일 평균 단백질 섭취량이 여성의 일일 평균 권장 단백질 섭취량보다 크므로 옳은 설명이다.

③ 일일 평균 섭취량이 많은 연령대부터 순서대로 나열하면 칼슘이 16~25세, 6~15세, 26~35세 = 36~45세, 46~55세, 56~65세, 66세 이상이며, 비타민A가 6~15세, 16~25세, 26~35세 = 36~45세, 46~55세, 56~65세, 66세 이상으로 순위가 다른 연령대는 6~15세와 16~25세 2개이므로 옳은 설명이다.

④ 100g 기준 칼슘 함량이 가장 높은 식품인 두부의 칼슘 함량은 가장 낮은 식품인 쌀밥의 칼슘 함량의 164 / 6 ≒ 27.3배이므로 옳은 설명이다.

33 수리능력　　　　　　　　　　　　　정답 ②

제시된 자료에 따르면 36~45세의 일일 평균 에너지 섭취량은 2,200kcal이지만, 그래프에서는 2,100kcal로 나타나므로 옳지 않은 그래프는 ②이다.

오답 체크

① 남성과 여성의 일일 권장 단백질 섭취량의 차이는 6~15세가 48 - 45 = 3g, 16~25세가 57 - 52 = 5g, 26~35세가 60 - 50 = 10g, 36~45세가 60 - 50 = 10g, 46~55세가 55 - 45 = 10g, 56~65세가 53 - 45 = 8g, 66세 이상 50 - 45 = 5g이므로 옳은 그래프이다.

③ 300g 섭취 시 에너지 함량은 배추김치가 20 × 3 = 60kcal, 쌀밥이 150 × 3 = 450kcal, 두부가 80 × 3 = 240kcal, 딸기가 30 × 3 = 90kcal, 브로콜리가 25 × 3 = 75kcal이므로 옳은 그래프이다.

④ 식품별 300kcal 섭취에 필요한 양은 배추김치가 (300 / 20) × 100 = 1,500g, 쌀밥이 (300 / 150) × 100 = 200g, 두부가 (300 / 80) × 100 = 375g, 딸기가 (300 / 30) × 100 = 1,000g, 브로콜리가 (300 / 25) × 100 = 1,200g이므로 옳은 그래프이다.

[34-36]
34 수리능력　　　　　　　　　　　　　정답 ②

2024년 여자는 소득수준이 하, 중하, 중상으로 높아질수록 비만 유병률이 33.8%, 27.7%, 24.8%로 낮아지므로 옳은 설명이다.

오답 체크

① 2024년 19세 이상~30세 미만 남자와 여자의 비만 유병률 차이는 35.1 - 27.1 = 8.0%p이므로 옳지 않은 설명이다.

③ 2024년 남자는 소득수준이 하, 중하, 중상으로 높아질수록 비만 유병률이 28.9%, 36.1%, 38.7%로 높아지므로 옳지 않은 설명이다.
④ 2024년 소득수준이 중하에 해당하는 남자의 비만 유병률은 36.1%로 조사 기간 중 19세 이상~30세 미만 남자의 비만 유병률이 가장 높게 나타난 2023년의 수치인 36.4%보다 낮으므로 옳지 않은 설명이다.

35 수리능력   정답 ④

2024년 남자와 여자의 비만 유병률의 차이는 19세 이상~30세 미만이 35.1 − 27.1 = 8.0%p, 30세 이상이 37.7 − 30.1 = 7.6%p로, 19세 이상~30세 미만이 30세 이상의 8.0 / 7.6 ≒ 1.05배이다.

36 수리능력   정답 ①

2024년 소득수준이 중하에 해당하는 여자의 체질량지수가 $25kg/m^2$ 이상인 분율은 27.7%이고, 같은 해 소득수준이 중상에 해당하는 남자의 체질량지수가 $25kg/m^2$ 미만인 분율은 100.0 − 38.7 = 61.3%이므로 2024년 소득수준이 중하에 해당하는 여자의 체질량지수가 $25kg/m^2$ 이상인 분율 대비 같은 해 소득수준이 중상에 해당하는 남자의 체질량지수가 $25kg/m^2$ 미만인 분율의 비율은 61.3 / 27.7 ≒ 2.2이다.

[37-38]
37 수리능력   정답 ③

2021년 전체 산업의 구직급여 신청자 수에서 전문서비스업, 사업서비스업, 교육서비스업 구직급여 신청자 수의 합이 차지하는 비중은 {(423 + 1,055 + 432) / 18,803} × 100 ≒ 10.2%로 10% 이상이므로 옳지 않은 설명이다.

오답 체크
① 제시된 산업 중 2024년 구직급여 신청자 수가 세 번째로 많은 건설업의 구직급여 신청자 수는 4년 전 대비 1,689 − 950 = 739백 명 증가하였으므로 옳은 설명이다.
② 2020년 대비 2022년 구직급여 신청자 수가 감소한 산업은 농림어업, 출판영상통신업, 금융보험업임에 따라 총 3개이므로 옳은 설명이다.
④ 2024년 전산업의 구직급여 신청자 수는 같은 해 농림어업 구직급여 신청자 수의 13,717 / 70 ≒ 196배이므로 옳은 설명이다.

38 수리능력   정답 ③

2022년 대비 2023년 전체 산업의 구직급여 신청자 수의 증가량은 22,959 − 21,258 = 1,701백 명이고, 2023년 대비 2024년 전체 산업의 구직급여 신청자 수의 증가량은 27,435 − 22,959 = 4,476백 명이므로 2023년 대비 2024년 전체 산업의 구직급여 신청자 수의 증가량은 2022년 대비 2023년 전체 산업의 구직급여 신청자 수의 증가량의 4,476 / 1,701 ≒ 2.6배이다.

[39-40]
39 수리능력   정답 ③

㉠ 청년층의 경우 2023년 기준 5위 안에 드는 종목 중 2024년에 순위가 상승한 종목은 맨몸운동, 필라테스로 2개이고, 순위가 하락한 종목은 헬스/보디빌딩, 축구, 요가로 3개이며, 중·장년층의 경우 2023년 기준 5위 안에 드는 종목 중 2024년에 순위가 상승한 종목은 없고, 순위가 하락한 종목은 골프, 탁구, 요가로 3개로 청년층과 중·장년층 모두 2023년 기준 5위 안에 드는 종목 중 2024년에 순위가 상승한 종목이 순위가 하락한 종목보다 적으므로 옳은 설명이다.
㉡ 청년층의 경우에 2024년 기준 5위 안에 드는 종목 중 2023년 대비 선호자 수가 증가한 종목은 맨몸운동, 필라테스, 자전거, 러닝/달리기 4개이므로 옳은 설명이다.
㉢ 2024년 5위 종목의 선호자 수는 청년층이 12,600명, 중·장년층이 8,300명임에 따라 기타에 포함되는 종목의 선호자 수는 청년층이 12,600명 미만, 중·장년층이 8,300명 미만이고, 기타에 포함되는 종목의 개수는 청년층이 20,500 / 12,600 ≒ 1.6개 이상으로 최소 2개, 중·장년층이 30,200 / 8,300 ≒ 3.6개 이상으로 최소 4개로, 기타에 포함되는 종목의 최소 개수는 청년층이 중·장년층보다 적으므로 옳은 설명이다.

오답 체크
㉣ 제시된 기간 동안 꾸준히 5위 안에 드는 종목의 개수는 청년층이 헬스/보디빌딩, 맨몸운동, 필라테스로 3개, 중·장년층이 걷기, 등산, 골프 3개로 서로 동일하므로 옳지 않은 설명이다.

40 수리능력   정답 ①

1~5위 선호자 수는 청년층이 2023년에 100,000 − 22,400 = 77,600명, 2024년에 100,000 − 20,500 = 79,500명으로 2023년 대비 2024년에 79,500 − 77,600 = 1,900명 증가하였고, 중·장년층이 2023년에 100,000 − 31,000 = 69,000명, 2024년에 100,000 − 30,200 = 69,800명으로 2023년 대비 2024년에 69,800 − 69,000 = 800명 증가하였으므로 2023년 대비 2024년 1~5위 선호자 수의 증가량은 청년층이 중·장년층의 1,900 / 800 ≒ 2.4배이다.

[41-42]
41 문제해결능력   정답 ③

'[별표 2]'에 따르면 최초 계약의 계약일로부터 90일이 지난 날의 다음날인 암보장개시일 이후 일반암으로 진단확정 되었을 때 보험금이 지급되며, 분류코드 C43에 해당하는 피부의 악성흑색종은 일반암에 속하여 병은 일반암 진단 보험금을 받을 수 있으므로 옳은 내용이다.

오답 체크
① '제3조'에 따르면 분류코드 C66에 해당하는 질병은 일반암에 속하여 갑은 보험금을 받을 수 있으므로 옳지 않은 내용이다.
② '제4조 제3항'에 따르면 원발부위에 발생한 암이 전립선암인 경우, 전립선암의 전이암, 재발암, 잔여암에 대한 재진단암 진단 보험금은 지급하지 않아 을은 진단 보험금을 받을 수 없으므로 옳지 않은 내용이다.
④ '제3조'에 따르면 갑상샘의 악성신생물은 암에서 제외되어 정은 보험금을 지급받을 수 없으므로 옳지 않은 내용이다.

42 문제해결능력 정답 ③

제3조 제1항에 따라 1차 진단의 대장점막내암은 암에서 제외되어 보험금을 지급받을 수 없다. 또한, 제3조 제3항에 따라 2차 진단의 위의 악성신생물은 일반암에 해당하고, 3차 진단의 위의 악성신생물 재발암은 재진단암에 해당한다. 이때 2차 진단은 암보장개시일 전일 이후에 일반암으로 진단확정을 받았으므로 [별표 2]에 따라 2,000만 원의 보험금을 지급받을 수 있고, 3차 진단은 재진단암 진단 보험금에 해당하므로 1,000만 원의 보험금을 지급받을 수 있다. 따라서 무가 지급받을 수 있는 보험금은 2,000 + 1,000 = 3,000만 원이다.

[43-45]
43 문제해결능력 정답 ②

5문단에 따르면 사회보장 정보시스템 2차 개통 및 복지 멤버십 전 국민 확대 시행을 위한 준비를 차질 없이 추진할 계획이라고 하였으므로 옳은 내용이다.

오답 체크
① 4문단에 따르면 기초생활수급자 김○○ 씨는 복지 멤버십을 통해 에너지 바우처 수급이 가능함을 안내받아 주민센터에 방문하여 서비스를 신청하였으므로 옳지 않은 내용이다.
③ 1문단에 따르면 복지 멤버십 사업을 통해 21만 8천여 가구가 26만 건의 복지서비스를 새롭게 지원받았으므로 옳지 않은 내용이다.
④ 3문단에 따르면 신규 수급자가 많은 상위 3개 지역은 인천광역시 미추홀구, 인천광역시 부평구, 서울특별시 강서구이므로 옳지 않은 내용이다.

44 문제해결능력 정답 ②

2문단에 따르면 복지 멤버십 가입자를 대상으로 수급 가능성을 판정하여 111만 8천여 가구에게 받을 수 있는 복지서비스가 있음을 문자메시지로 안내하였으므로 옳지 않은 내용이다.
따라서 보도자료를 잘못 이해한 사람은 '상현'이다.

오답 체크
① 4문단에 따르면 복지 멤버십 제도를 활용하여 기초생활수급자 김○○ 씨는 에너지 바우처를 지원받았고, 건설 일용근로자 한 씨는 주거급여를 지원받았으므로 옳은 내용이다.
③ 5문단에 따르면 현장에서 업무를 담당하는 사회복지 공무원들은 복지 멤버십을 통하여 민원인에게 받을 수 있는 서비스를 체계적으로 안내할 수 있어 편리하고, 모르고 있던 일부 사업을 알게 되어 도움이 된다고 하였으므로 옳은 내용이다.
④ 1문단에 따르면 복지 멤버십은 개인 및 가구의 소득·재산·인적 특성을 분석해 받을 수 있는 복지서비스를 찾아 선제적으로 안내하는 제도이므로 옳은 내용이다.

45 문제해결능력 정답 ③

3문단에 따르면 신규 수급자가 많은 사업에 이동통신 요금감면이 해당하고, 4문단에 따르면 김○○ 씨가 복지 멤버십을 통해 에너지 바우처 수급이 가능함을 안내받아 전기요금과 도시가스 요금을 지원받았으며, 한○○ 씨가 복지 멤버십을 통해 주거급여를 지원받았다. 따라서 복지 멤버십을 통해 받을 수 있는 지원 혜택이 아닌 것은 대중교통요금이다.

[46-47]
46 문제해결능력 정답 ④

'1. 표준 여행 요금'에 따르면 표준 여행 요금은 최대 열차 할인율인 40%가 적용된 최저 요금이고, 최대 열차 할인율 40%가 적용된 열차 요금은 표준 여행 요금의 15%에 해당함에 따라 오송역 출발 대인 1명으로 예약한 정이 지불하는 표준 여행 요금 383,000원 중 정이 이용한 열차의 할인 적용 전 요금은 (383,000 × 0.15) / 0.6 = 95,750원이므로 옳지 않은 내용이다.

오답 체크
① '4. 참고 사항'에 따르면 인원에 따라 현지 연계차량이 배정되므로 5인 가족인 갑의 가족만 여행 예약을 하였다면, 최소 출발 인원을 충족하며 8인 이하에 해당하여 현지 연계차량으로 11인승 승합차를 배정받으므로 옳은 내용이다.
② '3. 여행 일정'에 따르면 2박 3일 남해안 여행에서는 2번의 조식과 3번의 중식을 제공식으로 제공하므로 옳은 내용이다.
③ '3. 여행 일정'에 따르면 1일 차에 서울역에서 08시 05분에 출발해 여수EXPO역에 11시 25분에 도착하여 서울역에서 여수EXPO역까지 소요된 시간은 3시간 20분이므로 옳은 내용이다.

47 문제해결능력   정답 ④

'1. 표준 여행 요금'에 따르면 표준 여행 요금은 최대 열차 할인율인 40%가 적용된 최저 요금으로 예약 날짜에 따라 열차 할인율이 변동될 경우 열차 요금만큼의 추가 요금이 발생한다. 열차 요금은 표준 여행 요금의 15%이며, 이 금액은 열차 할인율이 40% 적용된 금액이므로 광명역에서 출발하는 서희가 지불하는 표준 여행 요금 중 열차 요금이 395,700 × 0.15 = 59,355원이고 이는 40%의 열차 할인율이 적용된 금액이므로 할인 적용 전 열차 요금은 59,355 / 0.6 = 98,925원임을 알 수 있다. 서희가 선택한 날짜는 공휴일에 해당하여 열차 할인율이 20% 적용됨에 따라 서희가 지불해야 하는 열차 요금은 98,925 × 0.8 = 79,140원이고, 이는 최저 열차 요금과 79,140 − 59,355 = 19,785원 차이가 나므로 서희는 표준 여행 요금에서 1인당 19,785원을 추가로 지불해야 한다. 또한, '2. 상품 구성'에 따르면 가이드 봉사료와 옵션상품 외 요금은 여행사에 별도로 지불하는 내역으로, 불포함내역에 가이드 봉사료가 1인당 1만 원이고, B 코스 관광 시 유람선 탑승을 희망하여 2명의 비용을 지불하였으므로 (10,000 × 2) + (18,500 × 2) = 57,000원을 추가로 지불한다.
따라서 서희가 여행사에 지불한 총금액은 (395,700 + 19,785) × 2 + 57,000 = 887,970원이다.

[48-49]
48 문제해결능력   정답 ②

'2. 담당자'에 따르면 캠페인 상품은 당첨자 선발 인원이 확정된 이후에 구매한다고 하였으며, '3. 홍보팀 박람회 준비 일정표'에 따르면 캠페인 당첨자를 20일에 선발하므로 옳지 않은 내용이다.

오답 체크

① '2. 담당자'에 따르면 김 대리는 식습관 관련 기조 강연의 담당자임을 알 수 있으며, '3. 홍보팀 박람회 준비 일정표'에 따르면 7일 수요일에 기조 강연 연설자를 섭외하므로 옳은 내용이다.
③ '2. 담당자'에 따르면 식생활 개선 체험 부스 프로그램에서 부스 인원 배치 및 설치 업무는 부스 담당자 모두가 담당하며, '3. 홍보팀 박람회 준비 일정표'에 따르면 부스별 관리 인원 배치 및 부스 설치 업무는 박람회 당일 이틀 전인 21일에 진행되므로 옳은 내용이다.
④ '1. 식습관 개선 박람회 프로그램 일정'에 따르면 식생활 개선을 위한 테마별 체험 부스는 10:30~15:00에 운영되고, 영양 골든벨은 12:00~14:00, 캠페인 당첨자 발표는 14:00~15:00에 진행되므로 세 가지 프로그램에 모두 참여하고 싶다면 오전에 박람회장에 도착해야 하므로 옳은 내용이다.

49 문제해결능력   정답 ②

'참고사항'에 따라 업체별 예상 물품 구매 금액을 계산하면 A 업체는 (3,000 + 1,000 + 1,500) × 50 = 275,000원이고, B 업체는 3종 세트 30개 이상 구매로 25% 할인을 받아 {(5,000 + 1,000 + 1,000) × 50} × 0.75 = 262,500원이며, C 업체는 화이트보드와 마커 동시 구매 할인을 받아 {(4,000 − 700) + (1,500 − 1,000) + 1,500} × 50 = 265,000원이다.
따라서 골든벨 물품을 최소 금액으로 구매해야 한다면 이 주임이 선택할 업체와 최소 금액이 바르게 묶인 것은 'B 업체 − 262,500원'이다.

[50-52]
50 문제해결능력   정답 ①

'관광버스 업체 정보'에 따르면 1일 대절 가격이 가장 높은 관광버스 업체는 을 관광버스이며, 수용 인원 45명은 버스 기사를 제외한 인원으로 버스 기사를 포함하면 최대 46명까지 탑승할 수 있으므로 옳은 내용이다.

오답 체크

② '발전소 견학 세부사항'에 따르면 P 팀, R 팀, E 팀의 신입사원은 16 + 13 + 18 = 47명이고, '관광버스 업체 정보'에 따르면 모든 관광버스 업체의 수용 인원은 45인승 이하이므로 옳지 않은 내용이다.
③ '관광버스 업체 정보'에 따르면 수용 인원 1인당 1일 대절 가격은 갑 관광버스가 230,000 / 40 = 5,750원, 을 관광버스가 250,000 / 45 ≒ 5,556원, 병 관광버스가 165,000 / 30 = 5,500원, 정 관광버스가 170,000 / 35 ≒ 4,857원, 무 관광버스가 150,000 / 25 = 6,000원으로 수용 인원 1인당 1일 대절 가격이 가장 낮은 관광버스 업체는 정 관광버스이므로 옳지 않은 내용이다.
④ '도시락 종류별 가격'에 따르면 튤립 도시락은 50개 이상 구매 시 도시락 전체 가격에만 5% 할인을 받으므로 옳지 않은 내용이다.

51 문제해결능력   정답 ①

발전소 견학은 5/13(수) 오전 10시부터 오후 5시까지 진행되므로 관광버스는 5/13(수) 당일만 예약한다. 발전소 견학에 참여하는 인원은 총 78 + 12 = 90명이며, 관광버스는 종합보험이 가입되어 있고 냉장고를 보유한 버스로 대절하므로 대절 가능한 관광버스는 을 관광버스와 무 관광버스이다. 이때 을 관광버스는 45인승으로 2대를 대절하여 발생하는 비용은 250,000 × 2 = 500,000원이며, 무 관광버스는 25인승으로 4대를 대절하여 발생하는 비용은 150,000 × 4 = 600,000원이므로 을 관광버스를 2대 대절한다. 발전소 견학 중 식사는 1회 진행되며 도시락은 버스 기사 2명을 포함한 모든 인원수에 추가로 5개를 구매하므로 총 78 + 12 + 2 + 5 = 97개를 구매한다. 생수는 버스 기사 2명을 포함한 모든 인원당 2병씩 준비하므로 총 (78+12+2)×2=184병을 구매하여 도시락 종류별로 발생하는 도시락 및 생수 비용은 다음과 같다.

구분	도시락 비용	제공되는 생수 개수	생수 비용	합계
동백 도시락	9,000×97 =873,000원	97병	(184−97)×500 =43,500	873,000+43,500 =916,500원
매화 도시락	8,500×97 =824,500원	97병	(184−97)×500 =43,500	824,500+43,500 =868,000원
백합 도시락	7,500×97 =727,500원	−	184×500 =92,000	727,500+92,000 =819,500원
튤립 도시락	10,000×97× 0.95=921,500원	97병	(184−97)×500 =43,500	921,500+43,500 =965,000원

이에 따라 도시락 및 생수 비용이 가장 적게 발생하는 백합 도시락을 구매한다.
따라서 발전소 견학에 발생하는 총경비는 500,000+819,500=1,319,500원이다.

52 문제해결능력 정답 ②

필요역량별 가중치를 적용하였을 때 팀별 점수 총합은 P 팀이 (15×0.4)+(25×0.1)+(30×0.2)+(20×0.3)=20.5점, R 팀이 (5×0.4)+(20×0.1)+(35×0.2)+(25×0.3)=18.5점, M 팀이 (15×0.4)+(15×0.1)+(40×0.2)+(25×0.3)=23.0점, C 팀이 (20×0.4)+(35×0.1)+(5×0.2)+(30×0.3)=21.5점이므로 가장 높은 M 팀이 시범 팀으로 선발된다. 이때 백합 도시락 비용은 7,500×(16+3+1)=150,000원, 무 관광버스 1일 대절 가격은 150,000원이므로 총경비는 150,000+150,000=300,000원이다.

[53-54]
53 문제해결능력 정답 ④

제시된 자료에 따르면 집하장에서 택배를 수령한 뒤 원칙적으로 특송 택배를 먼저 배송하고, 이후 일반 택배를 배송한 뒤 다음 집하장으로 이동한다. 이때 먼저 배송하는 특송 택배와 배송지 방향이 같은 일반 택배는 이후 배송할 특송 택배보다 우선하여 배송할 수 있으며, 집하장 기준 다른 방향에 있는 배송지에 각각 배송하는 경우 배송지 이동 시 해당 집하장을 경유하여 다음 배송지로 이동한다. 이에 따라 집하장을 출발하여 모든 택배를 배송하고 해당 집하장으로 돌아오는 데 최소 이동 소요 시간을 계산하면 가 집하장은 특송 택배 1, 일반 택배 3, 일반 택배 5가 모두 다른 방향에 있으므로 2×(10+10+10)=60분, 나 집하장은 특송 택배 2와 일반 택배 2가 같은 방향, 특송 택배 3이 다른 방향에 있으므로 2×(15+20)=70분, 다 집하장은 일반 택배 1과 일반 택배 6이 같은 방향, 일반 택배 4가 다른 방향에 있으므로, 2×(15+10)=50이다.

따라서 집하장별 모든 택배를 배송하고 다시 해당 집하장으로 돌아오는 데 최소 이동 소요 시간은 다 집하장이 가장 짧으므로 옳지 않은 내용이다.

오답 체크

① 특송 택배 2를 특송 택배 3보다 먼저 배송하는 경우 '특송 택배 2 → 일반 택배 2 → 특송 택배 3' 순으로 배송할 수 있으므로 옳은 내용이다.
② 나 집하장을 출발하여 나 집하장의 택배 배송을 마치고 나 집하장으로 돌아오는 데 최소 이동 소요 시간은 70분이므로 옳은 내용이다.
③ 특송 택배가 많은 순서대로 해당 집하장의 택배를 우선 배송할 경우 특송 택배 개수가 각각 2개, 1개, 0개인 '나 집하장 → 가 집하장 → 다 집하장' 순으로 이동하므로 옳은 내용이다.

54 문제해결능력 정답 ③

제시된 자료에 따르면 직원 A는 오전 9시에 다 집하장으로 출근하여 배송 규정을 만족하는 가장 빠른 방법으로 배송을 마쳤고, 집하장마다 택배를 본인 차에 싣는 데 20분이 소요되며 10분씩 휴식 후 배송을 시작하므로 집하장 3곳에서 소요되는 총 소요 시간은 (20+10)×3=90분이고, 각 배송지에서 택배를 전달하는 데 5분씩 소요되므로 9곳의 배송지에서 소요되는 총 소요 시간은 5×9=45분이다. 또한, 오후 1시에 점심 식사로 60분이 소요되었다. 이때 가 집하장은 나 집하장의 동쪽에, 다 집하장은 나 집하장의 서쪽에 있어, [A의 배송 예정 물품]에 따라 집하장 기준 배송지 방향을 나타내면 다음과 같다.

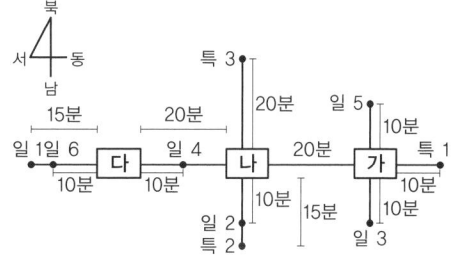

※ 가, 나, 다는 집하장, 특은 특송 택배, 일은 일반 택배를 의미함

가장 빠른 방법으로 배송하는 데 이동 소요 시간은 겹치는 구간을 최소로 이동해야 하므로 '다 집하장 → 일반 택배 1 → 일반 택배 6 → 일반 택배 4 → 나 집하장'으로 이동하고, 나 집하장은 특송 택배 2를 먼저 배송하는 경우와 특송 택배 3을 먼저 배송하는 경우에 관계없이 이동 소요 시간은 동일하며, 가 집하장은 특송 택배 1을 먼저 배송한 뒤 일반 택배 3과 일반 택배 5를 배송한다. 이때 일반 택배 3을 먼저 배송하는 경우와 일반 택배 5를 먼저 배송하는 경우에 관계없이 이동 소요 시간은 동일하다. 또한, 모든 배송을 마치면 해당 배송지에서 바로 퇴근하므로 이동 소요 시간은 (2×15)+20+2×(20+15)+20+2×(10+10)+10=190분임에 따라 배송을 마치기까지 총 90+45+60+190=385분=6시간 25분이 소요되었다.

따라서 A가 택배를 모두 배송한 뒤 퇴근하는 시각은 9시에서 6시간 25분 후인 15시 25분이다.

[55-57]
55 문제해결능력   정답 ①

'3. 지원 혜택'에 따르면 카드사별로 신용카드와 체크카드의 혜택을 그대로 적용받을 수 있으며 신용카드와 체크카드 모두 연회비가 없다고 하였으므로 옳지 않은 내용이다.

오답 체크

② '2. 발급 대상'에 따르면 국민행복카드는 국민 누구나 발급받을 수 있으나, 국민행복카드 발급과 바우처 서비스 신청은 별개로 진행되며, 바우처 서비스별로 지원 대상과 자격이 상이하다고 하였으므로 옳은 내용이다.

③ '4. 발급 방법'에 따르면 국민행복카드는 3개의 카드사를 통하여 발급 가능하며, 카드사별로 방문 신청, 전화 신청, 온라인 신청을 통해 발급할 수 있다고 하였으므로 옳은 내용이다.

④ '4. 발급 방법'에 따르면 아이돌봄 서비스 지원 신청은 주소지 관할 주민센터 방문 신청 또는 복지 홈페이지 온라인 신청을 통해 가능하다고 하였으므로 옳은 내용이다.

56 문제해결능력   정답 ②

'2. 발급 대상'에 따르면 에너지바우처 지원 대상은 생계급여 또는 의료급여 수급자로서 노인, 영유아, 장애인, 임산부, 중증/희귀/중증 난치질환자, 한부모가족, 소년소녀가정, 가정위탁보호아동 포함 가구이므로 의료급여 수급자이면서 가족 구성원이 아버지와 자녀 1명인 한부모가족 가구는 에너지바우처 지원 대상에 해당하며, '3. 지원 혜택'에서 에너지바우처 지원은 2인 가구의 경우 136,500원이 지원되므로 옳은 내용이다.

오답 체크

① '2. 발급 대상'에 따르면 기저귀·조제분유 지원 바우처 서비스의 지원 대상은 중위소득 40% 이하 저소득층의 0~24개월 영아 가구이므로 옳지 않은 내용이다.

③ '3. 지원 혜택'에 따르면 건강보험 임신·출산 진료비 지원은 임신 1회당 100만 원 이용권이 지원되며, 다태아 임산부는 140만 원이 지원되어 총 40만 원이 추가 지원되므로 옳지 않은 내용이다.

④ '2. 발급 대상'에 따르면 어린이집을 다니는 만 5세 이하는 보육료 지원 대상에 해당하며, 유아학비 지원 대상은 국·공·사립 유치원에 다니는 만 3~5세이므로 옳지 않은 내용이다.

57 문제해결능력   정답 ①

'2. 발급 대상'에 따르면 중위소득 120%에 해당하는 갑 가족은 아이돌봄 서비스 지원을 받을 수 있으며, '3. 지원 혜택'과 [아이돌봄 서비스 지원 소득 유형에 따른 지원금]에 따라 중위소득 120%에 해당하는 갑 가족은 아이돌봄 서비스는 소득유형 중 나형에 해당하여 시간당 7,308원씩 연간 최대 960시간까지 지원받을 수 있다. 또한, '2. 발급 대상'에 따르면 사립 유치원에 재학 중인 만 5세의 병과 어린이집 이용 중인 만 3세의 정은 각각 유아학비 지원과 보육료 지원을 받을 수 있으며, '3. 지원 혜택'에 따르면 유아학비 지원은 월 260,000원씩, 보육료 지원은 월 280,000원씩 지원받을 수 있다.

따라서 갑의 가족이 올해 받을 수 있는 국민행복카드 바우처의 최대 지원금은 (7,308 × 960) + (260,000 × 12) + (280,000 × 12) = 13,495,680원이다.

[58-60]
58 문제해결능력   정답 ④

정 대리는 6월 3주 차 업무를 6월 15일(월) 9시에 시작해 순서대로 처리하며 점심 시간은 12시부터 13시이고 매주 목요일 13~14시에 팀 회의가 있으므로 정 대리의 6월 3주 차 업무를 스케줄표로 나타내면 다음과 같다.

구분	15일(월)	16일(화)	17일(수)	18일(목)	19일(금)
09:00~10:00	1번 업무	2번 업무	3번 업무	4번 업무	5번 업무
10:00~11:00	1번 업무	2번 업무	3번 업무	4번 업무	5번 업무
11:00~12:00	1번 업무	2번 업무	3번 업무	4번 업무	5번 업무
12:00~13:00	점심 시간				
13:00~14:00	1번 업무	2번 업무	3번 업무	마케팅팀 회의	5번 업무
14:00~15:00	1번 업무	2번 업무	3번 업무	5번 업무	5번 업무
15:00~16:00	1번 업무	2번 업무	3번 업무	5번 업무	5번 업무
16:00~17:00	2번 업무	2번 업무	3번 업무	5번 업무	5번 업무
17:00~18:00	2번 업무	2번 업무	3번 업무	5번 업무	5번 업무
야근	–	3번 업무 (1시간)	4번 업무 (5시간)	–	–

1번 업무인 마케팅 비용 및 예산 집행 신청서 작성에 6시간이 소요되며 6월 15일 9시에 시작해 6월 15일 16시에 끝나므로 업무 기한인 6월 15일 18시를 준수한다. 2번 업무인 시장조사 및 경쟁사 동향 파악에 9시간이 소요되며 6월 15일 16시에 시작해 6월 16일 17시에 끝나므로 업무 기한인 6월 16일 18시를 준수한다. 3번 업무인 고객 관리에 10시간이 소요되며 6월 16일 17시에 시작해 전날 야근을 하지 않으면 업무 기한인 6월 17일 18시까지 1시간이 부족하므로 전날인 6월 16일에 야근을 1시간 하게 된다. 4번 업무인 브랜드 관리 보고서 작성에 8시간이 소요되며 6월 18일 9시에 시작해 전날 야

근을 하지 않으면 업무 기한인 6월 18일 14시까지 5시간이 부족하므로 전날인 6월 17일에 야근을 5시간 하게 된다. 다섯 번째 순서인 MD에 10시간이 소요되며 6월 18일 14시에 시작해 6월 19일 16시에 끝나므로 업무 기한인 6월 19일 18시를 준수한다.

따라서 정 대리가 6월 3주 차에 하게 되는 최소 야근 시간은 1+5=6시간이다.

59 문제해결능력   정답 ④

강 사원이 바꿔 달라고 요청한 6월 5일은 6월 1주 차이므로 6월 3주 차 업무에 영향을 주지 않으며, 금요일이므로 팀 회의인 목요일에 영향을 주지 않으므로 바꿀 수 있다.

[오답 체크]
① 박 과장이 바꿔 달라고 요청한 6월 10일은 수요일로 다음 날이 목요일이며 외근을 간 다음 날은 출근하지 않아 팀 회의에 영향을 주므로 바꿀 수 없다.
② 이 대리가 바꿔 달라고 요청한 6월 22일의 다음 날인 6월 23일에 정 대리는 외근이 잡혀있고 이틀 연속 외근을 갈 수 없으므로 바꿀 수 없다.
③ 김 사원이 바꿔 달라고 요청한 6월 15일은 6월 3주 차이므로 6월 3주 차 업무에 영향을 주므로 바꿀 수 없다.

60 문제해결능력   정답 ①

정 대리가 맡은 5개의 업무 중 마케팅 비용 및 예산 집행 신청서 작성부터 브랜드 관리 보고서 작성까지의 총 소요 시간은 총 6+9+10+8=33시간이고, 브랜드 관리 보고서 작성의 기한인 6월 18(목) 14시까지 정 대리가 업무를 처리할 수 있는 시간은 총 8+8+8+3=27시간이므로 정 대리가 5개의 업무를 야근 없이 모두 기한 내에 완료하기 위하여 박 사원은 마케팅 비용 및 예산 집행 신청서 작성, 시장조사 및 경쟁사 동향 파악, 고객 관리, 브랜드 관리 보고서 작성 중 6시간 이상 소요되는 업무를 분담받아야 한다. 이때 마케팅 비용 및 예산 집행 신청서 작성 업무 소요 시간의 20%는 6×0.2=1.2시간, 시장 조사 및 경쟁사 동향 파악 업무 소요 시간의 50%는 9×0.5=4.5시간, 고객 관리 업무 소요 시간의 20%는 10×0.2=2시간, 브랜드 관리 보고서 작성 업무 소요 시간의 60%는 8×0.6=4.8시간이다. 이에 따라 박 사원이 마케팅 비용 및 예산 집행 신청서 작성 업무의 20%와 브랜드 관리 보고서 작성 업무의 60%를 분담받을 경우, 1.2+4.8=6시간을 분담받게 되어 정 대리는 5개의 업무를 야근 없이 모두 기한 내에 완료할 수 있다.

따라서 박 사원이 분담받아야 할 업무와 그 비율은 마케팅 비용 및 예산 집행 신청서 작성 업무의 20%, 브랜드 관리 보고서 작성 업무의 60%이다.

국민건강보험법 정답·해설

01	02	03	04	05	06	07	08	09	10
①	①	①	③	④	②	④	③	④	③
11	12	13	14	15	16	17	18	19	20
②	②	②	①	③	①	④	②	③	②

01　정답 ①

국민건강보험법 제3조에 따라 ㉠~㉢ 중 근로자에 해당하는 사람은 ㉠이다.

> 🔍 **더 알아보기**
>
> **국민건강보험법의 용어 정의(국민건강보험법 제3조)**
> 이 법에서 사용하는 용어의 뜻은 다음과 같다.
> 1. "근로자"란 직업의 종류와 관계없이 근로의 대가로 보수를 받아 생활하는 사람(법인의 이사와 그 밖의 임원을 포함한다)으로서 공무원 및 교직원을 제외한 사람을 말한다.
> 2. "사용자"란 다음 각 목의 어느 하나에 해당하는 자를 말한다.
>   가. 근로자가 소속되어 있는 사업장의 사업주
>   나. 공무원이 소속되어 있는 기관의 장으로서 대통령령으로 정하는 사람
>   다. 교직원이 소속되어 있는 사립학교를 설립·운영하는 자
> 3. "사업장"이란 사업소나 사무소를 말한다.
> 4. "공무원"이란 국가나 지방자치단체에서 상시 공무에 종사하는 사람을 말한다.
> 5. "교직원"이란 사립학교나 사립학교의 경영기관에서 근무하는 교원과 직원을 말한다.

02　정답 ①

국민건강보험법 제38조 제1항에 따라 ㉠에 들어갈 숫자는 5, ㉡에 들어갈 숫자는 50이다.

03　정답 ①

㉠~㉣ 중 건강보험정책심의위원회에 대한 설명으로 옳은 것은 ㉡으로 총 1개이다.

㉡ 국민건강보험법 제3조의2 제1항에 따라 보건복지부 장관은 건강보험의 건전한 운영을 위하여 건강보험정책심의위원회의 심의를 거쳐 5년마다 국민건강보험종합계획을 수립하여야 하고, 같은 조 제2항 제7호에 따라 국민건강보험종합계획에는 취약계층 지원에 관한 사항이 포함되어야 하므로 옳은 설명이다.

오답 체크

㉠ 국민건강보험법 제4조 제2항에 따라 건강보험정책심의위원회는 위원장 1명과 부위원장 1명을 포함하여 25명의 위원으로 구성하므로 옳지 않은 설명이다.

㉢ 국민건강보험법 제3조의2 제4항에 따라 보건복지부 장관이 국민건강보험종합계획에 따라 매년 연도별 시행계획에 따른 추진실적을 평가해야 하므로 옳지 않은 설명이다.

㉣ 국민건강보험법 제4조 제3항에 따라 건강보험정책심의위원회 위원장은 보건복지부 차관이 되고, 같은 조 제4항에 따라 근로자단체 및 사용자단체가 추천하는 각 2명은 보건복지부 장관이 임명 또는 위촉하므로 옳지 않은 설명이다.

04　정답 ③

국민건강보험법 제79조의2 제2항에 따라 신용카드 등으로 보험료 등을 납부하는 경우에는 보험료 등 납부 대행 기관의 승인일을 납부일로 보므로 옳은 설명이다.

오답 체크

① 국민건강보험법 제79조의2 제4항에 따라 보험료 등 납부 대행 기관의 지정 및 운영, 수수료 등에 필요한 사항은 대통령령으로 정하므로 옳지 않은 설명이다.

② 국민건강보험법 제79조의2 제3항에 따라 보험료 등 납부 대행 기관은 보험료 등의 납부자로부터 보험료 등의 납부를 대행하는 대가로 수수료를 받을 수 있으므로 옳지 않은 설명이다.

④ 국민건강보험법 제79조의2 제1항에 따라 국민건강보험공단이 납입 고지한 보험료 등을 납부하는 자는 보험료 등의 납부를 대행할 수 있도록 대통령령으로 정하는 기관 등(보험료 등 납부 대행 기관)을 통하여 신용카드, 직불카드 등으로 납부할 수 있으므로 옳지 않은 설명이다.

05　정답 ④

국민건강보험법 제14조 제2항에 따라 ㉠~㉥ 중 국민건강보험공단이 관장하는 자산의 관리·운영 및 증식사업에 해당하는 것은 ㉠, ㉡, ㉢, ㉣, ㉤, ㉥이다.

06   정답 ②

국민건강보험법 제34조에 따라 재정운영위원회에 대한 설명으로 옳은 것은 ㉠, ㉡으로 총 2개이다.

㉠ 국민건강보험법 제34조 제1항에 따라 재정운영위원회는 직장가입자를 대표하는 위원 10명, 지역가입자를 대표하는 위원 10명, 공익을 대표하는 위원 10명으로 구성함에 따라 총 10 + 10 + 10 = 30명으로 구성하므로 옳은 설명이다.

㉡ 국민건강보험법 제34조 제2항 제1호에 따라 직장가입자를 대표하는 위원 10명은 노동조합과 사용자단체에서 추천하는 각 5명을 보건복지부 장관이 임명하거나 위촉하므로 옳은 설명이다.

오답 체크

㉢ 국민건강보험법 제34조 제2항 제3호에 따라 공익을 대표하는 위원 10명은 대통령령으로 정하는 관계 공무원 및 건강보험에 관한 학식과 경험이 풍부한 사람을 보건복지부 장관이 임명하거나 위촉하므로 옳지 않은 설명이다.

㉣ 국민건강보험법 제34조 제3항에 따라 재정운영위원회 위원(공무원인 위원은 제외한다)의 임기는 2년으로 한다. 다만, 위원의 사임 등으로 새로 위촉된 위원의 임기는 전임위원 임기의 남은 기간으로 하므로 옳지 않은 설명이다.

07   정답 ④

국민건강보험법 제116조에 따라 제97조 제2항을 위반하여 보고 또는 서류 제출을 하지 않은 자, 거짓으로 보고하거나 거짓 서류를 제출한 자, 검사나 질문을 거부·방해 또는 기피한 자는 1천만 원 이하의 벌금에 처하므로 과태료 부과 대상에 해당하지 않는다.

> **더 알아보기**
>
> 과태료 부과 대상(국민건강보험법 제119조 제3항 및 제4항)
> ③ 다음 각 호의 어느 하나에 해당하는 자에게는 500만 원 이하의 과태료를 부과한다.
>   1. 제7조를 위반하여 신고를 하지 아니하거나 거짓으로 신고한 사용자
>   2. 정당한 사유 없이 제94조 제1항을 위반하여 신고·서류제출을 하지 아니하거나 거짓으로 신고·서류제출을 한 자
>   3. 정당한 사유 없이 제97조 제1항, 제3항, 제4항, 제5항을 위반하여 보고·서류제출을 하지 아니하거나 거짓으로 보고·서류제출을 한 자
>   4. 제98조 제4항을 위반하여 행정처분을 받은 사실 또는 행정처분절차가 진행 중인 사실을 지체 없이 알리지 아니한 자
>   5. 정당한 사유 없이 제101조 제2항을 위반하여 서류를 제출하지 아니하거나 거짓으로 제출한 자
> ④ 다음 각 호의 어느 하나에 해당하는 자에게는 100만 원 이하의 과태료를 부과한다.
>   4. 제96조의3을 위반하여 서류를 보존하지 아니한 자
>   5. 제103조에 따른 명령을 위반한 자
>   6. 제105조를 위반한 자
>   [현행 제119조 제4항 제4호 중 "제96조의3"을 "제96조의4"로 변경<시행 2022. 07. 01.>]

08   정답 ③

국민건강보험법 제87조 제1항에 따르면 가입자 및 피부양자의 자격, 보험료 등, 보험급여, 보험급여비용에 관한 공단의 처분에 이의가 있는 자는 국민건강보험공단에 이의신청을 할 수 있다고 하였으므로 옳은 설명이다.

오답 체크

① 국민건강보험법 제87조 제3항에 따르면 이의신청은 처분이 있음을 안 날부터 90일 이내에 전자문서를 포함한 문서로 해야 한다고 하였으므로 옳지 않은 설명이다.

② 국민건강보험법 제87조 제4항에 따르면 요양기관이 건강보험심사평가원의 확인에 대하여 이의신청을 하려면 통보받은 날부터 30일 이내에 해야 한다고 하였으므로 옳지 않은 설명이다.

④ 국민건강보험법 제87조 제3항에 따르면 이의신청은 처분이 있은 날부터 180일이 지나면 제기하지 못한다고 하였으므로 옳지 않은 설명이다.

09   정답 ④

국민건강보험법 제26조 및 제29조에 따라 빈칸에 공통으로 들어갈 말은 이사회이다.

10   정답 ③

국민건강보험법 제109조 제4항에 따라 「출입국관리법」에 따라 외국인 등록을 한 사람이 직장가입자의 배우자이면서 피부양자 자격의 인정 기준에 해당하는 경우 국민건강보험공단에 신청하면 피부양자가 될 수 있으므로 옳지 않은 설명이다.

오답 체크

① 국민건강보험법 제109조 제2항에 따라 국내에 체류하는 재외국민 또는 외국인이 적용대상 사업장의 근로자, 공무원 또는 교직원이고 제6조 제2항 각 호에 해당하지 아니하면서 「재외동포의 출입국과 법적 지위에 관한 법률」 제6조에 따라 국내거소신고를 한 사람은 제5조에도 불구하고 직장가입자가 되므로 옳은 설명이다.

② 국민건강보험법 제109조 제3항에 따라 직장가입자에 해당하지 아니하는 국내 체류 외국인 등이 보건복지부령으로 정하는 기간 동안 국내에 거주하면서, 「주민등록법」에 따라 등록한 사람이거나 「재외동포의 출입국과 법적 지위에 관한 법률」에 따라 국내거소신고를 한 사람이면 지역가입자가 되므로 옳은 설명이다.

④ 국민건강보험법 제109조 제5항에 따라 국내 체류가 법률에 위반되는 경우로서 대통령령으로 정하는 사유가 있는 경우에는 가입자 및 피부양자가 될 수 없으므로 옳은 설명이다.

11 정답 ②

국민건강보험법 제18조에 따라 ㉠~㉧ 중 국민건강보험공단의 설립등기에 포함해야 하는 사항에 해당하는 것은 ㉡, ㉣, ㉥, ㉦, ㉧이고, 국민건강보험법 제17조에 따라 ㉠, ㉢, ㉤, ㉧으로 4개는 정관에 포함해야 하는 사항에 해당한다.

> 🔍 **더 알아보기**
>
> **등기(국민건강보험법 제18조)**
> 국민건강보험공단의 설립등기에는 다음 각 호의 사항을 포함하여야 한다.
> 1. 목적
> 2. 명칭
> 3. 주된 사무소 및 분사무소의 소재지
> 4. 이사장의 성명·주소 및 주민등록번호

12 정답 ②

㉠~㉣ 중 요양급여비용의 청구와 지급에 대한 설명으로 옳지 않은 것은 ㉢이다.

㉢ 국민건강보험법 제47조 제3항에 따라 요양급여비용을 청구하려는 요양기관은 건강보험심사평가원에 요양급여비용의 심사청구를 하여야 하며, 심사청구를 받은 건강보험심사평가원은 이를 심사한 후 지체 없이 그 내용을 국민건강보험공단과 요양기관에 알려야 하므로 옳지 않은 설명이다.

오답 체크

㉠ 국민건강보험법 제47조 제6항 제1호에 따라 의료법에 따른 의사회·치과의사회·한의사회·조산사회가 요양급여비용의 심사청구를 대행할 수 있으므로 옳은 설명이다.

㉡ 국민건강보험법 제47조 제7항에 따라 요양급여비용의 청구·심사·지급 등의 방법과 절차에 필요한 사항은 보건복지부령으로 정하므로 옳은 설명이다.

㉣ 국민건강보험법 제47조 제5항에 따라 국민건강보험공단은 건강보험심사평가원이 요양급여의 적정성을 평가하여 공단에 통보하면 그 평가 결과에 따라 요양급여비용을 가산하거나 감액 조정하여 지급하므로 옳은 설명이다.

13 정답 ②

국민건강보험법 제76조 제1항에 따라 직장가입자가 교직원으로서 사립학교에 근무하는 교원이면 보험료액은 그 직장가입자가 100분의 50을, 사용자(교직원이 소속되어 있는 사립학교를 설립·운영하는 자)가 100분의 30을, 국가가 100분의 20을 각각 부담한다. 따라서 K 씨가 소속되어 있는 사립학교를 설립·운영하는 자가 부담하는 보험료는 232,700 × 2 × 0.3 = 139,620원이다.

14 정답 ①

국민건강보험법 제78조에 따라 ㉠에 들어갈 숫자는 10, ㉡에 들어갈 숫자는 1이다.

15 정답 ③

- Q1: 국민건강보험법 제98조 제3항에 따라 업무정지 처분의 효과는 그 처분이 확정된 요양기관을 양수한 자 또는 합병 후 존속하는 법인이나 합병으로 설립되는 법인에 승계되고, 업무정지 처분의 절차가 진행 중인 때에는 양수인 또는 합병 후 존속하는 법인이나 합병으로 설립되는 법인에 대하여 그 절차를 계속 진행할 수 있지만, 양수인 또는 합병 후 존속하는 법인이나 합병으로 설립되는 법인이 그 처분 또는 위반사실을 알지 못하였음을 증명하는 경우에는 그러하지 않으므로 정답은 X이다.
- Q2: 국민건강보험법 제75조 제2항 제1호에 따라 보험료 납부의무자가 보험료의 납입 고지를 전자문서로 받는 경우에는 대통령령으로 정하는 바에 따라 보험료를 감액하는 등 재산상의 이익을 제공할 수 있으므로 정답은 O이다.
- Q3: 국민건강보험법 제3조 제5호에 따라 교직원이란 사립학교나 사립학교의 경영기관에서 근무하는 교원과 직원을 말하므로 정답은 O이다.

따라서 슬기는 Q2, Q3 총 2문제를 맞혔으므로 총점은 2점이다.

16 정답 ①

국민건강보험법 제52조에 따라 ㉠~㉢ 중 건강검진에 대한 설명으로 옳지 않은 것은 ㉢이다.

㉢ 국민건강보험법 제52조 제2항 제3호에 따라 영유아건강검진의 대상은 6세 미만의 가입자 및 피부양자이므로 옳지 않은 설명이다.

17 정답 ④

국민건강보험법 제9조 및 제10조에 따라 ㉠~㉣ 중 자격의 변동 및 상실 시기에 대한 설명으로 옳은 것은 ㉢, ㉣이다.

오답 체크

㉠ 국민건강보험법 제10조 제1항 제2호 및 제3호에 따라 가입자가 국적을 잃은 날의 다음 날 또는 국내에 거주하지 아니하게 된 날의 다음 날에 그 자격을 잃으므로 옳지 않은 설명이다.

㉡ 국민건강보험법 제9조 제1항 제1호에 따라 지역가입자가 적용대상사업장의 사용자로 되거나, 근로자·공무원 또는 교직원으로 사용된 날에 그 자격이 변동되므로 옳지 않은 설명이다.

18 정답 ②

국민건강보험법 제41조의2에 따라 ㉠에 들어갈 숫자는 20, ㉡에 들어갈 숫자는 40이다.

> **🔎 더 알아보기**
> **약제에 대한 요양급여비용 상한금액의 감액 등(국민건강보험법 제41조의2)**
> ① 보건복지부 장관은 「약사법」 제47조 제2항의 위반과 관련된 제41조 제1항 제2호의 약제에 대하여는 요양급여비용 상한금액의 100분의 20을 넘지 아니하는 범위에서 그 금액의 일부를 감액할 수 있다.
> ② 보건복지부 장관은 제1항에 따라 요양급여비용의 상한금액이 감액된 약제가 감액된 날부터 5년의 범위에서 대통령령으로 정하는 기간 내에 다시 제1항에 따른 감액의 대상이 된 경우에는 요양급여비용 상한금액의 100분의 40을 넘지 아니하는 범위에서 요양급여비용 상한금액의 일부를 감액할 수 있다.
> ③ 보건복지부 장관은 제2항에 따라 요양급여비용의 상한금액이 감액된 약제가 감액된 날부터 5년의 범위에서 대통령령으로 정하는 기간 내에 다시 「약사법」 제47조 제2항의 위반과 관련된 경우에는 해당 약제에 대하여 1년의 범위에서 기간을 정하여 요양급여의 적용을 정지할 수 있다.
> ④ 제1항부터 제3항까지의 규정에 따른 요양급여비용 상한금액의 감액 및 요양급여 적용 정지의 기준, 절차, 그 밖에 필요한 사항은 대통령령으로 정한다.

19 정답 ③

국민건강보험법 제52조에 따라 국민건강보험법상 실시하는 건강검진의 종류와 그 대상이 올바르지 않게 짝지어진 것은 ㉡, ㉢, ㉣이다.

㉡ 국민건강보험법 제52조 제2항 제1호에 따라 세대주인 지역가입자가 일반건강검진 대상이므로 옳지 않은 내용이다.

㉢ 국민건강보험법 제52조 제2항 제3호에 따라 6세 미만의 가입자 및 피부양자가 영유아건강검진 대상이므로 옳지 않은 내용이다.

㉣ 국민건강보험법 제52조 제2항 제1호에 따라 20세 이상인 피부양자 및 지역가입자가 일반건강검진 대상이므로 옳지 않은 내용이다.

20 정답 ②

국민건강보험법 제119조 제4항 제4호에 따라 제96조의4를 위반하여 사용자가 3년간 보건복지부령으로 정하는 바에 따라 자격 관리 및 보험료 산정 등 건강보험에 관한 서류를 보존하지 않은 경우 100만 원 이하의 과태료를 부과하므로 A에게 부과되는 최대 과태료는 100만 원이다.

국민건강보험법 제119조 제4항 제6호에 따라 제105조를 위반하여 국민건강보험공단이나 건강보험심사평가원이 아닌 자가 국민건강보험공단, 건강보험심사평가원 또는 이와 유사한 명칭을 사용한 경우 100만 원 이하의 과태료를 부과하므로 B에게 부과되는 최대 과태료는 100만 원이다.

국민건강보험법 제119조 제3항 제1호에 따라 제7조를 위반하여 휴업·폐업 등 보건복지부령으로 정하는 사유가 발생하였을 때 신고를 하지 아니하거나 거짓으로 신고한 경우 500만 원 이하의 과태료를 부과하므로 C에게 부과되는 최대 과태료는 500만 원이다.

따라서 3명에게 부과될 수 있는 최대 과태료의 합은 100 + 100 + 500 = 700만 원이다.

노인장기요양보험법 정답·해설

01	02	03	04	05	06	07	08	09	10
④	②	③	①	③	②	①	③	①	③
11	12	13	14	15	16	17	18	19	20
③	③	②	④	①	②	④	④	②	③

01 정답 ④

노인장기요양보험법 제53조 제1항에 따라 등급판정위원회 위원장은 위원 중에서 특별자치시장·특별자치도지사·시장·군수·구청장이 위촉하며, 이 경우 2 이상의 특별자치시·특별자치도·시·군·구를 통합하여 하나의 등급판정위원회를 설치하는 때 해당 특별자치시장·특별자치도지사·시장·군수·구청장이 공동으로 위촉하므로 옳지 않은 설명이다.

오답 체크

① 노인장기요양보험법 제52조 제3항에 따라 등급판정위원회는 위원장 1인을 포함하여 15인의 위원으로 구성되므로 옳은 설명이다.

② 노인장기요양보험법 제52조 제4항에 따라 등급판정위원회 위원은 「의료법」에 따른 의료인, 「사회복지사업법」에 따른 사회복지사, 특별자치시·특별자치도·시·군·구 소속 공무원, 그 밖에 법학 또는 장기요양에 관한 학식과 경험이 풍부한 자 중에서 국민건강보험공단 이사장이 위촉하며, 이 경우 특별자치시장, 특별자치도지사, 시장, 군수, 구청장이 추천한 위원 7인, 의사 또는 한의사가 1인 이상 각각 포함되어야 하므로 옳은 설명이다.

③ 노인장기요양보험법 제52조 제5항에 따라 등급판정위원회 위원의 임기는 3년으로 하되, 한 차례만 연임할 수 있다. 다만, 공무원인 위원의 임기는 재임기간으로 하므로 옳은 설명이다.

02 정답 ②

노인장기요양보험법 제46조 제1항에 따라 장기요양위원회는 위원장 1인, 부위원장 1인을 포함한 16인 이상 22인 이하의 위원으로 구성해야 하므로 옳지 않은 설명이다.

오답 체크

① 노인장기요양보험법 제47조 제2항에 따라 장기요양위원회의 효율적 운영을 위하여 분야별로 실무위원회를 둘 수 있으므로 옳은 설명이다.

③ 노인장기요양보험법 제46조 제2항 제2호에 따라 장기요양기관 또는 의료계를 대표하는 자는 위원장이 아닌 위원으로 보건복지부 장관이 임명 또는 위촉하므로 옳은 설명이다.

④ 노인장기요양보험법 제46조 제4항에 따라 장기요양위원회 위원의 임기는 3년으로 하며, 다만 공무원인 위원의 임기는 재임 기간으로 하므로 옳은 설명이다.

03 정답 ③

노인장기요양보험법 제31조에 따라 ㉠~㉢ 중 장기요양기관의 지정에 대한 설명으로 옳지 않은 것은 ㉡, ㉢으로 2개이다.

㉡ 노인장기요양보험법 제31조 제2항에 따라 재가급여 또는 시설급여를 제공하는 장기요양기관으로 지정을 받을 수 있는 시설은 노인복지시설 중 대통령령으로 정하는 시설로 하므로 옳지 않은 설명이다.

㉢ 노인장기요양보험법 제31조 제1항에 따라 재가급여 또는 시설급여를 제공하는 장기요양기관을 운영하려는 자는 보건복지부령으로 정하는 장기요양에 필요한 시설 및 인력을 갖추어 소재지를 관할 구역으로 하는 특별자치시장·특별자치도지사·시장·군수·구청장으로부터 지정을 받아야 하므로 옳지 않은 설명이다.

오답 체크

㉠ 노인장기요양보험법 제31조 제6항에 따라 장기요양기관의 지정절차와 그 밖에 필요한 사항은 보건복지부령으로 정하므로 옳은 설명이다.

04 정답 ①

노인장기요양보험법 제47조 제3항에 따라 장기요양위원회의 구성·운영, 그 밖에 필요한 사항은 대통령령으로 정하므로 보건복지부령으로 정하는 사항에 해당하지 않는 것은 장기요양위원회의 구성 및 운영에 대한 사항이다.

오답 체크

② 노인장기요양보험법 제28조 제2항에 따라 장기요양급여 월 한도액의 산정기준 및 방법, 그 밖에 필요한 사항은 보건복지부령으로 정하므로 옳은 내용이다.

③ 노인장기요양보험법 제13조 제3항에 따라 의사소견서의 발급비용·비용부담방법·발급자의 범위, 그 밖에 필요한 사항은 보건복지부령으로 정하므로 옳은 내용이다.

④ 노인장기요양보험법 제42조에 따라 방문간호지시서를 발급하는 데 사용되는 비용, 비용부담방법 및 비용 청구·지급절차 등에 관하여 필요한 사항은 보건복지부령으로 정하므로 옳은 내용이다.

05　정답 ③

노인장기요양보험법 제7조에 따라 ㉠~㉣ 중 장기요양보험 및 가입자격에 대한 설명으로 옳은 것은 ㉠, ㉢, ㉣로 총 3개이다.

오답 체크

㉡ 장기요양보험사업은 보건복지부 장관이 관장하므로 옳지 않은 설명이다.

🔍 더 알아보기

장기요양보험(노인장기요양보험법 제7조)
① 장기요양보험사업은 보건복지부 장관이 관장한다.
② 장기요양보험사업의 보험자는 국민건강보험공단으로 한다.
③ 장기요양보험의 가입자(이하 "장기요양보험 가입자"라 한다)는 「국민건강보험법」 제5조 및 제109조에 따른 가입자로 한다.
④ 국민건강보험공단은 제3항에도 불구하고 「외국인근로자의 고용 등에 관한 법률」에 따른 외국인근로자 등 대통령령으로 정하는 외국인이 신청하는 경우 보건복지부령으로 정하는 바에 따라 장기요양보험 가입자에서 제외할 수 있다.

06　정답 ②

노인장기요양보험법 제24조 제1항에 따라 빈칸에 들어갈 말은 가족요양비이다.

07　정답 ①

노인장기요양보험법 제47조의2 제2항에 따라 ㉠~㉣ 중 장기요양요원지원센터가 수행하는 업무에 해당하는 것은 ㉠, ㉡, ㉣이다.

오답 체크

㉢ 노인장기요양보험법 제6조의2 제1항 제4호에 따라 보건복지부 장관은 장기요양사업의 실태를 파악하기 위해 장기요양요원의 근로조건, 처우 및 규모에 관한 사항에 관한 조사를 정기적으로 실시하고 그 결과를 공표해야 한다.

🔍 더 알아보기

장기요양요원지원센터의 수행 업무(노인장기요양보험법 제47조의2 제2항)
② 장기요양요원지원센터는 다음 각 호의 업무를 수행한다.
　1. 장기요양요원의 권리 침해에 관한 상담 및 지원
　2. 장기요양요원의 역량강화를 위한 교육지원
　3. 장기요양요원에 대한 건강검진 등 건강관리를 위한 사업
　4. 그 밖에 장기요양요원의 업무 등에 필요하여 대통령령으로 정하는 사항

08　정답 ③

노인장기요양보험법 제52조 제4항에 따라 ㉠~㉣ 중 장기요양등급판정위원회의 위원으로 위촉할 수 있는 대상에 해당하는 것은 ㉠, ㉢, ㉣이다.

🔍 더 알아보기

장기요양등급판정위원회의 설치(노인장기요양보험법 제52조)
① 장기요양인정 및 장기요양등급 판정 등을 심의하기 위하여 국민건강보험공단에 장기요양등급판정위원회를 둔다.
② 장기요양등급판정위원회는 특별자치시·특별자치도·시·군·구 단위로 설치한다. 다만, 인구수 등을 고려하여 하나의 특별자치시·특별자치도·시·군·구에 2 이상의 장기요양등급판정위원회를 설치하거나 2 이상의 특별자치시·특별자치도·시·군·구를 통합하여 하나의 장기요양등급판정위원회를 설치할 수 있다.
③ 장기요양등급판정위원회는 위원장 1인을 포함하여 15인의 위원으로 구성한다.
④ 장기요양등급판정위원회 위원은 다음 각 호의 자 중에서 국민건강보험공단 이사장이 위촉한다. 이 경우 특별자치시장·특별자치도지사·시장·군수·구청장이 추천한 위원은 7인, 의사 또는 한의사가 1인 이상 각각 포함되어야 한다.
　1. 「의료법」에 따른 의료인
　2. 「사회복지사업법」에 따른 사회복지사
　3. 특별자치시·특별자치도·시·군·구 소속 공무원
　4. 그 밖에 법학 또는 장기요양에 관한 학식과 경험이 풍부한 자
⑤ 장기요양등급판정위원회 위원의 임기는 3년으로 하되, 한 차례만 연임할 수 있다. 다만, 공무원인 위원의 임기는 재임기간으로 한다.

09　정답 ①

노인장기요양보험법 제36조 제2항에 따라 특별자치시장·특별자치도지사·시장·군수·구청장은 장기요양기관의 장이 유효기간이 끝나기 30일 전까지 지정 갱신 신청을 하지 않는 경우 그 사실을 국민건강보험공단에 통보해야 하므로 옳지 않은 설명이다.

오답 체크

② 노인장기요양보험법 제36조 제6항에 따라 장기요양기관의 장은 폐업·휴업 신고를 할 때 또는 장기요양기관의 지정 갱신을 하지 아니하여 유효기간이 만료될 때 보건복지부령으로 정하는 바에 따라 장기요양급여 제공 자료를 국민건강보험공단으로 이관해야 하므로 옳은 설명이다.

③ 노인장기요양보험법 제36조 제5항에 따라 특별자치시장·특별자치도지사·시장·군수·구청장은 「노인복지법」 제43조에 따라 노인의료복지시설 등에 대해 사업정지 또는 폐업 명령을 하는 경우 지체 없이 국민건강보험공단에 그 내용을 통보해야 하므로 옳은 설명이다.

④ 노인장기요양보험법 제36조 제1항에 따라 장기요양기관의 장은 폐업하거나 휴업하고자 하는 경우 폐업이나 휴업 예정일 전 30일까지 특별자치시장·특별자치도지사·시장·군수·구청장에게 신고해야 하므로 옳은 설명이다.

10 정답 ③

노인장기요양보험법 제2조 제3호에 따라 "장기요양사업"이란 장기요양보험료, 국가 및 지방자치단체의 부담금 등을 재원으로 하여 노인등에게 장기요양급여를 제공하는 사업을 말하므로 옳은 설명이다.

오답 체크
① 노인장기요양보험법 제2조 제1호에 따라 "노인등"이란 65세 이상의 노인 또는 65세 미만의 자로서 치매·뇌혈관성질환 등 대통령령으로 정하는 노인성 질병을 가진 자를 말하므로 옳지 않은 설명이다.
② 노인장기요양보험법 제2조 제2호에 따라 "장기요양급여"란 6개월 이상 동안 혼자서 일상생활을 수행하기 어렵다고 인정되는 자에게 신체활동·가사활동의 지원 또는 간병 등의 서비스나 이에 갈음하여 지급하는 현금 등을 말하므로 옳지 않은 설명이다.
④ 노인장기요양보험법 제2조 제5호에 따라 "장기요양요원"이란 장기요양기관에 소속되어 노인등의 신체활동 또는 가사활동 지원등의 업무를 수행하는 자를 말하므로 옳지 않은 설명이다.

11 정답 ③

노인장기요양보험법 제28조의2에 따라 ㉠~㉣ 중 수급자 또는 장기요양기관이 장기요양급여를 제공받거나 제공할 경우 요구하거나 제공하여서는 안 되는 급여외행위에 해당하지 않는 것은 ㉡, ㉢이다.

> **더 알아보기**
> 급여외행위의 제공 금지(노인장기요양보험법 제28조의2)
> ① 수급자 또는 장기요양기관은 장기요양급여를 제공하거나 제공할 경우 다음 각 호의 행위(이하 "급여외행위"라 한다)를 요구하거나 제공하여서는 아니 된다.
>   1. 수급자의 가족만을 위한 행위
>   2. 수급자 또는 그 가족의 생업을 지원하는 행위
>   3. 그 밖에 수급자의 일상생활에 지장이 없는 행위
> ② 그 밖에 급여외행위의 범위 등에 관한 구체적인 사항은 보건복지부령으로 정한다.

12 정답 ③

노인장기요양보험법 제37조의4 제2항 및 제3항에 따라 행정제재처분 효과의 승계에 대해 바르게 설명한 사람은 을, 병이다.

오답 체크
· 갑: 노인장기요양보험법 제37조의4 제1항 제2호에 따라 행정제재처분의 효과는 그 처분을 한 날부터 3년간 법인이 합병된 경우 합병으로 신설되거나 합병 후 존속하는 법인에 승계되므로 옳지 않은 설명이다.

13 정답 ②

노인장기요양보험법 제18조에 따라 ㉠~㉣ 중 장기요양인정서를 작성할 경우 고려사항으로 옳은 것은 ㉠, ㉢, ㉣로 총 3개이다.

14 정답 ④

㉠~㉣ 중 장기요양인정의 신청에 대한 설명으로 옳은 것은 ㉡, ㉣이다.
㉡ 노인장기요양보험법 제13조 제1항 및 제2항에 따라 장기요양인정 신청인은 국민건강보험공단에 보건복지부령으로 정하는 바에 따라 장기요양인정신청서에 의사 또는 한의사가 발급하는 소견서를 첨부하여 제출해야 하며, 거동이 현저하게 불편하거나 도서·벽지 지역에 거주하여 의료기관을 방문하기 어려운 자 등 대통령령으로 정하는 자는 의사소견서를 제출하지 않을 수 있으므로 옳은 설명이다.
㉣ 노인장기요양보험법 제22조 제1항에 따라 장기요양급여를 받고자 하는 자 또는 수급자가 신체적·정신적인 사유로 이 법에 따른 장기요양인정의 신청, 장기요양인정의 갱신신청 또는 장기요양등급의 변경신청 등을 직접 수행할 수 없을 때 본인의 가족이나 친족, 그 밖의 이해관계인은 이를 대리할 수 있으므로 옳은 설명이다.

오답 체크
㉠ 노인장기요양보험법 제12조에 따라 장기요양인정을 신청할 수 있는 자는 노인등으로서 장기요양보험 가입자 또는 그 피부양자이거나 의료급여 수급권자에 해당하는 자격을 갖추어야 하므로 옳지 않은 설명이다.
㉢ 노인장기요양보험법 제20조 제1항 및 제2항에 따라 수급자는 장기요양인정의 유효기간이 만료된 후 장기요양급여를 계속하여 받고자 하는 경우 국민건강보험공단에 장기요양인정의 갱신을 신청해야 하며, 장기요양인정의 갱신 신청은 유효기간이 만료되기 전 30일까지 이를 완료해야 하므로 옳지 않은 설명이다.

15 정답 ①

노인장기요양보험법 제37조 제1항에 따라 장기요양기관 지정의 취소 사유에 해당하는 것은 폐업 또는 휴업 신고를 하지 아니하고 1년 이상 장기요양급여를 제공하지 아니한 경우이므로 장기요양기관 지정의 취소 사유에 해당하지 않는다.

16 정답 ②

장기요양기관에 장기간 입소한 수급자에게 심신기능의 향상을 위한 교육을 제공하는 장기요양급여인 시설급여는 재가급여에 해당하지 않는다.

> 🔍 **더 알아보기**
>
> **장기요양급여의 종류(노인장기요양보험법 제23조 제1항)**
> ① 이 법에 따른 장기요양급여의 종류는 다음 각 호와 같다.
> 1. 재가급여
>   가. 방문요양: 장기요양요원이 수급자의 가정 등을 방문하여 신체활동 및 가사활동 등을 지원하는 장기요양급여
>   나. 방문목욕: 장기요양요원이 목욕설비를 갖춘 장비를 이용하여 수급자의 가정 등을 방문하여 목욕을 제공하는 장기요양급여
>   다. 방문간호: 장기요양요원인 간호사 등이 의사, 한의사 또는 치과의사의 지시서에 따라 수급자의 가정 등을 방문하여 간호, 진료의 보조, 요양에 관한 상담 또는 구강위생 등을 제공하는 장기요양급여
>   라. 주·야간보호: 수급자를 하루 중 일정한 시간 동안 장기요양기관에 보호하여 신체활동 지원 및 심신기능의 유지·향상을 위한 교육·훈련 등을 제공하는 장기요양급여
>   마. 단기보호: 수급자를 보건복지부령으로 정하는 범위 안에서 일정 기간 동안 장기요양기관에 보호하여 신체활동 지원 및 심신기능의 유지·향상을 위한 교육·훈련 등을 제공하는 장기요양급여
>   바. 기타재가급여: 수급자의 일상생활·신체활동 지원 및 인지기능의 유지·향상에 필요한 용구를 제공하거나 가정을 방문하여 재활에 관한 지원 등을 제공하는 장기요양급여로서 대통령령으로 정하는 것
> 2. 시설급여: 장기요양기관에 장기간 입소한 수급자에게 신체활동 지원 및 심신기능의 유지·향상을 위한 교육 등을 제공하는 장기요양급여
> 3. 특별현금급여
>   가. 가족요양비: 제24조에 따라 지급하는 가족장기요양급여
>   나. 특례요양비: 제25조에 따라 지급하는 특례장기요양급여
>   다. 요양병원간병비: 제26조에 따라 지급하는 요양병원장기요양급여

17 정답 ④

노인장기요양보험법 제38조 제6항에 따라 장기요양기관은 지급받은 장기요양급여비용 중 보건복지부장관이 정하여 고시하는 비율에 따라 그 일부를 장기요양요원에 대한 인건비로 지출하여야 하므로 옳은 설명이다.

오답 체크

① 노인장기요양보험법 제38조 제3항에 따라 국민건강보험공단은 장기요양기관의 장기요양급여평가 결과에 따라 장기요양급여비용을 가산 또는 감액조정하여 지급할 수 있으므로 옳지 않은 설명이다.

② 노인장기요양보험법 제38조 제1항에 따라 장기요양기관은 수급자에게 재가급여 또는 시설급여를 제공한 경우 국민건강보험공단에 장기요양급여비용을 청구하여야 하므로 옳지 않은 설명이다.

③ 노인장기요양보험법 제38조 제4항에 따라 국민건강보험공단은 장기요양급여비용을 심사한 결과 수급자가 이미 낸 본인부담금이 국민건강보험공단이 장기요양기관에 통보한 본인부담금보다 많으면 두 금액 간의 차액을 장기요양기관에 지급할 금액에서 공제하여 수급자에게 지급하여야 하므로 옳지 않은 설명이다.

18 정답 ④

노인장기요양보험법 제58조 제1항에 따라 국가는 매년 예산의 범위 안에서 해당 연도 장기요양보험료 예상수입액의 100분의 20에 상당하는 금액을 국민건강보험공단에 지원한다.

2021년 장기요양보험료 예상수입액은 58,460억 원으로 국가에서 국민건강보험공단에 지원할 금액은 58,460 × 0.2 = 11,692억 원이고, 2025년 장기요양보험료 예상수입액은 78,840억 원으로 국가에서 국민건강보험공단에 지원할 금액은 78,840 × 0.2 = 15,768억 원이다.

따라서 2021년과 2025년에 국가에서 국민건강보험공단에 지원할 금액의 차이는 15,768 − 11,692 = 4,076억 원이다.

19 정답 ②

노인장기요양보험법 제67조에 따라 (가)는 3년 이하의 징역 또는 3천만 원 이하의 벌금, (나)는 1년 이하의 징역 또는 1천만 원 이하의 벌금, (다)는 2년 이하의 징역 또는 2천만 원 이하의 벌금에 처한다.

20 정답 ③

노인장기요양보험법 제32조의4 제2항 및 제6항에 따라 ㉠~㉣ 중 장기요양기관 지정의 갱신에 대한 설명으로 옳은 것은 ㉡, ㉣이다.

오답 체크

㉠ 노인장기요양보험법 제32조의4 제4항에 따라 특별자치시장·특별자치도지사·시장·군수·구청장은 장기요양기관 갱신 심사를 완료한 경우 그 결과를 지체 없이 해당 장기요양기관의 장에게 통보해야 하므로 옳지 않은 설명이다.

㉢ 노인장기요양보험법 제32조의4 제1항에 따라 장기요양기관의 장은 지정의 유효기간이 끝난 후에도 계속하여 그 지정을 유지하려는 경우에는 소재지를 관할구역으로 하는 특별자치시장·특별자치도지사·시장·군수·구청장에게 지정 유효기간이 끝나기 90일 전까지 지정 갱신을 신청해야 하므로 옳지 않은 설명이다.

취업강의 1위, 해커스잡
ejob.Hackers.com

취업강의 1위, 해커스잡

ejob.Hackers.com

이 책에는 국립국어원 표준국어대사전의 단어 정의를 인용 및 편집하여 제작한 내용이 수록되어 있습니다. 해당 내용의 저작권은 국립국어원에 있습니다.

국민건강보험공단 최종 합격을 위한 추가혜택

본 교재 인강
30% 할인쿠폰

6EDKD98DF4904000

이용방법
해커스잡 사이트(ejob.Hackers.com) 접속 후 로그인 ▶
사이트 메인 우측 상단 [나의 정보] 클릭 ▶
[나의 쿠폰 - 쿠폰/수강권 등록]에 위 쿠폰번호 입력 후 강의 결제 시 사용

* 쿠폰 유효기간: 2026년 12월 31일까지(ID당 1회에 한해 등록 가능)
* 본 교재 인강 외 이벤트 강의 및 프로모션 강의에는 적용 불가, 쿠폰 중복 할인 불가합니다.

**국민건강보험공단
취업성공전략 동영상강의**
무료 수강권

8B2DD98EK6D59000

이용방법
해커스잡 사이트(ejob.Hackers.com) 접속 후 로그인 ▶
사이트 메인 우측 상단 [나의 정보] 클릭 ▶
[나의 쿠폰 - 쿠폰/수강권 등록]에 위 쿠폰번호 입력 ▶
[마이클래스 - 일반강좌]에서 수강 가능

* 쿠폰 유효기간: 2026년 12월 31일까지(ID당 1회에 한해 등록 가능)
* 쿠폰 등록 시점부터 30일간 수강 가능합니다.

법률 빈칸노트(PDF)

M73H5JEQ55H449JK

이용방법
해커스잡 사이트(ejob.Hackers.com) 접속 후 로그인 ▶
사이트 메인 상단 [교재정보 - 교재 무료자료] 클릭 ▶
교재 확인 후 이용하길 원하는 무료자료의 [다운로드] 버튼 클릭 ▶
해당 쿠폰번호 입력 후 다운로드

* 쿠폰 유효기간: 2026년 12월 31일까지

무료 바로 채점 및 성적 분석 서비스

이용방법
해커스잡 사이트(ejob.Hackers.com) 접속 후 로그인 ▶
사이트 메인 상단 [교재정보 - 교재 채점 서비스] 클릭 ▶ 교재 확인 후 채점하기 버튼 클릭

* 사용 기간: 2026년 12월 31일까지(ID당 1회에 한해 등록 가능)

▲ 바로 이용

* 이 외 쿠폰 관련 문의는 해커스 고객센터(02-537-5000)로 연락 바랍니다.

취업강의 1위, 해커스잡 ejob.Hackers.com

헤럴드 선정 2018 대학생 선호 브랜드 대상 '취업강의' 부문 1위

수많은 선배들이 선택한
─── 해커스잡 ───
ejob.Hackers.com

1

실시간으로
확인하는
기업별 채용 속보

▲ 바로가기

2

해커스잡
스타강사의
취업 무료 특강

▲ 바로가기

3

상식·인적성·한국사
무료 취업 자료

▲ 바로가기

4

최종 합격한
선배들의 살아있는
합격 후기

▲ 바로가기

2025 하반기 최신판

해커스 국민건강보험공단 NCS+법률 FINAL 봉투모의고사

개정 2판 1쇄 발행 2025년 9월 5일

지은이	해커스 NCS 취업교육연구소
펴낸곳	㈜챔프스터디
펴낸이	챔프스터디 출판팀
주소	서울특별시 서초구 강남대로61길 23 ㈜챔프스터디
고객센터	02-537-5000
교재 관련 문의	publishing@hackers.com
	해커스잡 사이트(ejob.Hackers.com) 교재 Q&A 게시판
학원 강의 및 동영상강의	ejob.Hackers.com
ISBN	978-89-6965-660-5 (13320)
Serial Number	02-01-01

저작권자 ⓒ 2025, 챔프스터디
이 책의 모든 내용, 이미지, 디자인, 편집 형태에 대한 저작권은 저자에게 있습니다.
서면에 의한 저자와 출판사의 허락 없이 내용의 일부 혹은 전부를 인용, 발췌하거나 복제, 배포할 수 없습니다.

취업강의 1위,
해커스잡 ejob.Hackers.com
해커스잡

- 공기업 전문 스타강사의 **본 교재 인강**(교재 내 인강 할인쿠폰 수록)
- 고득점 달성을 위한 **법률 빈칸노트**
- 공기업 취업 전문가의 **국민건강보험공단 취업성공전략 동영상강의**
- 내 점수와 석차를 확인하는 **무료 바로 채점 및 성적 분석 서비스**

헤럴드 선정 2018 대학생 선호 브랜드 대상 '취업강의' 부문 1위